Ludwig Quidde

Über Militarismus und Pazifismus

edition pace | Band 15

Regal zur Geschichte des Pazifismus 2
Herausgegeben von Peter Bürger

In Kooperation mit dem
Alois Stoff Bildungswerk der DFG-VK NRW,
unterstützt durch die Bertha von Suttner Stiftung
der DFG-VK

Ludwig Quidde

Über Militarismus und Pazifismus

Vier friedensbewegte Texte
aus den Jahren 1893 – 1926

edition pace

Diese Buchausgabe folgt
der schon erschienenen
Digitalversion des Online-Regals
bei der DFG-VK NRW

Ludwig Quidde

ÜBER MILITARISMUS UND PAZIFISMUS

Vier friedensbewegte Texte aus den Jahren 1893-1926

edition pace (Gründungsreihe) | Band 15,
Regal zur Geschichte des Pazifismus 2

Herausgeber, Redaktion & Gestaltung: Peter Bürger
(www.tolstoi-friedensbibliothek.de)
Umschlagmotiv: Kaiser Wilhelm II. im Manöver 1905
Foto: Franz Tellgmann | commons.wikimedia.org

Herstellung & Verlag: BoD – Books on Demand, Norderstedt
ISBN: 978-3-7597-0320-0

Inhalt

ANHANG

Bibliographie   179

Vorbemerkungen zu dieser Edition

„Jede Stärkung des Militarismus kommt schließlich reaktionären Bestrebungen zugute, und will man einer freieren Auffassung im Staatswesen die Bahn öffnen, so muss man entschlossen den Militarismus angreifen; denn in ihm steckt der Kern und der Halt des im Grunde doch noch immer halbdespotischen Systems. … Mit dem brutalen Übermute des Siegers wird der Militarismus unserem Kulturleben, der bürgerlichen Gesellschaft und der Freiheit den Fuß auf den Nacken setzen und wird unser wirtschaftliches Leben für seine Zwecke ausnützen." (LUDWIG QUIDDE: Der Militarismus im heutigen Deutschen Reich, 1893)

Unter „linksliberal" wird heute gemeinhin ein politisches Spektrum bezeichnet, in dem es eine große Zahl von Anhängern der militärischen Heilslehre gibt und aus dem erschreckende Beiträge zur rasanten Militarisierung des öffentlichen Lebens kommen. Umso dringender ist es, an einen friedensbewegten bürgerlichen Erzdemokraten wie den aus einer wohlhabenden Bremer Kaufmannsfamilie stammenden Ludwig Quidde (1858-1941) zu erinnern. Er ist mit gleicher Leidenschaft als „1848er" *und* Friedensarbeiter hervorgetreten. Sein Motiv war für beide ‚Betätigungsfelder' nur eines, denn nichts bedroht jede freiheitliche Entwicklung der Menschenwelt so sehr wie der „Schwertglaube", der in unseren Tagen nun wieder auf allen Kanälen gepredigt wird. – Liberale wie diese beeindruckende politische Persönlichkeit braucht jede Gesellschaft, während jene, die unter gleichem ‚Label' die Demokratisierung des Wirtschaftslebens verhindern, die Interessen der Rüstungsindustrien durchsetzen und unentwegt der Kriegsertüchtigung das Wort reden, uns in autoritäre Verhältnisse hineintreiben – in Wirklichkeit also *Antiliberale* heißen müssen.

Als Hans-Ulrich Wehler 1977 die vier auch in unserer kleinen Edition enthaltenen Texte in einem Auswahlband mit dem Titel „*Caligula*" darbot, schrieb er einleitend über den Verfasser: „Ludwig Quidde, seit Jahrzehnten in Vergessenheit geraten, ‚war ein geradezu klassischer Außenseiter: Demokrat und Republikaner schon im Kaiserreich', in seiner Fachwissenschaft, der Geschichte, ,nach glänzendem Start und einer kurzen Periode intensiver und erfolgreicher Wirksamkeit nur noch wenig und auch dann nur am Rande tätig'. Dafür wurde er aber in den ersten vier Jahrzehnten des 20. Jahrhunderts ,die bekannteste Persönlichkeit in der deutschen Friedensbewegung', zwar ,nie' in Deutschland geehrt, jedoch 1927, ein Jahr nach Stresemann, der zweite deutsche Friedensnobelpreisträger von hohem internationalem Ansehen. Die neuere deutsche Geschichte ist nicht reich an eigenständigen Charakteren wie Quidde: Ein unabhängiges politisches Urteil verband sich bei ihm mit rastloser Aktivität, fachwissenschaftlicher Scharfsinn und Erfolg mit publizistischen Fähigkeiten, Organisationstalent mit rhetorischer Begabung. Vor allem aber behielt Quidde als ein ,außerordentlich integrer Mann' den Kopf über dem Nebel verhüllender Phrasen, wenn er die Schwächen wilhelminischer Innenpolitik furchtlos kritisierte oder eine rechtlich verankerte internationale Friedensordnung mit Leidenschaft forderte. Es wirft daher ein scharfes Schlaglicht auf die politischen Möglichkeiten in der Bundesrepublik, dass zwar Kriegsschiffe auf den Namen von Offizieren, die Hitler bereitwillig bis zum Ende gedient haben, getauft werden konnten, jedoch ein Repräsentant des besseren Deutschland wie Quidde bis heute nicht durch einen Preis oder eine Stiftung wenigstens postum geehrt und den Schatten der Vergangenheit entrissen worden ist. Auch 1972, als mit Brandt ein dritter deutscher Politiker den Friedensnobelpreis erhielt, ist diese Chance vertan worden."[1]

Schon 1881 war Quidde als junger Historiker mit einer weitsichtigen Broschüre *„Die Antisemitenagitation und die Deutsche Studentenschaft"* an die Öffentlichkeit treten. Der erste – schon von Wehler ausgewählte – Text im vorliegenden Band ist die Anklageschrift *„Der Militarismus im heutigen Deutschen Reich"* aus dem Jahr 1893, zunächst ohne Verfassernamen veröffentlicht (→I). Zentral ist der bereits in den oben vorangestellten Zitaten deutlich werdende Gegensatz von Freiheit und Soldatenreligion: „Die Liberalen, die dem

---

[1] Ludwig QUIDDE: Caligula. Schriften Über Militarismus und Pazifismus. Mit einer Einleitung herausgegeben von Hans-Ulrich Wehler. Frankfurt a. M.: Syndikat 1977, S. 7 (hier unter Fortlassung der Fußnoten).

Militarismus vorsichtig ausweichen und ihn ängstlich hätscheln, in der Hoffnung, die Träger dieses Militarismus dadurch zugänglicher zu machen für die doch so bescheidenen und einleuchtenden liberalen Forderungen, sind noch immer die Gefoppten gewesen." Quidde beklagt unter anderem die elende Lage des Schulwesens und zeigt unter Heranziehung einer zeitgenössischen Publikation auf, „wie Interesse und Geld nur für militärische Zwecke vorhanden sind und wie erschreckend gering das Maß von Anforderungen geworden ist, das die zivilen Interessen noch zu machen wagen. ... ‚Das ist in Wahrheit der Druck der Militärlast, dass die militärischen Interessen bei uns angefangen haben alle Kulturinteressen zu absorbieren'." Der Verfasser ist Zeitzeuge eines Phänomens, das sich in wandelnder Gestalt zu allen Zeiten wiederholen kann – so heute.

Unter dem Titel „*Caligula*" folgt ein Meisterwerk der Satire (→II), das Quidde wider Anraten der Freunde 1894 unter seinem wahren Namen und im Inland zur Drucklegung brachte. Im Tarngewand einer wissenschaftlichen ‚Altertumsstudie' wird hier der oberste Hohenzollernherrscher einer speziellen Betrachtung unterzogen, was nicht lange unbemerkt blieb. Besser konnte später auch ein Bertolt Brecht nicht vormachen, wie man erprobt, ‚die Wahrheit zu sagen'. Es handelt sich beim „*Caligula*" um eine herausragende Skandalschrift des deutschen Kaiserreichs, die in kurzer Zeit – nicht zuletzt dank der Ränkespiele reaktionärer Presseerzeugnisse – dreißig Auflagen erreichte. Das freie Wort beendete jedoch die wissenschaftliche „Karriere" des Verfassers und führte zu großer Feindseligkeit auf der rechten Seite. In seinen 1926 vorgelegten Erinnerungen „*Im Kampf gegen Cäsarismus und Byzantinismus im Kaiserlichen Deutschland*" erhellt Quidde die Entstehung und Wirkungsgeschichte des ‚Caligula' sowie die gegen ihn – stellvertretend für die gesamte demokratische Sache – gerichteten Repressionen (→IV).

Immer noch lesenswert ist der als vierter Text nachfolgend dargebotene Überblick „*Geschichte des Pazifismus*" (→III), erstmals veröffentlicht 1922 im Handbuch „Die Friedensbewegung".

Wichtige Seiten der Biographie und des Schaffens von Ludwig Quidde werden in der vorliegenden Publikation nicht beleuchtet. Quidde war ab dem Ersten Weltkrieg fünfzehn Jahre lang Vorsitzender der Deutschen Friedensgesellschaft, zu deren ‚bürgerlich-gemäßigtem Flügel' er zählte. Er beteiligte sich an der öffentlichen

Aufklärung zur geheimen – alsbald Hitler dienlichen – Aufrüstung in der Weimarer ‚Republik ohne Republikaner' und musste direkt ab Anfang 1933 – wie so viele pazifistische Persönlichkeiten nach der Machtübertragung an die Faschisten – dauerhaft im Ausland leben. Im Schweizer Exil entstand 1934-1940 die Studie „*Der deutsche Pazifismus während des Weltkrieges 1914–1918*", die Karl Holl und Helmut Donat dann vor über vier Jahrzehnten aus dem Nachlass herausgegeben haben.[2] Wichtige andere Texte der Exilzeit sind 2008 als Sammlung ediert worden.[3]

Zeitlebens war Quidde dankbar für das Privileg, „in besonders menschenwürdigen Verhältnissen" (→S. 52) aufgewachsen zu sein, in welchen das Eigene, die Achtung des Anderen und der freie Sinn gedeihen konnten – nicht aber Obrigkeitsgehorsam.[4] Leidenschaft für wirkliche Demokratie, die niemals mit militäraffinen Weltbildern einhergehen kann, braucht Vorbilder. An den Friedensaktivisten Ludwig Quidde zu erinnern, das birgt eine Er-*Mutigung* sondergleichen – wider die traurige Stimmungslage der Gegenwart.

Das hier vorgelegte Bändchen ist Teil eines ‚Regals zur Geschichte des Pazifismus', herausgegeben in Kooperation mit dem Alois Stoff Bildungswerk der DFG-VK NRW. Als Erstauflage erscheint die im Internet kostenfrei abrufbare Digitalfassung; es folgt jedoch wie bei allen Teilen auch eine nichtkommerziell kalkulierte Taschenbuchausgabe der *edition pace*.

Düsseldorf, im März 2024   Peter Bürger

---

[2] Ludwig QUIDDE: Der deutsche Pazifismus während des Weltkrieges 1914-1918. Aus dem Nachlaß Ludwigs Quiddes, herausgegeben von Karl Holl unter Mitwirkung von Helmut Donat. Boppard am Rhein: Boldt 1979. – Es wäre sehr zu begrüßen, wenn die seit 2001 bestehende *Ludwig Quidde-Stiftung* (ab 2010 bei der Deutschen Stiftung Friedensforschung) dieses Werk und weitere Texte heute auf ihrem Internetportal kostenfrei als Digitalisat für alle Geschichtsinteressierten und Forschenden zur Verfügung stellen könnte.

[3] Ludwig QUIDDE: Deutschlands Rückfall in Barbarei. Texte des Exils 1933–1941. Herausgegeben von Karl Holl. Bremen: Donat Verlag 2008.

[4] Unwillkürlich denkt man an Gustav Heinemann (1899-1976), dem auch in sehr jungen Jahren die Freude am ‚Hecker-Lied' vermittelt worden ist.

I.
Der Militarismus
im heutigen Deutschen Reich

Eine Anklageschrift[1]
(1893)

Ludwig Quidde

Vorwort

Man darf in dieser Schrift, obgleich sich ihr Verfasser als Historiker bezeichnet, keine historische Würdigung des Militarismus erwarten, vielmehr ist sie ein Versuch, *gegenwärtige* Zustände zu schildern, nicht um sie aus der Vergangenheit zu erklären, sondern um auf ihre Bedeutung für die *Zukunft*, d. h. für die weitere Entwicklung unseres Volkes hinzuweisen.

Wohl weiß ich, daß auch die bloße Schilderung des gegenwärtigen Militarismus sehr unvollständig ist; denn wichtige Lebensgebiete sind nur flüchtig, andere, z. B. Literatur und Kunst gar nicht berührt, und überall würden sich die Einzelheiten sorgfältiger gestalten, besonders auch wirksam erläuternde Beispiele heranziehen lassen. Aber die bedeutsamsten Erscheinungsformen werden doch beachtet sein, und da es mir nicht auf eine akademische Betrachtung, sondern auf praktische Wirksamkeit ankam, so durfte die Erkenntnis der Unvollständigkeit mich nicht zurückhalten. Als eine *Anklageschrift* habe ich meine Erörterungen bezeichnet und damit schon angedeutet, daß die gegenwärtigen Erscheinungen nicht ganz mit der beschaulichen Ruhe betrachtet sind, die dem Historiker seinem Stoffe gegenüber ziemen würde. Zwar habe ich mich bemüht, kein Wort zu sagen, das ich nicht auch als Historiker verantworten

---

[1] Textquelle | Ludwig QUIDDE (ohne Namensnennung): Der Militarismus im heutigen Deutschen Reich. Eine Anklageschrift. Von einem deutschen Historiker. Stuttgart: Robert Lutz 1893. [61 Seiten] [Online-Ausgabe: https://gdz.sub.uni-goettingen.de/id/PPN543763803] [projekt-gutenberg.org].

könnte, aber meine Aufmerksamkeit war allerdings nicht darauf gerichtet, ein liebevoll ausgeführtes Gemälde des Militarismus mit sorgsamer Verteilung von Licht und Schatten zu entwerfen, sondern die verderblichen Grundzüge seines Charakters, so wie ich sie erkannt zu haben glaube, kräftig ans Licht zu stellen.

Wenn ich mich trotzdem auf dem Titel der Schrift als Historiker einführe, so geschieht das, weil ich als ein Vertreter derjenigen Kreise betrachtet werden möchte, denen die Pflege der Bildungsinteressen besonders nahe liegt und die vor allem auch von diesem Standpunkt aus sich gegen den Militarismus verteidigen müssen.

Freilich werden die meisten auch in diesen Kreisen gegen den einen oder gegen den andern Punkt erhebliche Einwendungen zu machen haben oder auch die Farben im ganzen zu stark aufgetragen finden; aber dessen glaube ich trotzdem sicher zu sein, daß ich, alles in allem genommen, einer großen Zahl von ihnen aus der Seele schreibe und daß sie ihre stille Freude daran haben werden, hier vieles gesagt zu finden – vielleicht ungeschickt und für ihren Geschmack zu scharf oder auch zu einseitig – was uns fast alle längst bewegt; denn darüber möge man sich nicht täuschen: die Empfindung der Gegnerschaft gegen den Militarismus ist gerade unter den berufsmäßigen Vertretern der höheren Bildung viel, viel weiter verbreitet, als eine offen hervortretende politische Opposition diese Richtung erkennen läßt.

In der vorliegenden Schrift fehlt es freilich auch nicht an einer politischen Opposition, mit der ich *nicht* behaupten darf, ebenfalls annähernd die Gesinnung vieler Bildungs- und Berufsgenossen zu vertreten. Es wird von mir der Militarismus nicht nur vom Standpunkt der Bildungsinteressen aus bekämpft, sondern es geschieht das gelegentlich auch unter der Fahne der Demokratie, eine Auffassungsweise, die unter den deutschen Historikern heute nicht sehr verbreitet ist, die aber für die Behandlung der Hauptfrage auch nur in einzelnen Punkten ins Gewicht fällt. Was die Form meiner Bemerkungen anlangt, so sind es zum Teil (das will ich nicht leugnen), so sehr ich mich auch bemüht habe, den Ausdruck abzuschwächen, noch immer leidenschaftlich bewegte Worte, mit denen ich meine Sache führe; aber ich hoffe, es wird gleichwohl nicht von ihnen gelten, daß sie „unter gebildeten Männern ungern gehört werden"; denn sie entspringen einer uns gemeinsamen heiligen Empfindung für große Kulturideale und vertreten gerade die Sache der Bildung gegen ihren zur Zeit gefährlichsten Gegner.

In den letzten Reichstagsdebatten hat der Reichskanzler Graf v. Caprivi den Militarismus für ein Schlagwort erklärt, dem nach seiner Meinung keine Wirklichkeit entspricht; er hat über den alten lahmen Gaul gespottet, der wieder aus dem Stall hervorgeholt und neu aufgezäumt werde, und sich darüber gewundert, daß man diesen Militarismus, bei dem er sich nichts denken und den er nirgends finden kann, gar für kulturfeindlich erkläre.

Schon ein Vorgang, der unmittelbar auf die Auflösung des Reichstages folgte, hat ihm zeigen können, wie sehr dieser für ihn unauffindbare Militarismus unser öffentliches Leben beherrscht. Von höchster Stelle ist eine Kritik an dem Beschlusse des Reichstages geübt worden, und diese Kritik hat sich an einen Kreis von Generalen und Offizieren gewandt, als ob diese das geeignetste Publikum für solche Mitteilungen über die Haltung des deutschen Reichstages wären. Nun sind aber gerade die Angehörigen des aktiven Heeres von der Beteiligung am politischen Leben und von der Wahl zu unseren Volksvertretungen gesetzlich ausgeschlossen. Bei ihnen allein von allen Reichsangehörigen ruht das aktive Wahlrecht. Es gibt also eigentlich kein Publikum, das weniger berufen wäre, an den Beschlüssen des Reichstages Kritik zu üben und weniger berufen, als Resonanzboden einer solchen Kritik zu dienen.

Wenn sich trotzdem der Kaiser mit der ersten öffentlichen Äußerung seiner Ansichten über die Haltung des Reichstages nicht an die Nation, nicht an die Spitzen der Beamten, wie etwa den Reichskanzler, nicht an Vertreter der verbündeten Regierungen oder auch, bei zufällig sich bietender Gelegenheit, an einen Kreis von Privatpersonen, sondern an seine Offiziere wendet, ist das nicht ein Zeichen des bei uns herrschenden Militarismus?

Das Charakteristische ist, daß augenscheinlich diese Form der Äußerung als etwas ganz Natürliches betrachtet wird, während sie unter Verhältnissen, die nicht so sehr vom Geiste des Militarismus erfüllt wären, nur als eine bewußte scharfe Herausforderung der Volksvertretung und des Geistes unserer Gesetzgebung aufgefaßt werden könnte. Wie der Kaiser gewiß an eine solche Herausforderung nicht im mindesten gedacht hat, wie es ihm nach seiner Gewöhnung an militärische Anschauungen ganz natürlich erscheint, sich mit seiner Kritik der Volksvertretung an die militärischen Kreise zu wenden, die nach den Bestimmungen der Gesetze auf die Wahlen zu dieser Volksvertretung gar nicht einzuwirken haben, so nimmt man offenbar auch in weiten Kreisen des Publikums diese Dinge wie etwas in unserem nun einmal durch und durch militärischen Staatswesen Selbstverständliches hin!

Um dem Reichskanzler zu zeigen, wie der militärische Geist sich in unserem öffentlichen Leben geltend macht, hätte es freilich dieses Epiloges zur Reichstagsauflösung nicht bedurft.

Er brauchte sich eigentlich nur auf sich selbst zu besinnen und daran zu denken, daß er, ein General, der sich niemals vorher mit den Aufgaben der Zivilverwaltung beschäftigt hat, der auch eingestandenermaßen, obschon er einmal Marineminister war, sich dem politischen Leben möglichst fern gehalten hat, zur Leitung unserer gesamten inneren und auswärtigen Politik berufen worden ist.

Er brauchte auch nur der feierlichen Ereignisse aus der Geschichte eben des Reichstages, zu dem er sprach, zu gedenken: etwa der Grundsteinlegung des neuen Gebäudes vor dem Brandenburger Tor, bei der der Präsident des Reichstages, Herr von Levetzow, in der Uniform eines Landwehrmajors fungieren mußte. In dieser kleinen Äußerlichkeit triumphierte damals der Militarismus, der unsere Regierungskreise beherrscht, aber in weiten Schichten des Volkes bis zu den „gutgesinnten" Kreisen hin ist der Vorgang als eine Herabsetzung des Reichstages und als eine beleidigende Herausforderung des ganzen Bürgertums empfunden worden.

Es sind dies nur zwei Symptome dafür, wie die militärische Auffassung in Verhältnisse des öffentlichen Lebens eindringt, die ihr entrückt sein sollten: Äußerlichkeiten, wenn man will, die aber eine beredte Sprache führen. Wir sehen in ihnen Zeugnisse für die Macht des Militarismus, aber freilich ist damit noch nichts über seinen *Inhalt* ausgesagt.

Um den Geist des Militarismus kennenzulernen, wenden wir uns zunächst seiner Betätigung im Heere selbst zu. Nachher werden wir zu der Frage zurückkehren, in welcher Weise und in welcher Ausdehnung er das bürgerliche Leben außerhalb des Heeres beeinflußt und wie er auf das öffentliche Leben im Staate einwirkt.

1. Der Militarismus in der Armee

Für den Geist des Militarismus in der Armee sind zwei Züge charakteristisch, 1. die unbedingte blinde Unterwerfung jedes Einzelnen unter den Willen des Vorgesetzten, auf Kosten alles dessen, was sonst für menschliche Entwicklung Wert besitzt und 2. eine sich auf dieser Grundlage entwickelnde Mißachtung humanen Empfindens, die sich unter Umständen ungestraft bis zu Brutalitäten steigern darf.

Mit allen Empfindungen nicht nur von Menschlichkeit, sondern auch von Recht und Gerechtigkeit kommt die militärische Auffassung in Konflikt, wenn sie ihre Anschauungen von „Disziplin" betätigt.

Man erinnert sich wohl noch des Vorfalles, der vor einigen Jahren soviel Aufsehen erregte: Einige Landwehrmänner hatten sich geweigert, einen Viehwagen zu besteigen, und zwar, wenn ich nicht irre, als sie aus der Übung in die Heimat zurückbefördert werden sollten, sie hatten auch Kameraden zum Widerstande gegen diese Behandlung aufzureizen gesucht und hatten sich deshalb beschwerdeführend telegraphisch direkt an den Kaiser gewendet.

Nach bürgerlicher Auffassung würde man die Landwehrleute, deren naive Gutgläubigkeit ja durch das Telegramm an den Kaiser so drastisch bewiesen war, gefragt haben, ob sie nicht recht bei Sinnen gewesen seien und würde sie dann mit einem scharfen Verweis haben laufen lassen. Sollte aber schon eine Bestrafung stattfinden, so würde ein Zivilist das Maß der verwirkten Buße auf vielleicht 8 oder 14 Tage Arrest schätzen.

So die bürgerliche Auffassung, die Auffassung jedes Menschen, der menschliche Dinge mit menschlichen Augen ansieht.

Anders die militärische Anschauung. – Zu 7 Jahren Zuchthaus hat man diese unbesonnenen Landwehrleute verurteilt und dieses Urteil auf 7 Jahre Zuchthaus ist nicht etwa kassiert worden, man hat nicht etwa, was doch das mindeste gewesen wäre, die Leute nach einigen Wochen begnadigt, sondern man hat sie jahrelang ihre Strafe absitzen lassen, bis endlich der Rest erlassen wurde.

Man bedenke: *Zuchthaus*, die entehrende Strafe für schwere Verbrecher, verhängt wegen eines Vergehens, das ja freilich die militärische Disziplin verletzt, das im übrigen aber niemand diesen Landwehrleuten zur Unehre anrechnen wird, wegen eines Vergehens, das vielmehr, so unsinnig es auch ist, doch bis zu einem gewissen Grade die Sympathie aller derjenigen erwecken wird, die sich an Selbständigkeit und an natürlichen Regungen erfreuen. Lange Jahre entzieht man diese Leute ihren Familien und steckt sie ins Zuchthaus unter gemeine Verbrecher!

Als unbegreifliche Ungerechtigkeit und Grausamkeit wird das jedem erscheinen, der nicht unter dem Bann des Militarismus steht, auch wenn er Strenge und Disziplin vollauf zu schätzen weiß und wenn er persönlich nicht im mindesten weichherzig gesinnt ist, sondern nur so weit menschlich empfindet, wie es auch, wie wir gern glauben wollen, die militärischen Richter taten. Das aber eben ist der Fluch einer solchen auf unbedingte Unterordnung angelegten Institution, daß sie den natürlichen besseren Instinkten jedes Einzelnen keinen Raum mehr gestattet.

Und nachdem ihm ähnliche Dinge erst kürzlich vorgeführt waren, hat der General-Reichskanzler die Unbefangenheit, die Existenz des Militarismus zu leugnen und darüber verwundert zu sein, daß man denselben als den Feind unseres Kulturlebens betrachtet!

Es ist dies nicht etwa ein vereinzelter, sondern nur ein besonders bezeichnender Fall, und leicht wären die Beispiele für solche Beurteilung von Vergehen gegen die Disziplin zu vermehren.

Aber es bedarf gar nicht einzelner Beispiele aus der Praxis; dieselben sind zwar weit eindrucksvoller als die Theorie der Gesetzesparagraphen, schließlich aber doch nur Illustrationen dazu, von denen man glauben könnte, sie seien zu sensationell ausgewählt. Das Militärstrafgesetzbuch bringt schon für sich allein den Geist des Militarismus deutlich genug zum Ausdruck.

Der sechste Abschnitt, der die „strafbaren Handlungen gegen die Pflichten der militärischen Unterordnung" behandelt, beginnt mit einem § 89, der uns so recht in den Geist des Systems versetzt:

Wer im Dienst die dem Vorgesetzten schuldige Achtung verletzt, insbesondere laut Beschwerde oder gegen einen Verweis Widerrede führt, wird mit Arrest bestraft. Wird die Achtungsverletzung unter dem Gewehr oder vor versammelter Mannschaft begangen, so ist auf strengen Arrest nicht unter 14 Tagen oder auf Gefängnis oder Festungshaft bis zu 3 Jahren zu erkennen.

Dem harmlosen Laien kann die Bedeutung dieser Bestimmungen nicht ohne weiteres klar sein, da er trotz des klaren Sinnes der Worte gar nicht darauf kommen wird, daß bloße Widerrede etwas ist, was man mit schweren Strafen belegt und da er außerdem nicht ahnen wird, was strenger Arrest bedeutet.

Versuchen wir den Paragraphen in lebendige Vorstellung umzusetzen. Wird ein Soldat in Reih und Glied vom Unteroffizier angefahren, weil er seine Knöpfe nicht ordentlich geputzt hat, und nimmt er das nicht ruhig hin, sondern versucht geltend zu machen, daß er daran aus irgendeinem Grunde unschuldig sei, so riskiert er, falls Meldung erfolgt (was allerdings, wie anzuerkennen, meist nicht geschieht), auf mindestens 14 Tage in Arrest gesteckt zu werden, und zwar in eine *dunkle* Zelle, in der er auf *harter* Lagerstätte bei Wasser und Brot drei Tage auszuharren hat; dann erblickt er auf 24 Stunden das Tageslicht wieder und erhält warme Nahrung, um dann aufs neue 72 Stunden lebendig begraben zu sein, wieder 1 Tag ans Licht zu kommen und weiterhin je 2 Tage, unterbrochen durch einen dritten Tag gelinden Arrestes, in seiner Dunkelhaft zuzubringen.

Damit bedroht man bloße Widerrede gegen einen Verweis vor versammelter Mannschaft, für eine Handlung, die an sich nicht nur kein Vergehen, sondern sehr oft die selbstverständliche und unter Umständen für den gerechten Vorgesetzten doch nur erwünschte Verteidigung gegen eine ungerechtfertigte Beschuldigung ist, die als solche also überhaupt straflos bleiben müßte!

Und nun die Strafe!! Was sie bedeutet, können wir, da wir sie nicht durchgemacht haben, uns gewiß auch noch nicht entfernt ausmalen, aber eine Ahnung davon wenigstens vermag uns zu kommen. Man verwende nur einige ruhige Minuten, um seine Phantasie damit zu beschäftigen, man versuche sich recht anschaulich zu machen, was es heißt, 24 Stunden eingekerkert in absoluter Dunkelheit auf hartem Lager bei Wasser und Brot zubringen, und man stelle sich dann vor: 10 Tage so verbracht, unterbrochen durch drei leichtere Arresttage am 4., 8., 11. Tag, denen zum Schluß noch ein solcher Erholungstag folgt, sind die *Mindest*strafe für Widerrede gegen einen Verweis „unterm Gewehr".

Nach dem übereinstimmenden Zeugnis aller, die mir aus eigener Anschauung berichtet haben, macht ein Soldat, der längeren schweren Arrest durchgemacht hat, den Eindruck eines an Körper und Geist gebrochenen Menschen.

Unterdrückt wird beim Militär jede Äußerung individueller Freiheit. Wer nicht entweder in angeborenem zufriedenen Stumpfsinn oder in einer gewissen moralischen Überlegenheit jede Unbilligkeit geduldig hinnimmt, und wer, auch durch den Dienst und drohende Strafe nicht mürbe gemacht, noch „Widerrede" wagt, den bricht man durch derartige Behandlung im Namen und Rahmen des Gesetzes!

Man faßt nicht, wie es möglich gewesen ist, daß der deutsche Reichstag im Jahre 1872 dieses Gesetz angenommen hat, und wie diese 20 Jahre hindurch eine solche Barbarei hat aufrecht erhalten bleiben können. Man faßt es nicht, solange man nicht die Macht des Militarismus in unserem Staatswesen vollkommen erkannt hat.

Darauf nun werden wir später zu sprechen kommen. Hier handelt es sich einstweilen darum, daß sich der Militarismus innerhalb des Heeres selbst durch sein barbarisches Strafrecht als eine durch und durch kulturfeindliche Institution erweist.

Es ist recht nützlich, sich einmal darüber klar zu werden, auf welcher Stufe von Güte und Milde, Eigenschaften, die wir in seltsamer Verblendung „Menschlichkeit" nennen, die Menschheit heute noch steht, 19 Jahrhunderte nachdem man den Prediger der Güte ans Kreuz geschlagen. Und zugleich *wagt* man auch noch in unbewußter oder bewußter Blasphemie, diesen Apostel der Humanität zu verehren. Der Soldat pflegt auch dabei ja mit dem Priester Hand in Hand zu gehen.

Nicht nur in seiner unerhörten Grausamkeit zeigt sich die Eigenart des militärischen Strafrechts. Daneben tritt noch ein zweiter für den Militarismus sehr charakteristischer Zug hervor: die Unterscheidung der Strafen nach der militärischen Rangordnung.

In unserm ganzen sonstigen Strafrecht gilt der Grundsatz, daß die Strafe nur nach dem Vergehen, nicht nach der Person des Täters bemessen wird; nur in der Art der Beschäftigung wird Rücksicht auf den Beruf des Gefangenen genommen. Das Militärstrafgesetzbuch steht auch hier im Widerspruch zur übrigen Gesetzgebung.

Ich bin nun geneigt, von vornherein ein sehr wenig demokratisch klingendes Zugeständnis zu machen: dieselbe Strafe ist für Personen verschiedener Lebensstellung und verschiedener Lebensgewöhnung *nicht* dieselbe, sondern um sie mit *gleichem* Maß zu treffen, muß man die Strafen in gewissen Dingen *verschieden* gestalten. Die formale Gleichheit kann zur großen Ungleichheit und Ungerechtigkeit werden.

Betrachten wir aber nach diesem prinzipiellen Zugeständnis das militärische Strafgesetzbuch. Der *strenge* Arrest, den wir kennengelernt haben, ist nur für Gemeine zulässig, der *mittlere* Arrest (in heller Zelle, aber mit hartem Lager und Wasser und Brot, unterbrochen durch leichteren Arrest am 4., 8., 12. und weiter jedem dritten Tage) nur für Gemeine und Unteroffiziere ohne Portepee, der *gelinde* Arrest für Unteroffiziere und Gemeine; die Offiziere endlich erhalten in ihrer Wohnung *Stuben*arrest, der eventuell durch Richterspruch geschärft werden kann zur Vollstreckung in einem besonderen Offizierarrestzimmer.

Wo bleibt die Gleichheit vor dem Gesetz, die doch längst Grundsatz der preußischen Verfassung war, als diese Abmessung der Strafen zwischen Offizier und Gemeinem im neuen deutschen Reich genehmigt wurde? Für dasselbe Vergehen wird dem Offizier verboten, seine Wohnung zu verlassen und Besuche zu empfangen, dem „Gemeinen" auf Tage das Sonnenlicht, weiches Lager und wärmende Speise entzogen! Das ist keine Abstufung, sondern ein empörender Gegensatz!

Die Unterscheidung erfolgt auch nicht nach der *Lebensstellung* des Bestraften, – den verwöhnten Sohn eines reichen Hauses trifft das hier so demokratische Gesetz (ob auch in der Praxis?) mit der gleichen grausamen Härte, wie den Proletarier, der an hartes Lager, Wasser und Brot und schreckliche Spelunken – dem Himmel sei es geklagt – gewöhnt ist; man unterscheidet nur nach den militärischen *Chargen*, die Unteroffizierscharge befreit vom strengen, das Portepee vom mittleren Arrest!

Die ‚Pickelhaube' (Preußen) – Symbol des deutschen Militarismus
Aufnahme: G. Garton, 2013 | commons.wikimedia.org

Man kann wirklich das Wesen des Militarismus, seine Härte und Grausamkeit und die ihm eigentümliche mechanische Auffassung von Unterordnung und Disziplin nicht feiner charakterisieren, als es der Gesetzgeber in diesen Strafrechtsparagraphen getan hat, und man brauchte sie nur jedem deutschen Reichsbürger so recht zum Bewußtsein zu bringen, so würde hoffentlich der Militarismus mit allem was daran hängt – und das ist sehr viel in unserm so von ihm beherrschten Staatswesen – bald die längste Zeit existiert haben.

Zu den barbarischen Strafen, mit denen man den Bruch der Disziplin verfolgt, steht die Lässigkeit, mit der man vielfach gegen die Mißhandlungen Untergebener vorgeht, in einem schneidenden Kontrast.

In Bayern, wo diese Fälle dank der Öffentlichkeit des Gerichtsverfahrens mehr bekannt werden, hat sich die sonderbare Erscheinung wiederholt, daß bei Beurteilung empörender Mißhandlungen das militärische Gericht die „Absicht, Schmerz zu erregen“ verneinte und daraufhin leichte Strafen verhängt wurden.

Einige Wochen oder auch Monate Festung für „Soldatenschinder“, 7 Jahre Zuchthaus für die Landwehrleute, die nicht in den Viehwagen wollen und die Frechheit haben, an den Kaiser zu telegraphieren. Das ist die auf militärischer Disziplin beruhende Auffassung von Gerechtigkeit.

Fanatische Gegner des Militarismus würden vielleicht mit den militärischen Richtern und mit denen, die diese Art Rechtsprechung etwa zu vertreten wagen, ähnlich verfahren wollen, wie jene mit den unglücklichen Landwehrleuten. Aber man muß sich klar machen, daß die Schuld nicht an den einzelnen Menschen liegt, sondern daß der Charakter der *Institution* sich in ihren Handlungen geltend macht und geltend machen muß.

Aus Norddeutschland, wo die Militärgerichte geheim verhandeln, erfährt man wenig Zuverlässiges über das Kapitel der Soldatenmißhandlungen. Aber in aller Erinnerung ist der *Erlaß des Prinzen Georg von Sachsen*, der ein so entsetzliches und für viele Kreise überraschendes Licht auf diese Zustände warf.

Der Erlaß vom 8. Juni 1891 führt aus, daß durch eine lange Reihe gerichtlicher Untersuchungen Zustände zu Tage gefördert sind, die in hohem Grade bedenklich erscheinen müssen, zumal da die vorgekommenen Gewalttätigkeiten und körperlichen Mißhandlungen nicht etwa bloß die Folge augenblicklicher Erregung gewesen sind. „Ein großer Teil der zahlreichen körperlichen Mißhandlungen hat sich als etwas weit Schlimmeres qualifiziert: als raffinierte Quälerei, als Ausfluß einer Roheit und Verwilderung, die man bei dem Material, aus dem unser Unteroffizier- und Instruktionspersonal sich ergänzt, kaum für möglich, und bei der Aufsicht und Kontrolle, die in unsern Dienstverhältnissen ausgeübt werden soll, kaum für ausführbar halten sollte." Der Erlaß hebt hervor, daß eine „so unwürdige, ebenso jedem Gesetz und jeder Vorschrift wie jeder Menschlichkeit hohnsprechende Behandlungsweise", und ein „derartiger die Uniform und das Standesbewußtsein beschimpfender Terrorismus" unmöglich gute Früchte zeitigen könne, und schließt daran die besondere Nutzanwendung: „Anstatt, daß das Heer den zersetzenden Lehren der Sozialdemokratie entgegenarbeitet, wird ihr durch solche Behandlungsweise Vorschub geleistet." Der Prinz macht schließlich noch die charakteristische Bemerkung: „Es will zuweilen scheinen, als ob seitens der Vorgesetzten von Haus aus für den Angeklagten und gegen den, welcher mißhandelt worden zu sein angibt, Partei genommen werde."

Der Eindruck, den das Bekanntwerden dieses Erlasses machte, ist wesentlich daraus zu erklären, daß man hier einmal ein klassisches Zeugnis für die Zustände erhielt, deren Schilderung von anderer Seite man immer zurückgewiesen hatte, da sie übertrieben oder unkontrollierbar aus Wahrem und Falschem gemischt sei. Darin, daß dieses Zeugnis von hoher militärischer Seite inhaltlich so unanfechtbar war, beruhte sein besonderer Wert. Daß es im übrigen demjenigen, der sich um diese Dinge überhaupt kümmerte, nichts Neues bot, daß es vielmehr hinter den Tatsachen noch zurückblieb, konnte man oft genug hören. Es wird natürlich in einzelnen Truppenverbänden sehr viel besser stehen als in denen, die durch des Prinzen Erlaß besonders kompromittiert wurden, im allgemeinen aber stimmen alle privaten Mitteilungen darin überein, daß die Scheußlichkeiten, welche der Prinz in seinem Erlaß zusammenstellte, sich fast überall in der deutschen Armee wiederholen.

Es ist ja nun nicht zu bezweifeln, daß ebenso wie Prinz Georg auch sehr viele andere hohe militärische Stellen solche Brutalitäten aufs schärfste mißbilligen und bestrebt sind, ihnen zu steuern. Aber alle diese Bestrebungen sind doch sehr platonischer Art; sie finden eine Grenze an der Rücksicht auf vermeintliche Erfordernisse der Disziplin. Man will sich nicht entschließen, diejenigen Maßregeln zu ergreifen, die solchen Zuständen *wirklich* abhelfen könnten.

Man verweigert im Widerspruche zum ganzen Volke eine wirklich tiefgreifende Reform des Militärgerichtsverfahrens. Man verweigert vor allem die in Bayern schon seit Jahren bestehende Öffentlichkeit, dieses wirksamste Mittel gegen eine Entartung der Rechtsprechung. Man kann sich deshalb nicht wundern, wenn der preußische Militarismus, der hier im Widerspruche zu unserem ganzen Kulturleben steht, als kulturfeindliche Macht empfunden wird.

Man hält ferner die Bestimmung aufrecht, daß der Soldat, der wissentlich oder auch nur wiederholt *leichtfertig* unbegründete Beschwerde erhebt, bestraft wird, und zwar ohne gerichtliches Verfahren, eine Bestimmung, die natürlich geeignet ist, jegliches Beschwerderecht illusorisch zu machen, besonders da bekanntermaßen Zeugen für Mißhandlungen unter den Kameraden oft gar nicht zu beschaffen sind und da daneben auch jede Abweichung von dem vorgeschriebenen Dienstwege mit Arrest bestraft wird und endlich die Beschwerde in der Regel dieselbe Instanz passieren muß, gegen die sie gerichtet ist. Das ist in der Zivilverwaltung schon bedenklich, aber allenfalls erträglich. Was es jedoch unter militärischen Verhältnissen bedeutet, leuchtet ohne weiteres ein.

Man müßte, wenn das Beschwerderecht wirksam fungieren soll, vorschreiben, daß der Beschwerdeführer sich an den nächsten Vorgesetzten desjenigen wendet, über den er zu klagen hat.

Eine Bestrafung des Beschwerdeführers dürfte nur dann eintreten, wenn ihm das Bewußtsein eines Mißbrauches seines Beschwerderechtes nachgewiesen ist, und dieser Nachweis müßte im gerichtlichen Disziplinarverfahren geführt werden.

Der Beschwerdeführer und seine Zeugen müßten aber weiter auch wirksam gegen die Folgen einer berechtigten oder unberechtigten Beschwerde, jeder Zeuge gegen üble Folgen seiner Aussage geschützt werden, nötigenfalls durch Versetzung in ein anderes Regiment. Es ist ja bekannt, daß heute die Anzeige von vielen groben Ungehörigkeiten unterbleibt, weil der Soldat lieber die Mißhandlungen erträgt, als sich den unfaßbaren Schikanen aussetzt, von denen er im Falle erfolgreicher Beschwerde von seiten seiner Vorgesetzten bedroht ist, und daß oft die Kameraden aus Furcht vor solchen Schikanen und Mißhandlungen absolut zu keiner Aussage zu bringen sind, während sich nach Ablauf der Dienstzeit vor einem bürgerlichen Richter ihre Zungen lösen.

Den Forderungen der bürgerlichen Gesellschaft an die Militärstrafrechtspflege ist damit allerdings noch nicht genügt. Wir verlangen Einschränkung derselben auf die Beurteilung wirklicher Disziplinarvergehen und Einschränkung ihrer Strafmittel, annähernd auf das Maß desjenigen, was sonst im Disziplinarverfahren zur Verfügung steht.

Daß Militärgerichte über Vergehen urteilen, welche nichts mit Militärdisziplin zu tun haben, sondern dem allgemeinen Strafgesetzbuche unterliegen, ist eine ganz einzig dastehende Durchbrechung unserer bürgerlichen Rechtsordnung, in der sich der Militarismus wiederum als eine dem bürgerlichen Rechtsleben fremde und feindliche Macht zu erkennen gibt. Daß ein Soldat wegen Beleidigung eines Zivilisten, wegen eines Diebstahls, der außerhalb der Kaserne verübt ist, nicht vor das ordentliche Gericht, sondern vor den Militärrichter kommt, ist etwas, was einem großen Teil des Volkes anscheinend unbekannt ist, oder doch nicht recht in seiner Bedeutung erfaßt wird. Sonst könnte sich dieses ganz vereinzelt dastehende Privileg ja unmöglich gegen den allgemeinen Unwillen halten. Oder sind wir so militarisiert, daß wir eine solche Ausnahmestellung bewußt dulden?

Unsere Forderung geht freilich noch weiter: Es müssen auch alle schwereren Vergehen im Dienst und innerhalb der Kaserne, die zugleich gegen das allgemeine Strafrecht verstoßen, vor das ordentliche Strafgericht gezogen werden.

Doch das ist freilich ein Zukunftsprogramm. Die Hauptsache ist zunächst: solange die Militärrechtspflege sich nicht den Forderungen der Zeit anbequemt, solange sie sich weigert, öffentlich zu verhandeln, solange sie nicht die Beschwerdeführung grundsätzlich erleichtert und solange sie dem Beschwerdeführer nicht wirksamen Schutz verleiht, so lange wird man es dem Militarismus nicht glauben, daß es ihm wirklich voller Ernst ist mit der Bekämpfung roher Übergriffe. Und so lange liegt es für jeden auf der Hand, daß die militärischen Kreise wohl jene Brutalität beklagen, aber doch lieber sie dulden, als daß sie auf Kosten ihrer blind verehrten sogenannten

Disziplin der bürgerlichen Auffassung die notwendigen Zugeständnisse machen.

Man könnte uns einwenden, Roheiten, Mißhandlungen und Ungerechtigkeiten ereigneten sich überall und seien nicht etwas, was dem Militarismus eigentümlich wäre.

Darauf wäre zu erwidern, daß die militärischen Einrichtungen die Bedingungen enthalten, unter denen sich jeder Keim von Roheit und Rechtsmißachtung üppiger als anderswo entwickeln muß.

Das Heer in seiner heutigen Verfassung ist eine Gemeinschaft, die vom Untergebenen unbedingten blinden Gehorsam fordert und die kein schwereres Vergehen kennt, als die Verletzung dieses Gehorsams, eine Gemeinschaft, die so sehr auf diese falsche Auffassung von Autorität gegründet ist, daß sie selbst berechtigten Beschwerden des Untergebenen gegen einen Vorgesetzten nur höchst widerwillig Folge gibt.

Dem Vorgesetzten ist damit gegenüber dem Untergebenen eine Macht gegeben, wie nirgends sonst, und jede solche Macht enthält die Versuchung des Mißbrauchs in sich. Härte und Bosheit, die sich im freien bürgerlichen Leben vorsichtig zurückhalten müssen, weil man ihnen mit gleicher Münze zahlen würde, haben hier Opfer vor sich, die in der Hauptsache wehrlos sind.

Gestehen wir doch nur, wieviel Härte und Grausamkeit in der Menschennatur verborgen ist. Wenn Zorn oder Haß diese für gewöhnlich schlummernden Eigenschaften einmal wecken und wenn dann zugleich einmal zufällig die äußeren Schranken fortfallen, die den Einzelnen hindern, sich rücksichtslos gehen zu lassen, dann bleibt von dem *homo sapiens* nicht viel übrig. Diese Schranken nun sind für den militärischen Vorgesetzten dem Soldaten gegenüber fortwährend so schwach, wie kaum in irgendeinem anderen Verhältnis, und darin liegt für alle auch nur von fern zur Roheit neigenden Naturen, ja auch für bloß leidenschaftliche Menschen der stete Anreiz, ihren Unmut an den Untergebenen auszulassen.

Da sich außerdem der Vorgesetzte gewöhnt, in dem Untergebenen jemand zu sehen, der unbedingt und augenblicklich zu gehorchen hat, so bildet sich leicht auch bei besseren Naturen eine gewisse Härte aus, jedenfalls eine gefährliche Mißachtung all der Eigenschaften freien Menschentums, in die sonst die Völker ihren Stolz setzten und in denen wir die Kennzeichen und wirksamsten Hebel einer fortschreitenden Kultur erblicken.

Einem großen Teil unserer Offiziere und Unteroffiziere wird es beim besten Willen sehr schwer werden, sich in die freieren Anschauungen von Unterordnung, die ihre Rekruten aus dem bürgerlichen Leben als etwas ganz Selbstverständliches mitbringen, überhaupt hineinzuversetzen. Das liegt an der abgeschlossenen Erziehung in Kadettenhäusern und Unteroffiziersschulen. Wer da von klein auf an militärische Art gewöhnt ist, der mag wohl wirklich eine „Widerrede" gegen unbegründeten Verweis als schwere Ungehörigkeit empfinden, während der freier aufgewachsene Bürger sie als etwas ganz Selbstverständliches betrachtet und über die Bestrafung einer solchen Handlung empört ist.

Es kommt noch hinzu, daß in einem nicht geringen Bruchteil des Militärstandes jedenfalls schon von vornherein eine gewisse Hinneigung zu rücksichtsloser Härte vorhanden ist.

Gewiß haben wir im Offizierskorps zahlreiche hochgebildete und fein empfindende Männer, und mir liegt nichts ferner, wie ich schon betont habe, als das Urteil über die Institution ohne weiteres auf die Personen zu übertragen, oder auch Einzelnen deshalb mit einem Vorurteil zu begegnen, – im Gegenteil, ich würde bei einer solchen Generalisierung mich selbst in den Personen von nahen persönlichen Freunden verletzt fühlen.

Gewiß finden sich auch unter den Unteroffizieren eine Menge braver und gutmütiger Leute, die vom Soldatenschinder keinen Zug an sich haben.

Aber es ist doch unleugbar, daß auf der einen Seite unter den Elementen, die der Heeresdienst anzieht, ein starker Prozentsatz schon von vornherein mit einem gewissen Widerwillen gegen die freieren Gewohnheiten des bürgerlichen Lebens erfüllt sein muß, und daß auf der anderen Seite feiner organisierte Naturen sich in der Regel von dem individualitätsfeindlichen Geiste des Berufes, dessen bloße Existenz obendrein mit ihren Anschauungen von Zivilisation kaum vereinbar ist, abgestoßen fühlen werden.

Unser Offizierkorps rekrutiert sich zum Teil aus Kreisen, denen die junkerliche Anschauung des Herrenverhältnisses gegenüber dem dienenden Knecht und die Auffassung von dem Pöbel, der Ordre zu parieren hat, geläufig ist. Die Behandlung, die daraus fließt, empfindet die dieser Herrschaft entwachsene Bevölkerung als Mißachtung und unter Umständen als brutale Vergewaltigung.

Einem großen Teil der Unteroffiziere aber ist gewiß von vornherein die Empfindung nicht fremd, daß, nachdem sie selbst geschunden worden sind, sie mit einem gewissen Recht weiter schinden.

Alles in allem genommen ist es doch die unausrottbare Härte und Roheit des Waffenhandwerks, die zu allen Zeiten auch einen verhältnismäßig großen Bruchteil harter und roher Gesellen angelockt hat und die für die andern die Gefahr mit sich bringt, ihrer eigenen besseren Natur nicht folgen zu dürfen und schließlich Dinge ohne Bedenken zu tun, die sie, außerhalb des Einflusses des Militarismus stehend, selbst als hart und roh empfinden würden, ja die sie auch nur im Dienste als selbstverständlich hingehen lassen, während sie im Privatleben dazu gar nicht fähig sein würden. Die Institution unterjocht eben die Individuen.

Dem Geiste des Militarismus ist es also gemäß, die Disziplin mit einer Härte aufrechtzuerhalten, zu deren Kennzeichnung nach unserem Empfinden die Worte fehlen, und zugleich gegenüber den Untergebenen Brutalitäten passieren zu lassen, zu deren Bekämpfung man die wirksamen Mittel um eben dieser Disziplin willen verweigert.

Die Wirkung dieses Militarismus innerhalb des Heeres empfinden nun heute in der Zeit der allgemeinen Dienstpflicht Tausende von Söhnen des Volkes am eigenen Leibe.

Was ein Teil von ihnen aber vielleicht nicht so sehr empfindet, das ist die demoralisierende Wirkung dieses militärischen Geistes auf alle, die sich von ihm unterjochen lassen.

Man rühmt das Heer als eine Erziehungsanstalt, und es soll nicht geleugnet werden, daß darin etwas Wahres liegt. Aber zum Teil ist es nur deshalb noch wahr, weil der Militarismus die öffentlichen Mittel so sehr verschlingt, daß für den Volksschulunterricht nicht genügend gesorgt werden kann. Wenn man den elenden Zuständen im Schulwesen, die vielfach auf dem Lande herrschen, abhelfen wollte und wenn man dafür sorgte, daß für die geistige und körperliche Ausbildung der Jugend geschähe, was sich gehört, so würde man beim Militär nicht die Dinge nachzuholen haben, die eigentlich die Schule leisten soll.

Vorteile für die Erziehung des Soldaten liegen außerdem wesentlich darin, daß er von der heimischen Scholle für einige Jahre gelöst wird und in ganz fremde Verhältnisse kommt, Vorteile, deren Bedeutung in unserm Zeitalter des wachsenden Verkehrs sich freilich jedes Jahr vermindert.

Abgesehen aber davon ist es ganz vorzugsweise der Standpunkt der herrschenden und besitzenden Klassen, von dem aus man die vortreffliche Erziehung der Leute beim Militär rühmen hört. Die Leute werden anstelliger für die *Dienste*, die man von ihnen verlangt, der gewesene Offiziersbursche gibt einen ausgezeichneten Diener ab, und in ländlichen Arbeitsverhältnissen *fügen* sich die Leute, die beim Militär gewesen sind und die Ordre parieren gelernt haben, rascher und williger dem halb militärischen Regiment des Gutsbesitzers.

Es ist dies eine Erziehung zugunsten des Herrendienstes, angepriesen vom Standpunkte der oberen Zehntausend, viel weniger eine Erziehung zugunsten der Erzogenen selbst.

Den Vorteilen steht die Beeinträchtigung der freien Entwicklung gegenüber durch stete Unterwerfung unter ein despotisches Regiment.

Gewiß, eine schöne Schulung ist es, sich selbst bezwingen zu müssen, aber etwas ganz anderes ist der Zwang, sich lautlos zu bezwingen, wo man von Gott und Rechts wegen eine Unverschämtheit oder eine Niederträchtigkeit zurückweisen müßte. Bei dem einen regt er die Leidenschaft auf und treibt zu irgendeiner gewaltsamen Katastrophe (man denke an die Soldatenselbstmorde), bei dem andern fördert er Verstellung und die Neigung, sich heimlich für erlittene Unbill, die man nicht offen zurückweisen kann, zu rächen, bei dem dritten endlich (und das wird die häufigste Wirkung sein), tötet er das richtige Ehrgefühl und erdrückt die löbliche Empfindung, daß niemand sich eine derartige Behandlung sollte gefallen lassen müssen. In jedem dieser Fälle dürfen wir sagen, daß der Militarismus demoralisierend gewirkt hat.

Eine Demoralisation und zugleich eine Schädigung der Geistesspannkraft unseres Volkes erblicken wir aber schon in der Gewöhnung an die eiserne Disziplin und den unbedingten Gehorsam, wenn es dieser Gewöhnung wirklich gelingt, die Menschen innerlich zu unterjochen.

Freiwillige Disziplin und ein vernünftiger nicht durch Furcht erzwungener Gehorsam sind offenbar die Zeichen, unter denen unsere Kulturentwicklung Fortschritte machen kann. Die Zwangsdisziplin des Militarismus ist das gerade Gegenteil davon, sie ist der Feind der Kultur und ist entwürdigend für den, den sie sich unterwirft.

Die Mißachtung persönlicher Würde macht sich auch in Äußerlichkeiten geltend. Unser Auge hat sich leider schon an so vieles gewöhnt, was wir als ungeheuerlich empfinden sollten. Aber man versuche nur einmal mit dem Auge eines unbefangenen Menschen zu sehen, auch nur mit der Unbefangenheit, die jemand gewinnen kann, der einige Zeit in einsamem Landaufenthalt, oder besser noch im Auslande geweilt hat. Man wird dann wunderbar berührt werden, z. B. von den Formen des Verkehrs außer Dienst. Wie unwürdig erscheint einem die Figur des strammstehenden Soldaten, die besonders auffällig wird, wo soziale Gleichstellung den Eindruck verschärft. Charakteristisch ist der Einjährige, der seinem Vorgesetzten im Wirtshaus begegnet und angewurzelt darauf wartet, daß dieser ihn erblickt und durch „abwinken" aus seiner Lage erlöst.

Oder man beobachte etwa einen postenstehenden Soldaten, der vor dem Offizier salutiert. Wenn wir nicht wüßten, daß die Sache nach ernsthafter Vorschrift gemacht wird, so würden wir glauben, daß der Soldat sich einen übermütigen Spaß gestattet, den er einem Harlekin auf dem Possentheater abgesehen hat. Eine solche Verzerrung jeder natürlichen Haltung bringt er beim Präsentieren seines Gewehres fertig, und so komisch wirkt das Verharren in dieser abgeschmackten Stellung, wobei der Blick dem hohen Vorgesetzten am Gewehrschaft vorbei ruckweise folgt. Ich muß allerdings gestehen, daß ich selbst dieses Bild in seiner ganzen betrübenden Komik erst neuerdings in Bayern würdigen gelernt habe. Ob, weil mein Blick inzwischen geschärft war oder weil man in Preußen mehr Talent für diese Sorte von militärischen Stellungen hat, muß ich dahingestellt sein lassen.

Oder man gehe auf eine Parade und sehe sich einen Parademarsch an. Ich weiß allerdings, daß bei uns dieses Schauspiel eigentlich nur bewundernde oder bestenfalls gleichgültige Zuschauer findet, und trotzdem möchte ich behaupten: Wem nicht die Röte der Scham oder des Zornes über diesen Mißbrauch menschlicher Wesen aufsteigt, der darf sich getrost sagen, daß er vom Militarismus, der bei uns alles beherrscht, selbst schon bedenklich angesteckt ist.

Mit besonderer Klarheit hat sich der Geist des Militarismus dem großen Publikum geoffenbart bei dem famosen Distanzritt, den Offiziere der deutschen und der österreichischen Armee im vorigen Herbst zwischen Wien und Berlin ausgeführt haben.

Als man damals erfuhr, mit welch entsetzlicher Pferdeschinderei dieses vorher so gepriesene Unternehmen geendet hatte, da erhob sich ein wahrer Sturm der Entrüstung, nicht etwa nur in militärfeindlichen Kreisen, sondern überall, wohin man nur hörte. Auch unter Offizieren wurde dieses ganz sinnlose Zutodereiten der armen Tiere auf das schärfste gemißbilligt. Man erinnert sich wohl noch der Schilderung, in welchem Zustande das Pferd des preußischen Siegers in Wien ankam. Blutend und bedeckt mit den Spuren, die Peitsche und Sporen hinterlassen hatten, ein Bild des Jammers, unfähig, weiter ein Glied zu rühren, brach das arme Tier völlig zusammen und mußte davongetragen werden, um kurz darauf zu krepieren.

Unserer bürgerlichen und der allgemein menschlichen Empfindung würde es entsprochen haben, wenn man den Reiter, dessen so offenkundiges Verhalten doch auch für die Interessen der Armee sehr bedenklich sein mußte, und andere seinesgleichen einfach entlassen hätte. Davon ist nichts geschehen, keine Bestrafung ist erfolgt, im Gegenteil, man hat diesen Sieger noch mehrfach ausgezeichnet.

Wie glaubt man wohl, daß dergleichen im Volke empfunden wird, und mit welchen Gefühlen ein Vater solchen Offizieren seinen Sohn als Rekruten anvertraut? Man fordert ja geradezu die Mißdeutung heraus, daß man die im Distanzritt bewiesene Rücksichtslosigkeit im Schinden fremder Lebewesen als eine militärische Tugend schätze.

Doch nicht genug damit, es hat sich eine Zahl von Tierschutzvereinen aus Anlaß dieses Distanzrittes mit Petitionen an den Reichstag gewendet. Es ist bekannt, daß diese Tierschutzvereine zum großen Teil unter durchaus militärfrommer Leitung stehen. Man hatte also nicht Äußerungen einer militärfeindlichen Opposition vor sich, denen ein Entgegenkommen möglichst zu verweigern ja leider oft zur Regierungspraxis gehört. Gleichwohl hat der Vertreter des Kriegsministeriums in der Petitionskommission die Erklärung abgegeben: der Militärverwaltung seien in bezug auf den Distanzritt Berlin–Wien keinerlei Fälle bekanntgeworden, auf die sich der Begriff der Tierquälerei anwenden ließe.

Tierquälerei im Sinne des Strafgerichtes ist es ja freilich nur, wenn jemand öffentlich, oder in ärgerniserregender Weise Tiere *boshaft* quält oder *roh* mißhandelt, und es mag sein, daß, wenn man vom militärischen Standpunkt aus an Mißhandlungen und Roheiten einen besonderen Maßstab legt, diese Kriterien noch nicht zutrafen, besonders da die Mißhandlung ja nicht Selbstzweck war, sondern ähnlich wie bei der Vivisektion angeblich einer höheren Aufgabe diente. Der Unterschied zuungunsten des Distanzrittes ist nur noch, daß bei der die Wissenschaft schändenden Vivisektion die Tierquälerei für den Erfolg des Experiments notwendig ist, während der Distanzritt offenbar aufhörte, einen Zweck zu haben, sobald die Leistungsunfähigkeit des Tieres für militärische Zwecke und damit die abscheuliche Tierquälerei begann.

Die Herren im Kriegsministerium, die für jene Erklärung verantwortlich sind, mögen persönlich humane und wohlwollende Leute sein. Um so schlimmer aber für den Geist des Militarismus, der dann bei ihnen trotzdem eine solche Auffassung möglich macht und der (so wenig auch Graf v. Caprivi das verständlich findet) in weiten Kreisen der Nation als kulturfeindlich empfunden wird.

Die Erklärung über die Frage des Distanzrittes ist noch in anderem Sinne für den Militarismus charakteristisch.

So hoch wir auch den verhärtenden Einfluß dessen veranschlagen, was man im militärischen Leben rücksichtslose Schneidigkeit nennen wird, so können wir doch nicht glauben, daß man in Wirklichkeit nicht auch im Kriegsministerium die Tierquälerei des Distanzrittes als solche empfunden und beklagt hätte. Wir nehmen vielmehr zur Ehre der Herren, denen wir menschliche Empfindung nicht absprechen dürfen, gern an, daß die offiziell geleugnete Mißbilligung in Wahrheit nicht ganz fehlte.

Aber der Geist des Militarismus scheint es zu verbieten, der allgemeinen Kritik ein so erhebliches Zugeständnis zu machen und den gemachten Fehler einzugestehen.

Gerade der Umstand, daß sich die Öffentlichkeit mit einer Sache beschäftigt hat, wird für das militärische Regiment leicht ein Grund, sie zu schützen. Dazu drängt offenbar die militärische Auffassung von Disziplin und Autorität. Die von außen kommende Kritik ist von vornherein verdächtig, die von unten kommende gilt als Unbotmäßigkeit, sobald sie die bescheidensten Grenzen überschreitet. Wie diese Seite des militärischen Geistes unsere ganze Staatsverwaltung mehr oder minder ergriffen hat, darauf werden wir später näher einzugehen haben. Wie sehr dieser Charakterzug aber der Erhaltung aller Mißbräuche innerhalb des Heeres zustatten kommen muß, leuchtet ohne weiteres ein.

Jede unbotmäßige Handlung also, die die Disziplin verletzt, wird mit einer Härte, die dem verständnislosen Bürger als grausiges Unrecht erscheinen muß, bestraft, und viele Brutalitäten in Wort und Tat, die gegen wehrlose Untergebene verübt werden, bleiben ohne gebührende Sühne, da z. T. die militärische Auffassung in ihrer Beurteilung von der allgemeinen menschlichen abweicht, z. T. aber wirksame Mittel zur Abwehr dieser Ausschreitungen grundsätzlich verweigert werden. Der Soldat ist im großen und ganzen wehrlos gegenüber diesem System; er wird zu blindem Gehorsam angehalten, äußerlich und innerlich einem menschenunwürdigen Zwang unterworfen.

2. DER MILITARISMUS IN SEINER EINWIRKUNG AUF
DIE BÜRGERLICHE GESELLSCHAFT UND DEN VOLKSGEIST

Soweit über den Militarismus, wo er sich selbst überlassen ist, im Heere. Suchen wir nun, wenigstens in großen Zügen, zu bestimmen, wie er außerhalb dieser Grenzen das Leben des Volkes beeinflußt, und inwiefern er leider nichts weniger als ein leeres Schlagwort, sondern der sehr reelle und mächtige Gegner des Kulturfortschrittes ist, den wir im Interesse der Nation zu bekämpfen haben.

Die eigentümliche Stellung des Militarismus in der Gesellschaft beruht darauf, daß der größte Teil der männlichen Bevölkerung einige Jahre dem Heere angehören muß und daß das Heer ihn auch nach Erfüllung seiner Dienstpflicht nicht völlig frei zu seinem

Berufe zurückkehren läßt, sondern ihn in einer steten, wenn auch losen Verbindung mit dem Militärwesen hält. Noch nicht genug mit dieser auf Gesetz beruhenden Beeinflussung, sucht man auch noch über die gesetzlichen Verpflichtungen hinaus den Einzelnen, der schon frei dem bürgerlichen Erwerbsleben angehören könnte, in militärischen Beziehungen zu halten.

Die Wirkung davon ist die, daß speziell militärische Anschauungen und Rücksichten in alle Stände und Berufsklassen hineingetragen werden. Während die übrigen Stände nebeneinander existieren und sich wohl gegenseitig beeinflussen, aber doch nur im Verhältnis freier Wirkung und Wechselwirkung, durchdringt die Auffassung des militärischen Standes, durch besondere Einrichtungen unterstützt, alle anderen. Überall, wo dann die verschiedenen Auffassungen und Interessen nicht übereinstimmen, beansprucht der Militarismus die Vorherrschaft. Er wird damit zum Gegner aller Stände, die ihre Selbständigkeit behaupten wollen, zum Gegner der bürgerlichen Gesellschaft.

Am auffallendsten ist die Einwirkung und zwar eine tief beklagenswerte Einwirkung des Militarismus in den Kreisen der „guten Gesellschaft", der besitzenden und gebildeten Klassen. Hier ist das Reserveleutnantswesen das große Mittel der Propaganda und leider oft genug einer gewissen Korruption.

Mit vollem Bewußtsein spreche ich hier nicht nur von *Beeinflussung*, sondern von *Korruption*.

Würden die Angehörigen unserer besser situierten Klassen, die Gutsbesitzer, Kaufleute, Industriellen und die Mitglieder der gelehrten Stände nur dadurch, daß sie in das Heer eintreten und dort neue, ihnen bisher fremde Verhältnisse kennenlernen, für andere Anschauungen gewonnen, als sie von Hause mitgebracht haben, so könnte man nur von einem *Einfluß* sprechen, den der Militarismus auf sie ausübte. – So liegen die Dinge aber offenbar nicht: es ist nicht ein weiterer Blick oder eine tiefere Erkenntnis der Bedürfnisse des öffentlichen Lebens, was in den meisten Fällen unsere jungen Reserveoffiziere zu anderen Anschauungen bekehrt, sondern es ist überwiegend die liebe Eitelkeit und eine würdelose Aufnahme fremder Vorurteile.

Es ist ja eine nicht wegzuleugnende Tatsache, daß der Offiziersstand, der lediglich nach der *kulturellen* Bedeutung des *Berufes* gemessen, offenbar hinter den übrigen gebildeten Bevölkerungsklassen zurückstehen sollte, vielfach gesellschaftlich den ersten Platz behauptet. Es ist das z. T. historisch zu erklären, als ein Überbleibsel aus Zeiten niederer Kulturstufe, in denen für die Behauptung der persönlichen Stellung die Waffentüchtigkeit von wesentlicher Bedeutung war. Daß sich dieses Überbleibsel bei uns länger gehalten hat als in anderen Kulturstaaten, liegt z. T. an der Entwicklung des preußischen Staatswesens, in dem eine einseitig militärische Auffassung lange mächtiger gewesen ist als anderswo, – und dann im neuen deutschen Reich an der Nachwirkung des Krieges von 1870. Die glänzenden Erfolge haben dem Militarismus den Wind in die Segel gebracht, und mit großem Geschick hat man sie für seine Herrschaft zu benutzen verstanden. Das Bürgertum aber hat sich in scheuer Ehrerbietung vor ihm verneigt, als ob nicht das deutsche Volk, sondern der preußische Leutnant ganz allein den Krieg geführt hätte.

Genug, der Offizier nimmt jedenfalls bei uns eine bevorzugte gesellschaftliche Stellung ein und durch die Institution des Reserveleutnants wird dem kindischen Ehrgeiz der jungen Leute, an dieser Bevorzugung teilzunehmen, eine bestimmte Richtung gegeben.

Für einen Teil von ihnen gehört es zu den Anforderungen, die sie an sich selbst stellen, daß sie nicht nur in den äußeren Formen das Wesen des Leutnants nachzuahmen suchen, sondern daß sie auch bestrebt sind, sich seinen Anschauungen möglichst anzupassen. Unterwürfigkeit und Nachahmungstrieb, die von dieser Eitelkeit angestachelt werden, beeinflussen ihre Anschauungen. Diese letzteren sind dann also nicht innerlich erarbeitete Überzeugungen, sondern äußerlich angenommene Meinungen, die nun einmal dazu gehören, wenn man sich der militärischen Auszeichnungen würdig machen will, ebenso wie militärische Haltung und ein gewisser, selbstbewußter Ton.

Häufig genug läßt gedankenlose Oberflächlichkeit gewiß gar nicht zum Bewußtsein dieser charakterlosen Unterwerfung kommen, häufig aber mag sich doch dahinter ein schlechtes Gewissen rühren, das durch eine um so rücksichtslosere Behauptung der angenommenen Haltung betäubt werden muß.

Der richtige Reserveleutnant hat sich ganz daran gewöhnt, die

Volksmassen anzusehen und zu behandeln, wie es beim Militär üblich ist. Er verliert die Fähigkeit (wenn er sie je besessen hat), mit dem Volke zu empfinden und die Bewegungen, die unsere Zeit aufrühren, zu verstehen.

Natürlich lassen sich bei weitem nicht alle in dieser Weise beeinflussen. Viele machen ihrer Stellung als Reserveleutnant nur gewisse mehr äußere Zugeständnisse und bleiben in anderen Punkten, besonders auch innerlich, unabhängig, anderer nicht zu vergessen, die von ihm gar nicht berührt oder vom Widerwillen erfaßt werden.

Auf viele aber, die sich selbst innerlich dem Militarismus noch entzogen haben, macht sich der einengende Einfluß desselben in anderer Weise geltend. Sie fühlen sich durch Rücksichten auf ihre militärische Stellung gehindert, ihre Anschauungen über Verhältnisse des öffentlichen Lebens frei zu betätigen. Auf Schritt und Tritt begegnet es einem, daß jüngere Leute versichern, sie dächten wohl ähnlich, aber seien durch ihre Stellung als Reserveoffizier verhindert, sich frei zu äußern oder gar für ihre Ansicht irgendwie mit der Tat einzutreten. Eine Korruption, nicht der Personen aber wohl der Zustände!

Es ist ja ganz unglaublich, auf welche Dinge nicht etwa nur des öffentlichen Lebens, sondern ganz privater Beziehungen sich diese Rücksicht auf die militärischen Anschauungen manchmal erstreckt und wie tief der Militarismus in das Leben des Einzelnen und in die Gestaltung unserer bürgerlichen Gesellschaft eingreift.

In seinen gesellschaftlichen Beziehungen, in der Wahl seiner Freunde und der Örtlichkeiten, an denen er verkehrt, in dem Verhalten, das er in vielen Verhältnissen beobachtet, ist der Reserveoffizier unter Umständen durch die Vorurteile, nicht seines eigenen Standes, sondern eines ihm ganz fremden Kreises behindert. Ist es nötig an den Bezirkskommandeur zu erinnern, der kürzlich einen Reserveoffizier aufforderte, aus einem Verein auszutreten, in dem er mit Leuten gesellig verkehrte, die militärisch seine Untergebenen waren? Man fängt es nicht immer so ungeschickt an wie dieser Bezirkskommandeur, aber die Auffassung ist vielfach die gleiche!

Besonders verderblich ist der Einfluß des Militarismus in dem eigentlichen Bürgertum, das seine Selbständigkeit doch verhältnismäßig leicht bewahren könnte. Es ist hier am betrübendsten zu sehen, wie er die Unabhängigkeit untergräbt und die Fähigkeit zu einer freien Auffassung des Lebens beeinträchtigt. Für die allgemeine Entwicklung unserer Zustände kann dieser fortschreitende Verfall unseres Bürgerstandes die bedenklichsten Folgen haben; denn es bleiben dann nur die beiden haßerfüllten Gegner übrig, auf der einen Seite der Militarismus mit seinem Gefolge, auf der anderen Seite der aufstrebende vierte Stand, als der allein ungebrochene Vertreter aller, die noch Freiheit schätzen. Wem der Sieg zufallen wird, kann ja nicht zweifelhaft sein, aber die Aussichten auf eine friedliche Entwicklung schwinden sichtlich dahin.

Ist in den bürgerlichen Erwerbsständen der Einfluß des Militarismus am beklagenswertesten, so ist er doch naturgemäß noch schärfer ausgeprägt in den Zweigen der öffentlichen Verwaltung und in allen Beamtenkreisen, welche von Haus aus sich schon in größerer Abhängigkeit von der Regierung befinden.

Es wird später näher darauf einzugehen sein, wie sich das auf verschiedenen Gebieten des öffentlichen Lebens geltend macht. Hier sei nur summarisch darauf hingewiesen, wie ganz anders als eine menschlich frei erzogene Persönlichkeit sich der richtige Reserveleutnant in Verwaltung, Rechtsprechung und Unterricht betätigen wird und wie wichtig es für unsere nationale Entwicklung ist, ob hier eine freie, vorurteilslose Humanität oder militärische Anschauungsweise regiert.

Wie man die bevorzugten Stände des Volkes als Reserveoffiziere im Banne des Militarismus hält, so stehen auch eine Anzahl Mittel zu Gebote, um die größeren Massen zu beeinflussen.

Schon durch die regelmäßig wiederkehrenden Kontrollversammlungen und Übungen ist dafür gesorgt, daß der Einzelne, wenn er in das bürgerliche Leben zurückgetreten ist, nicht ganz frei wird von der Empfindung, zugleich einem zweiten Stande, dem Militär anzugehören und den Vorschriften militärischer Disziplin unterworfen zu sein. Wie gelegentlich versucht worden, diese Kontrollversammlungen und Übungen zur politischen Beeinflussung zu benutzen, ist bekannt.

Neben diesen gesetzlichen Einrichtungen werden als wirksamstes Mittel, die kleinbürgerliche Gesellschaft mit dem Geiste des Militarismus zu durchdringen, die Kriegervereine benutzt. Wie immer wieder versucht wird, durch diese Kriegervereine politische Propaganda zu machen und sie besonders für die Wahlen zu verwerten, braucht nicht erst erzählt zu werden, wir erleben es vermutlich wieder in diesen Tagen. Darauf möchte ich auch weit geringeres Gewicht legen als auf die dauernde Beeinflussung, die durch diese Vereine auf die Gesinnung des Bürgertums geübt wird. Es wird dadurch die Anschauung gepflegt, als ob die Anforderungen an militärische Disziplin, die innerhalb des Heeres gelten, für den gemeinen Soldaten auch in seinen bürgerlichen Beziehungen und in Verhältnissen des öffentlichen Lebens noch irgendeine Bedeutung hätten.

Die ganze Auffassung von Disziplin, von dem Unterordnungsverhältnis, das vom Befehlenden keine Rechenschaft fordert und dem Gehorchenden das Recht zur Kritik verweigert, diese ganze Auffassung, die für das bürgerliche und öffentliche Leben nicht zu brauchen ist, wird durch dieses Soldatenspielen in den Kriegervereinen genährt. Es wird zugleich in den Mitgliedern die Anschauung erzeugt, als ob sie als ehemalige Angehörige des Heeres verpflichtet wären, zu öffentlichen Fragen eine andere Stellung einzunehmen als ihre Standes- und Berufsgenossen. Diese Vereine dienen so als ein Mittel der Zersetzung für die bürgerliche Gesellschaft.

Wenn bei öffentlichen Anlässen größere Massen des Volkes, gesondert nach Berufsgenossenschaften und freien Vereinigungen auftreten, so wird diese natürliche Gliederung durchbrochen durch die Kriegervereine. Die ihnen angehörenden Handwerker, kleinen Kaufleute und Arbeiter sondern sich von ihren Berufsgenossen ab und stellen ihre lose Zugehörigkeit zur Armee über die Gemeinschaft, die ihr ganzes bürgerliches Leben beherrscht. Sie fühlen sich als Glieder einer halbmilitärischen Vereinigung in einem gewissen Gegensatz zu ihren rein zivilen Standesgenossen, und ihr Auftreten erhält einen Zug von jener seltsamen Anmaßung, wodurch das Auftreten manches „schneidigen" Offiziers gegenüber dem Zivil gekennzeichnet ist.

Natürlich sind diese Vereine in den großen Städten, wo sich der Einzelne leicht der Beobachtung entzieht, von geringerer Bedeutung. Erst in den kleineren Orten gelangen sie zu rechter Wirksamkeit.

Der militärische Geist in diesen Vereinen wird dadurch gestärkt, daß die Leitung in der Regel in nahe Beziehung zu pensionierten Offizieren tritt, die dem Vereine als Ehrenmitglieder oder Präsidenten anzugehören pflegen. Die halbamtliche Instanz zur Beeinflussung der Vereine im Einzelfalle gibt das Landwehrbezirkskommando ab, und indem dem Verein eine Fahne direkt vom Monarchen verliehen und eventuell auch wieder entzogen wird, hat man ein wunderbar kräftiges Mittel, diese Beeinflussung besonders wirksam zu machen.

Diese Fahne erfüllt gewiß gar manche mit dem heiligen Schauer militärischen Subordinationsgefühls, und wenn der Verein sich dann hinter ihr im Zuge ordnet, in Reih und Glied aufmarschiert, in ganz anders straffer Haltung, als das schlampige Zivil, die älteren Mitglieder mit einigen Kriegsdenkmünzen auf der Brust, da mag man sich wohl vorkommen als etwas, was berufen ist, in der bürgerlichen Gesellschaft eine ganz besondere Rolle zu spielen, während man in Wirklichkeit mit seiner kindlichen Freude an den Äußerlichkeiten des Soldatenspielens sich nur dazu hergibt, einem System, das im Grunde genommen hochmütig auf die bürgerlichen Kreise herabsieht, ergebenst die Schleppe zu tragen.

Es war bisher nur davon die Rede, in welcher Weise die eigentliche bürgerliche Bevölkerung, die dem Heere nur in Erfüllung der Dienstpflicht angehört hat, vom Militarismus beeinflußt wird. Nicht vergessen dürfen wir, wie sich daneben noch ein breiter Strom von völlig militärischen Elementen fort und fort in das bürgerliche Erwerbsleben und besonders in das mittlere und kleine Beamtentum ergießt, dank dem System der Offizierspensionierungen und dem Militäranwärterwesen.

Es sind das bis zu einem gewissen Grade unvermeidliche Übelstände, aber man mag sich vor Augen halten, wie auch hier das Militär eine Ausnahmestellung einnimmt.

Die Strapazen eines Krieges beanspruchen wenigstens für den Dienst an der Front eine körperliche Rüstigkeit und Frische, die erheblich früher als sonstige Arbeitsfähigkeit verloren geht. Die Folge ist, daß Personen, die noch im kräftigsten Mannesalter stehen, ihren Abschied erhalten und nun in einen andern Beruf übertreten, während in jedem andern Berufe, von vereinzelten Ausnahmen abgesehen, der Mann auszuharren pflegt, solange er überhaupt noch für irgend eine Tätigkeit die volle Arbeitskraft besitzt.

Aus keinem andern Stande also gehen irgendwie nennenswerte

Elemente in einen andern über, nur aus dem Militär dringen sie ununterbrochen in andere Berufskreise ein, und sie besetzen einzelne derselben förmlich in geschlossener Masse.

Man muß dabei berücksichtigen, daß es nicht junge Leute sind, die sich noch leicht in andersartige Verhältnisse und Anschauungen hineinfinden, sondern Personen im Mannesalter, die durch eine jahrelange Gewöhnung an militärische Denkungsweise, an militärische Unterordnung mit Mißachtung jeder Freiheit dem bürgerlichen Leben entfremdet und zum großen Teil auf immer für eine Gesellschaft, die sich auf anderen Prinzipien aufbaut, verdorben sind.

Das ist, wie gesagt, zum Teil ein durch die Natur der Verhältnisse gegebener unvermeidlicher Übelstand, aber verschärft wird er noch durch eine Reihe von Einrichtungen, die selbst wieder ein Zeugnis für den herrschenden Militarismus sind.

Im Heere allein besteht der Grundsatz, daß jemand nicht in einer niederen Charge, für die er tüchtig ist, verbleiben kann, wenn er dem Dienstalter nach in eine höhere aufrücken sollte. Hält man ihn für diese nicht für befähigt, so muß er seinen Abschied nehmen.

Dadurch wird die Zahl der pensionierten Offiziere, die im besten Mannesalter ins bürgerliche Leben überzutreten gezwungen sind, ganz erheblich gesteigert. In keiner andern Verwaltung besteht dieser Grundsatz, und es ist schlechterdings nicht abzusehen, weshalb ein Offizier, der ein guter Kompanieführer ist, genötigt werden muß, aus seinem Berufe auszuscheiden, nur deshalb, weil er zum Bataillonsführer nicht taugt und ein nach Dienstjahren Jüngerer zu seinem Vorgesetzten ernannt wird.

Widerstreitet das den militärischen Anschauungen, so sollten diese sich eben den Anforderungen der Allgemeinheit anpassen, während bei uns umgekehrt verlangt wird, daß die Allgemeinheit, die Steuerzahler im Budget des Staates und die bürgerlichen Konkurrenten im Erwerbsleben, unter den militärischen Vorurteilen leide.

Das allgemeine Wirtschaftsleben wird nämlich nicht nur durch die zu früh gezahlten Pensionen belastet, sondern auch dadurch geschädigt, daß ein Teil der pensionierten Offiziere und alle Militäranwärter unter günstigeren äußeren Bedingungen im bürgerlichen Erwerbsleben konkurrieren. Durch die Pensionen sind jene in den Stand gesetzt, den bürgerlichen Konkurrenten zu unterbieten, und gewisse Stellungen sind zugunsten der Militäranwärter anderen Personen so gut wie verschlossen.

Gewiß liegen hier Schwierigkeiten vor, und besonders das Los der früh mit jämmerlich schmaler Pension entlassenen Offiziere, die nun dem bürgerlichen Leben fremd und ratlos gegenüberstehen, ist sicherlich kein beneidenswertes. Wir wollen den Einzelnen nicht schadenfroh damit abspeisen, daß er eben dem Militarismus, dem er selbst sich hingegeben hat, nun zum Opfer fällt, und wir erkennen an, daß für die abgehenden Unteroffiziere, so wie die Verhältnisse heute liegen, durch besondere Maßregeln gesorgt werden muß.

Aber ebenso dringend ist das Bedürfnis, dem Überwuchern dieser militärischen Eingriffe in das freie Erwerbsleben Einhalt zu tun; denn es ist eine wahre Kalamität, wenn in die wirtschaftliche Entwicklung Elemente hineingeworfen werden, die unter so ganz anders gearteten Bedingungen konkurrieren und die obendrein – das ist für unsere Betrachtung an dieser Stelle ja der wesentlichste Punkt – den Geist des Militarismus nicht mehr von sich abstreifen können.

Unter diesem Militarismus leidet notwendig die Seele des Volkes. Es wird gehemmt in seiner Entwicklung zur Freiheit und zur Fähigkeit diese Freiheit zu gebrauchen. Es wird beeinträchtigt in seiner wirtschaftlichen Tüchtigkeit.

Wenn wir nicht nur wie bisher die nächstliegenden Interessen und die unmittelbaren Wirkungen ins Auge fassen, sondern unsern Blick darüber hinaus auf die Einflüsse richten, welche indirekt, gleichsam durch die Volksseele hindurchgehend, zwar langsam, aber um so nachhaltiger sich geltend machen, so ist es offenbar eine Frage von allerhöchster Bedeutung, wie der Geist des Militarismus sich zu den allgemeinsten Bedingungen des künftigen wirtschaftlichen, politischen und geistigen Fortschrittes des Volkes verhält.

Das Thema hier in umfassender Weise zu beleuchten, ist natürlich unmöglich, nur einige Schlaglichter mögen zeigen, von welcher Bedeutung und Ausdehnung es ist.

Der wichtigste Zug der wirtschaftlichen und politischen Entwicklung, in der wir stehen, ist die Lösung breiter Volksschichten aus der wirtschaftlichen und politischen Abhängigkeit und Unmündigkeit, in der sie lange gestanden haben. Sie haben gelernt, sich als eine Macht in Staat und Wirtschaft zu fühlen, oder sie sind im Begriff, es zu tun, und sie verlangen nun mit unwiderstehlicher Macht eine andere Stellung, größeren politischen Einfluß, neue Formen wirtschaftlicher Organisation und frisches geistiges Brot. Ihnen stehen die bisher herrschenden Klassen, zugleich die Vertreter einer alten Bildung gegenüber.

Die Hauptbedingung für einen glücklichen Verlauf dieser Entwicklung ist nun offenbar, daß auf der einen Seite der Einzelne möglichst tüchtig werde für die veränderte Stellung, die ihm das Vorwärtsdringen seines Standes angewiesen hat, und daß man auf der andern Seite zugleich Verständnis für den notwendigen Umgestaltungsprozeß und auch die Kraft zur Behauptung wertvoller alter Kulturgüter besitzt. Dazu braucht es auf beiden Seiten vor allem möglichst selbständige Menschen, selbständig im Denken und im praktischen Handeln. Daß ein wahrhaft selbständiger Mensch in allen Klassen noch nicht auf Tausende kommt, daran braucht man uns nicht zu erinnern; aber es handelt sich für uns Masse der Durchschnittsmenschen doch um Annäherung an dieses Ideal, das zugleich ein Ideal für die allgemeine Entwicklung ist.

Der Militarismus – wenn er sich jetzt auch rühmt, mehr als früher auf die Einzelausbildung Gewicht zu legen – unterdrückt diese Entwicklung zur Selbständigkeit mit seiner Auffassung von Disziplin und ist damit ein Hemmnis für gesunde soziale Entwicklung, sobald er Einfluß auf die bürgerliche Gesellschaft gewinnt.

Nahe verwandt damit ist ein anderer Gesichtspunkt. Die sozialistische Richtung der Zeit drängt überall nach Organisationen, die auch, wenn sie sich einst auf mehr demokratischer Basis aufbauen und so die Selbständigkeit des Einzelnen beanspruchen, doch die Gefahr mit sich bringen, daß der Individualität zu enge Fesseln angelegt werden. Für die Kultur ist es nun ebenso wichtig, daß Individualitäten sich voll entwickeln und frei ausleben können, wie daß der Gedanke sozialer und politischer Organisation zu seinem Recht kommt. Der Militarismus unterdrückt die Individualitäten wie jeden Gedanken an eine sich von unten aufbauende Organisation. Er ist auch hier mit seinem Einfluß auf die Gesellschaft der Feind der Kultur.

Nachdem das Nationalitätsprinzip in Europa seine große Aufgabe in der Hauptsache erfüllt hat und vielfach schon ausgeartet ist in einen unheilbringenden Fanatismus, angewendet auf Verhältnisse, die eine extrem nationale Behandlung nicht vertragen, liegt der politische Fortschritt, der zugleich ein Kulturfortschritt ist, offenbar nach der Richtung hin, daß die Gegensätze gemildert und die nationale Strömung in Europa durch eine weltbürgerliche abgelöst wird. Für den Historiker oder jeden, der historisch denken gelernt hat, kann es ja gar kein Zweifel sein, daß die starke nationale und zugleich sehr praktisch-realistische Richtung, die zur Zeit herrscht, und die uns als gesunde Reaktion gegen unpraktische Wolkenkuckucksheim-Ideen den nationalen Staat gebracht hat, nicht ewig dauern wird, auch nicht für ewig ihre Berechtigung hat; sie muß, und zwar zum Segen der nationalen Entwicklung, abgelöst werden durch eine stärkere Betonung der Interessen, welche die arbeitende und geistig strebende Menschheit gemeinsam beherrschen und die Völker verbinden. Es will mir scheinen, daß die ersten Ansätze zu dieser Gegenströmung unter der Oberfläche der nationalen Hochfluten schon vorhanden sind.

Daß diese Entwicklung im allgemeinen Kulturinteresse liegt, braucht ja nicht erst ausgeführt zu werden. Sie liegt aber auch in unserm nationalen Interesse; denn wenn wir auch oft noch über Mangel an würdigem Nationalstolz zu klagen haben (wohl weil er der Niederschlag von Jahrhunderten ist und unserer nationalen Existenz diese Patina einmal zu gründlich abgekratzt wurde), so liegt doch die Gefahr gar nicht fern, gleichwohl in nationale Einseitigkeit zu verfallen. Die Symptome für blinden nationalen Dünkel vieler Landsleute und für ihre unvernünftige Geringschätzung fremder Nationen begegnen einem in der Öffentlichkeit und im privaten Verkehr öfter als in unserm nationalen Interesse zu wünschen wäre.

Der Militarismus ist nun offenbar ebenso wie seine heutige Ausdehnung zum Teil als ein Ergebnis der starken nationalen Spannung zu betrachten ist, so auch seinerseits wieder ein Förderer nationaler Vorurteile und ein Hindernis für den Fortschritt der Kultur auch nach dieser Richtung.

Das gefährlichste aber bei seinem Eindringen in die bürgerliche Gesellschaft und in den Volksgeist liegt fast darin, daß mit nationaler Voreingenommenheit zugleich die Auffassung vom Kriege, von seiner Berechtigung und seiner Stellung in der Kulturentwicklung verbreitet wird, die dem Militär eigentümlich ist.

Ist der Krieg im Sinne Moltkes ein Element der von Gott gewollten Ordnung, in dem nicht nur die höchsten sittlichen Kräfte eingesetzt werden, sondern auch die sittliche Entwicklung der Völker gleichsam ein notwendiges Reinigungsbad durchmacht – oder ist er eine entsetzliche Barbarei, die Ursache sittlicher Verwilderung selbst dann, wenn ein Volk den aufgezwungenen Kampf im heiligsten Gefühle seines Rechtes beginnt, eine Barbarei, von der wir zwar nicht wissen, ob sie je ganz wird überwunden werden können, die aber überwinden zu wollen der Leitstern aller Kulturbestrebungen sein muß? In welcher Richtung sich für uns der sittliche Fortschritt bewegt, brauchen wir nicht erst zu sagen.

Wir haben nun darin, seit Kant vor nahezu 100 Jahren seine Schrift zum ewigen Frieden schrieb, entschieden Rückschritte gemacht. Man ergibt sich heute in die Notwendigkeit, nicht nur des Krieges ganz im allgemeinen, sondern in die des uns drohenden Krieges, wie in etwas Unabänderliches, und man belächelt als Phantasten die Männer, welche meinen, die zivilisierten Nationen könnten sich über ihre wirklichen und vermeintlichen Interessen verständigen, ohne daß friedliebende Bürger verwundet und sterbend die Schlachtfelder bedecken. Man stellt sich vielfach den Krieg nur im allgemeinen vor, wie ein Schachspiel mit Figuren, die man indifferent beiseite schiebt, oder wie ein aufregendes Manöver mit glänzend anzusehenden Attacken, Trommelwirbel, Hurra und schmetternden Signalen, und denkt dabei nicht an die gar nicht auszumalenden Greuel im einzelnen.

Auch darin ist die Einwirkung des Militarismus auf die bürgerliche Gesellschaft und das Empfinden des Volkes zu erkennen. Fällt aber der kräftige Widerstand der Volksempfindung gegen den Ausbruch eines Krieges fort, so ist damit eines jener Imponderabilien geschwächt, deren Bedeutung für die Behandlung öffentlicher Angelegenheiten einst Bismarck so treffend hervorgehoben hat, eine jener nicht genau zu erwägenden Kräfte, die im gegebenen Moment doch einmal entscheidend in die Waagschale fallen, einen Krieg verhindern oder ihn herbeiführen können.

3. Der Militarismus im Staate, in der Regierung, Verwaltung und Gesetzgebung

Wie wir sahen, hat der Militarismus das ganze Land und alle Schichten der Bevölkerung mit einem Netz von Einrichtungen überzogen, durch die er die bürgerlichen Kreise sich zu unterwerfen sucht. Die natürliche und heilsame Entwicklung zu freieren Anschauungen wird damit gehemmt, die bürgerliche Gesellschaft wird in sich gespalten oder eingeschüchtert, und der Militarismus kann fast unangefochten das öffentliche Leben, das Staatswesen, die Gesetzgebung und Verwaltung beherrschen.

Wenn wir nun auf den folgenden Seiten den Geist des Militarismus in unserem öffentlichen Leben nachzuweisen suchen, so muß zunächst ein Mißverständnis abgelehnt werden. Wir meinen nicht etwa, daß überall, wo dieser Geist uns zu herrschen scheint, die Dinge sofort ganz anders ständen, sobald man nur die direkten militärischen Einflüsse beseitigte.

Zwar in unsern bürgerlichen Mittelstand und auch in viele besser gestellte Erwerbskreise werden militärische Anschauungen dadurch überhaupt erst hineingetragen. In den bevorzugtesten Gesellschaftsklassen dagegen findet der Militarismus schon vielfach eine ihm nahe verwandte Ideenwelt vor. Große Stellung und Besitz erzeugen oft genug Anschauungen, die von denen des Militarismus nicht weit entfernt sind; aber diese würden ohne seine mächtige Stütze bald dem veredelnden Demokratisierungsprozeß der Zeit erliegen, während sie so in unberechenbarer Weise verschärft werden und Ansprüche geltend machen können, mit denen sie sonst nie wagen würden, hervorzutreten.

Wie der Militarismus sich im Staate äußert, haben wir in einzelnen Punkten schon berührt, als wir einleitend uns auf Vorgänge im Zentrum des Reiches bezogen, als wir dann den Militarismus im Heere, besonders auch seine Mißachtung der bürgerlichen Rechtsordnung zu charakterisieren versuchten und als wir soeben die Art seiner Einwirkung auf die bürgerliche Gesellschaft verfolgten; aber wir müssen nun noch im Zusammenhang darauf eingehen; denn für unsere nationale Entwicklung und für die Beurteilung der heutigen politischen Lage ist das schließlich der wichtigste Punkt.

Wie im Zentrum der Regierung eine durch und durch militärische Anschauungsweise vor allen anderen den Vorrang behauptet, ist ja mit Händen zu greifen. Zu Anfang unserer Betrachtungen erinnerten wir den Grafen v. Caprivi an den preußischen General, der als Reichskanzler an der Spitze der gesamten Geschäfte steht, nicht nur in einer Stellung, wie sie in andern Staaten ein Ministerpräsident einnimmt, sondern als wirklich allein verantwortlicher Leiter unseres Reichsfinanzwesens und der Handelspolitik, der sozialen Gesetzgebung und unserer auswärtigen Beziehungen. Eigentlich niemand findet das bei uns besonders auffallend.

Ebensowenig findet man Grund, sich sonderlich zu erhitzen, wenn an die Spitze der Unterrichtsverwaltung ein Mann gestellt wird, der ohne abgeschlossene Gymnasialbildung Offizier geworden, sich später allerdings als ein großes Verwaltungstalent bewährt haben soll, der aber doch allen Bildungsinteressen ziemlich fern gestanden hatte.

Als Gegenbild aber stelle man sich einmal vor, daß ein Jurist, ein Verwaltungsbeamter an die Spitze des preußischen Kriegsministeriums gestellt werden sollte. Ich weiß nicht, ob viele meiner Leser eine so ausschweifende Phantasie besitzen, um sich auszumalen, wie ein solcher Vorschlag aufgenommen würde. Für völlig verrückt würde man einen Politiker erklären, der so etwas im Ernst für möglich halten wollte, – und doch: wäre es sachlich nicht sehr viel besser zu rechtfertigen als die Reichskanzlerschaft eines rein militärisch geschulten Generals, und gibt es nicht große Staaten, in denen der Zivilist als Kriegsminister etwas ganz gewöhnliches ist, und nicht etwa nur ein Verwaltungsbeamter, wie ich schüchtern andeutete, sondern ein Advokat, ein Zivilingenieur, ein politisch gebildeter Privatmann ohne bestimmten Beruf?

Worin liegt es begründet, daß uns der General als Reichskanzler ganz natürlich, ein Zivilist als preußischer Kriegsminister undenkbar erscheint? Nur in dem Einfluß des Militarismus. Überall macht sich bei uns die Anschauung geltend, daß militärische Einrichtungen für den Zivilisten tabu sind, etwas Heiliges und Unverletzliches, was man nur mit abergläubischer Scheu verehren aber nicht berühren dürfe. Von den Einflüssen des übrigen öffentlichen Lebens soll die Heeresverwaltung möglichst unberührt bleiben, und sie beansprucht wie von Rechts wegen diese Ausnahmestellung, die von allen übrigen Ständen respektiert werden muß!

Manchmal betätigt sich das ja in einer Form, die lediglich als absonderlich interessieren würde, wenn nicht die zugrundeliegende Auffassung für das Zivil so betrübend oder auch empörend wäre.

Man verzeihe, wenn wir einen Augenblick bei Äußerlichkeiten verweilen. Es sind ja Nichtigkeiten im Vergleich zu der schweren ernsthaften Frage, die uns beschäftigt, aber gerade diese Nichtigkeiten sind so charakteristisch und reden eine Sprache, die auch der verstehen wird, der uns in die späteren Erörterungen nicht folgen mag.

Der Vorgänger des Reichskanzlers war von Hause aus Jurist und Landwirt. Dem Heere hatte er nur in Erfüllung seiner einjährigen Dienstzeit angehört, war dann zur Reserve und Landwehr übergetreten und in der Landwehr bis zum Jahre 1866 zum Landwehrmajor avanciert. Seine weltberühmten diplomatischen Lorbeeren haben dann diesem Landwehrmajor zu einer späten aber glänzenden militärischen Karriere verholfen, die mit der Stellung eines Generalobersten (mit Feldmarschallsrang) abgeschlossen ist.

Dieser gewaltige Politiker, der als Diplomat der Weltgeschichte angehört, der aber Generaloberst geworden ist, ohne wohl je eine Kompanie oder Schwadron, geschweige ein Armeekorps geführt zu haben, er trat in der Öffentlichkeit jahrelang immer als Militär auf – er hat so die Feldzüge mitgemacht, und er ist in Uniform auch stets vor der Volksvertretung erschienen.

Auch diese Monstrosität hat man in unserm Militärstaat gar nicht mehr recht als solche empfunden; aber wo sonst außer etwa in Rußland wäre dergleichen möglich? Man stelle sich einmal vor, daß Disraeli und Gladstone für ihre politischen Verdienste von der Königin durch militärischen Rang ausgezeichnet wären, oder auch (wenn man die englischen Verhältnisse nicht als vergleichbar gelten lassen will), daß in Italien, einem Lande, das gleich uns die allgemeine Wehrpflicht kennt, Crispi, der in den Einigungskämpfen seines Volkes doch wirklich mitgefochten hat, sich vom König zum General hätte ernennen lassen und so im Parlament aufgetreten wäre! Der Fluch der Lächerlichkeit hätte einen solchen Versuch, den großen Freund zu kopieren, unmöglich gemacht.

Doch bei den Äußerlichkeiten hat es für den Generaloberst nicht sein Bewenden gehabt; seine militärische Charge konnte auch eine sehr ernsthafte Bedeutung erlangen. Als Fürst Bismarck, er, der freigebige Spender von Strafanträgen, einst selbst wegen Verleumdung verklagt werden sollte, da verwies er seinen Gegner Herrn v. Diest-Daber an die militärische Gerichtsbarkeit, und der oberste Kriegsherr schlug dann den Prozeß nieder. Gewiß ein Beispiel, das aufs schlagendste zeigt, zu welch merkwürdigen Konsequenzen es führen kann, wenn man den Militärs einen eximierten Gerichtsstand auch für nichtmilitärische Vergehen verleiht.

Zu dem ernst und trübe stimmenden Schauspiel, das uns der gewaltige Staatsmann in seiner Generalsuniform bietet, fehlt auch das Satyrspiel nicht, wenn wir uns eines andern Ministers, des Herrn v. Scholz erinnern, der mit 56 Jahren, also längst jeder Wehrpflicht entwachsen, zum Lieutenant *à la suite* der Armee ernannt wurde, da er es früher über den Vizefeldwebel der Landwehr nicht hinausgebracht hatte. Wer die Nachricht zuerst in einer liberalen Zeitung las, mag wohl erwartet haben, gegen das Blatt würde auf Grund des § 131 eingeschritten werden wegen Verbreitung einer erdichteten Tatsache, die geeignet war, „Staatseinrichtungen oder Anordnungen der Obrigkeit verächtlich zu machen". Aber nein, die Nachricht war ganz richtig und die Beförderung muß also wohl dem verantwortlichen Kriegsminister in anderem Lichte erschienen sein als unserm zivilen Unverstand.

Da wäre es immerhin noch sinngemäßer, den Grafen v. Caprivi, der doch jetzt an der Spitze der inneren Verwaltung und des Reichspostwesens steht, zum Assessor und zum Postsekretär zu ernennen und dann rasch avancieren zu lassen bis zum Wirklichen Geheimen Rat. Nach jedermanns Empfinden könnte solch ein Vorschlag ja nur als schlechter Scherz gelten, durch den man sich über den Grafen v. Caprivi in recht unziemlicher Weise lustig machen würde; – aber die Beförderung des Herrn v. Scholz zum Leutnant sollte wirklich eine ganz ernsthafte Auszeichnung sein! Wer das nicht begreift, mag daraus nur erkennen, eine wie weite Kluft seine eigene Denkungsweise von den militärischen Anschauungen trennt, aus denen in diesem Falle nur eine, für uns freilich ins Gebiet der Komik umschlagende, Konsequenz gezogen ist.

Weniger komisch, vielmehr verwünscht ernsthaft ist der Militarismus, der sich in der Zivilverwaltung selbst geltend macht.

Es war schon davon die Rede, wie unser höheres Beamtentum durch das Reserveleutnantswesen mit militärischen Anschauungen durchsetzt wird und wie für die Kreise der Subalternbeamten das Militäranwärterwesen eine ähnliche Rolle spielt.

Vor allem macht der militärische Geist sich geltend auf dem Gebiete der eigentlichen, politischen *Verwaltung*.

Unsere Regierungsreferendare sind vielfach nichts anderes als Leutnants in Zivil, ganz erfüllt vom Geiste des Militarismus, der in ihnen die alte Überhebung des Beamtentumes noch gesteigert hat, voll Dünkel nicht auf ihre Kenntnisse, sondern auf ihre Stellung und ganz unfähig zu fassen, daß sie doch die Diener der Nation sind, für deren Bedürfnisse die Verwaltung geführt werden soll. Militärische Schneidigkeit, hochmütige Behandlung des Publikums, schnarrender Leutnantston und geckenhafte Posierung scheinen für viele die Haupterfordernisse eines Verwaltungsbeamten zu sein, der zuerst einmal der untergeordneten Gesellschaft von Bürgern und Arbeitern nach militärischer Weise imponieren muß. Daß dabei die Kenntnisse der jungen Juristen, die sich der Verwaltung widmen, auf erschreckende Weise zurückgehen, hat der jetzige Kultusminister Dr. Bosse vor einigen Jahren öffentlich konstatieren zu müssen geglaubt.

Dieses Treiben der jungen Leute, der Reserveoffiziere von heute, ist nun aber nicht das einzige militärische Element in der Verwaltung. Nach unten schließen sich ihnen die in der Armee erzogenen Subalternbeamten an, und an der Spitze der Verwaltung regiert vielfach ein nicht viel anderer Geist, wenn auch natürlich die älteren Herren sich von den einfältig-lächerlichen Manieren der jüngeren frei halten.

Was die oft unerträglich grobe Art der Subalternbeamten betrifft, so brauche ich mich nur auf die Erfahrungen zu beziehen, die jeder einzelne von uns gemacht haben wird. Auch Fürst Bismarck könnte hier als klassischer Zeuge angeführt werden. Gewiß gibt es höfliche Schutzleute (die Berliner sind mir sogar besonders angenehm in Erinnerung) und noch höflichere Schaffner und Museumsdiener; aber schon bei den meisten, die ganz artig zu sein wünschen, welch ein bewußtes oder unbewußtes Hervorkehren des Beamten, der eigentlich eine Art von Regiment über das Publikum führt. Und wie steigert sich dieses Benehmen bei der geringsten Differenz! Das geschieht gegenüber uns, den sogenannten besseren Ständen. Dann beobachte man aber, wie die Mehrzahl dieser Leute mit dem schlecht gekleideten Bürger oder gar mit dem ins Elend geratenen Armen umgeht. Ziehen wir ab, was einerseits die uns zufällig begegnende persönliche Roheit eines einzelnen, andererseits die persönliche Gutmütigkeit oder die freier gebliebene Menschlichkeit eines andern ist, so bleibt für die Klasse als solche doch immer die einzig zutreffende Charakteristik, daß die Gewohnheiten des Unteroffiziers und der Kaserne in ihr herrschend sind. Wer frei unter freien Menschen zu leben sich sehnt und seinen Mitmenschen eine ähnliche Existenz wünscht, kann gegen diese Gewohnheiten nur zornigen Widerwillen empfinden.

Bei den Spitzen der Verwaltung sieht es nun *mutatis mutandis*, d. h. mit der Verschiedenheit, welche die bessere Schulbildung und die verfeinerten geselligen Formen bedingen, vielfach nicht besser aus. Man macht sich außerhalb Preußens doch keine rechte Vorstellung davon, was ein preußischer hoher Beamter, etwa ein die Wahlen machender Oberpräsident zu leisten imstande ist.

Ich habe mir einmal von dem Wirken eines solchen aus ziemlicher Nähe, freilich nur bei flüchtiger persönlicher Berührung, aber doch auf Grund von reichlich zuströmenden direkten Mitteilungen ein ungefähres Bild machen können, und ich vermag den Eindruck nur dahin zusammenzufassen, daß die Verwaltungspraxis, die anscheinend höheren Orts durchaus gebilligt wurde, charakterisiert war durch nichtachtende Behandlung der verschiedenartigsten Interessen, hochfahrendes Wesen gegenüber der bürgerlichen Gesellschaft und ein rücksichtsloses Kommandieren bei Gelegenheiten, wo zu verhandeln gewesen wäre – alles ganz im Stile des Militarismus, wenn auch ohne direkte militärische Einflüsse.

Will man ein anderes Beispiel für den Geist des Militarismus, der einen Teil unserer hohen Beamtenschaft beherrscht, so braucht man sich nur an das Auftreten des Herrn v. Stephan im Reichstage, an seine Verfolgung des Postassistentenvereines zu erinnern.

Wenn sich im Ressort des Herrn v. Stephan die Unterbeamten vereinigen, um ihre Interessen zu vertreten, nicht unter der hohen

Protektion der vorgesetzten Behörde, sondern unabhängig unter
sich, gelegentlich auch in Opposition gegen Seine Exzellenz, so werden sie behandelt wie Leute, die den schuldigen Gehorsam versagen, und Herr v. Stephan vertritt ganz ohne Scheu die Theorie, daß
seine Beamten durch ihre Beamtenstellung in ihren staatsbürgerli-
chen Rechten (dem Vereinsrecht) beschränkt seien, eine Theorie, die
für politische Beamte ihre Berechtigung haben mag, die aber offenbar auf die Beamten einer Verkehrsanstalt nicht angewendet werden kann. Viele freiheitsbedürftige Naturen werden dadurch in die
allerschroffste Opposition getrieben, wie ja bekanntlich die Sozialdemokratie gerade unter den Postbeamten zahlreiche Anhänger
zählt.

Anders als in einem durch und durch militärischen Staatswesen
und anders als aus der Auffassung des Militarismus heraus ist ein
Auftreten wie das des Herrn v. Stephan ja gar nicht zu erklären. Ob
er selbst (was ich nicht weiß) je Soldat gewesen ist, berührt diese
prinzipielle Auffassung nicht; denn es handelt sich dabei nicht um
persönliche, sondern um allgemeine Einflüsse, um die ganze Atmosphäre des Militarismus. In welchem Staate, der auf bürgerlichen
Grundsätzen aufgebaut wäre, würde man sich diese Übertragung
militärischer Grundsätze in eine große öffentliche Verwaltung, die
ein Glied des wirtschaftlichen Lebens ist, gefallen lassen und wie
könnte der Chef einer solchen Verwaltung wagen, in das Vereinsrecht seiner Untergebenen mit Zwangsmaßregeln einzugreifen,
wenn er sich nicht des Rückhaltes an dem herrschenden Militarismus bewußt wäre.

Ihm schwebt wohl als Ideal das Wort seines Herrn und Meisters
vor: „Meine Botschafter müssen einschwenken wie die Unteroffiziere", nur daß er nun seinerseits die Rekruten zu drillen versucht.

Nicht alle Ressortchefs sind solche Typen militärisch fühlender
Beamten, – vielleicht zeichnet Herr v. Stephan sich deshalb aus, weil
er aus kleinen Verhältnissen heraufgekommen ist und der Mißbrauch der Macht deshalb bei ihm besonders unerfreuliche Formen
annimmt –, aber gemeinsam ist doch vielen eine Auffassung, die
ihre Wurzel und ihre Spitze im Militarismus hat, gemeinsam ist
ihnen die Neigung, selbständige Regungen bei den Untergebenen
zu unterdrücken, gemeinsam insbesondere auch die Auffassung,
daß jedes Massenunternehmen und jede Anrufung der Volksvertre-

tung durch gemeinsame Petitionen als Ordnungswidrigkeit zu betrachten und mit verstärktem Widerspruch zu beantworten sei.

Eine selbstverständliche Forderung ist es, daß sich die Regierung durch berechtigte Wünsche der Interessenten und die öffentliche Kritik leiten und eines besseren belehren lasse. Wenn anstatt dessen, wie es öfter geschehen ist, ganz offen im Parlament erklärt wird, daß jeder Versuch, die Regierung durch öffentliche Agitation zu einer Maßregel zu drängen, das beste Mittel sei, um diese Maßregel zu verhindern, so erkennen wir auch hier den Geist des Militarismus, der von unserem öffentlichen Leben Besitz genommen hat und der als eine dringende Gefahr für eine gesunde Fortentwicklung bekämpft werden muß.

Der Geist des Militarismus macht sich außerdem auch, wie es uns scheinen will, auf eine bedenkliche Weise in unserer *Rechtsprechung* geltend. Vergehungen, welche eine Auflehnung gegen die öffentliche Ordnung enthalten, werden unverhältnismäßig hart bestraft, wenn auch an der Militärjustiz gemessen, die Urteile noch immer Wunder von Milde sein mögen.

Das Thema ist so weitläufig und zugleich so schwierig, daß es im Rahmen dieser Schrift nicht näher behandelt werden kann. Beispiele für eine Rechtsprechung dieser Art, bei welcher dem Laien der Verstand still steht, wären sonst leicht zu häufen. Auf ein Beispiel aber von Umwandlung der Rechtsanschauung unter dem Einfluß der militaristischen Auffassung sozialer Probleme werden wir im Anschluß an die Gesetzgebung noch zurückkommen.

Näher liegt uns der Einfluß des Militarismus auf das *Schulwesen*. Überall in Preußen wird darüber geklagt, wie der militärische Geist der Bevormundung und der Unterordnung immer weitere Fortschritte macht.

Es mag in einigen Provinzen Ausnahmen geben, im allgemeinen aber wird überall die Persönlichkeit des Lehrers unterdrückt, und er gerät in immer größere Abhängigkeit von dem alles regierenden Schulrat und von dem Direktor. Der Unterricht aber und die Schuldisziplin gehen darauf aus, die Freiheit des Schülers erst recht nicht aufkommen zu lassen. Ein militärischer Drill macht sich breit und die Schuldisziplin maßt sich Gebiete an, die allein dem Elternhause gehören sollen.

Es mag sein, daß mir diese Dinge schlimmer als anderen erscheinen, weil ich in besonders menschenwürdigen Verhältnissen aufgewachsen bin; aber wenn ich höre, was die Schule an Zwang dem Schüler und dem Elternhause zu bieten wagt, so bin ich starr vor Verwunderung, wie viel man sich gefallen läßt.

Es fehlte nur noch, daß man, wie kürzlich wieder ernsthaft vorgeschlagen ist, ausgediente Unteroffiziere als Lehrer in die Volksschulen einführte. Die naive Überhebung dieses militärischen Gedankens ist so köstlich, daß Kritik ihren Eindruck schwächen würde.

Den Geist des Militarismus erkennen wir, wie in der Verwaltung, auch auf allen Gebieten der Gesetzgebung.

Am deutlichsten sprechen von diesem Einfluß die in Preußen noch bestehenden, wenn auch in neuester Zeit nach harten Kämpfen eingeschränkten Steuerprivilegien und der besondere militärische Gerichtsstand auch für Vergehen gegen das gemeine Recht, von dem oben schon die Rede war. Für alle übrigen Stände sind derartige Privilegien aufgehoben, nur für die regierenden und reichsunmittelbaren Häuser bestehen sie noch fort!

Weit wesentlicher aber erscheinen uns die indirekten Wirkungen des Militarismus auf die Tendenzen der Gesetzgebung.

Wie wäre es denn möglich, daß etwas, was der neueren sozialen Entwicklung so sehr Hohn spricht wie die alte preußische Gesindeordnung, sich noch halten könnte, wenn nicht alles, Regierung, Verwaltung und Parlament unter dem Einfluß dieses militärischen Geistes stände, teils bewußt mit ihm sympathisierend, teils unbewußt ihm untertan. Gibt doch diese Gesindeordnung dem Herrn noch ein Züchtigungs- und Beschimpfungsrecht, dem Knecht aber nicht die Freiheit, wie ein Mensch zum Menschen auf schlechte Behandlung mit Wort und Tat zu reagieren.

Wie wäre es sonst möglich, daß noch heute den ländlichen Arbeitern das Koalitionsrecht verwehrt ist, daß sie bestraft werden, wenn sie durch Verabredung, etwa gar einen Streik, bessere Arbeitsbedingungen durchsetzen wollen.

Es ist das ganz die militärische Auffassung von der Stellung des Untergebenen, der die Disziplin verletzt, wenn er selbständig sein Interesse wahrt, und der als Meuterer behandelt wird, wenn er gar etwa versucht, gegen die Übermacht des Besitzenden, seines Gutsherrn, die Kräfte der Genossen zu vereinen, die doch vereinzelt ohnmächtig sind und erst gemeinsam wirtschaftlich etwas vermögen.

Dieser Zustand wird dann mit dem schönen Namen eines patriarchalischen Verhältnisses geschmückt, aber das Patriarchalische ist bis auf wenige Überreste längst entwichen, geblieben ist die Unterdrückung, die heute auch vom ländlichen Arbeiter als solche empfunden wird und ihn mit forttreibt in die Städte oder über das Meer in die neue Welt.

Wir Städter können uns ja nur schwer hineinversetzen, wir halten es für Übertreibung oder, wenn wir es hören und glauben müssen, so machen wir uns nicht ganz klar, was es tatsächlich für unser ganzes Volksleben bedeutet; es berührt uns wie eine Sage aus einer fremden Welt, die sich in Wirklichkeit doch wohl noch anders ausnehmen wird: die ganze ländliche Arbeiterbevölkerung, der zweitzahlreichste Stand des Volkes, besitzt in Preußen noch nicht das Koalitionsrecht und steht zum großen Teil unter jener knechtenden Gesindeordnung. Wenn heute sich ländliche Arbeiter vereinigen, um gemeinsam eine Lohnerhöhung durchzusetzen, so schreitet der Strafrichter ein! Mit Gefängnis bis zu einem Jahre werden Arbeiter bestraft, die im Kampf um die Verbesserung ihrer wirtschaftlichen Existenz oder in der Abwehr gegen eine Schädigung derselben das Mittel ergreifen, das das allein wirksame für sie ist, ein Mittel, das die Arbeiter in der Stadt tagtäglich und ganz selbstverständlich benützen.

Besonders bezeichnend ist die Geschichte dieses Koalitionsverbotes. Ursprünglich bestand es nur für die gewerblichen Arbeiter und Arbeitgeber; erst zu Anfang der 1850er Jahre verlangten die Grundbesitzer es gegen ihre ländlichen Arbeiter, hatten aber nicht das Anstandsgefühl, wenigstens die formale Rechtsgleichheit zu wahren, die für die Industrie doch bestand. Für das flache Land schien solche Rechtsgleichheit wie ein Frevel an der dort herrschenden militärisch-patriarchalischen Auffassung. Den Besitzern also sind auf dem Lande Verabredungen, um die Löhne zu drücken erlaubt, den Arbeitern aber solche, um sie zu erhöhen, bei Gefängnisstrafe verboten. *Noblesse oblige* [d. h. der hohe Rang verpflichtet]!

Das Gleichnis von dem Bündel Stäbe, die einzeln mit Leichtigkeit gebrochen werden, vereint aber einer großen Kraft widerstehen, ist von den regierenden Grundbesitzern trefflich beherzigt worden.

Den Industriearbeitern hat man das Recht gewähren müssen, sich zusammenzuschließen; die Landarbeiter aber sollen in der Vereinzelung bleiben und einzeln gebrochen werden können. Vereinigung ist Auflehnung bei ihnen, so bestimmt noch die Gesetzgebung, ganz erfüllt vom Geiste des Militarismus, der mit dem Grundherrentum ja eines Stammes ist. Und unser Bürgertum, es duldet diesen Zustand seit Jahren; so sehr scheint es selbst angefressen vom Respekt vor dem Geist rücksichtsloser Klassenherrschaft.

Bald freilich, muß man fast fürchten, könnte es auch in der Industrie nicht viel anders aussehen.

Hat man doch in einem Gesetzentwurf vorgeschlagen, den Kontraktbruch bei Arbeitseinstellungen zu bestrafen, also wohlgemerkt nicht etwa nur den Kontraktbrüchigen, wie es bisher der Fall war, für den nachgewiesenen Schaden haftbar zu machen, sondern ihn mit einer „Buße" zu belegen.

Der Gedanke, den Kontraktbruch kriminell zu verfolgen, hat ja gerade für sehr rechtlich denkende Leute zunächst etwas bestechendes: Wer sein Wort nicht hält, soll bestraft werden. Aber zwischen der moralischen Mißbilligung und dem Eingreifen des Strafrechtes besteht mit Recht ein großer Unterschied, und es ist noch keinem Gesetzgeber eingefallen, jeden Wortbruch vor den Strafrichter zu ziehen. Bestraft man den, der eine Lieferung übernommen hat, auf welchem Gebiete es auch sei, den Kaufmann, den Fabrikanten, den Unternehmer, den Landwirt, den Literaten, wenn er sich dieser Lieferung entzieht, weil er sie nur mit erheblichem Schaden ausführen könnte, oder weil ihm ein Vorteil dadurch entgehen würde? Überall tritt nur der zivilrechtliche Anspruch auf Schadensersatz ein. Darüber geht man nie hinaus, auch wenn dieser Anspruch an der Zahlungsunfähigkeit des vertragsbrüchigen Schuldners scheitert.

Nur im Verhältnis zu den Arbeitern wollte man eine Ausnahme machen. Hier sollte plötzlich als ein Vergehen behandelt werden, was sonst nur einen Schadensersatz begründet und was gerade hier besonders milde zu beurteilen wäre, da der Kontraktbruch in der Regel in der Aufregung eines Lohnkampfes erfolgt und diese einen schwerwiegenden Entschuldigungsgrund bilden sollte.

Es war wieder der Geist des Militarismus, der hier sein Wesen trieb; denn was man eigentlich treffen wollte, waren nicht einzelne

Kontraktbrüche, sondern die Streiks der Massen, die der Denkungsart des Militarismus im Grunde genommen immer als Auflehnung erscheinen. Vorgeschoben wurde die soziale und wirtschaftliche Bedeutung der Massenkündigungen, als ob jemals eine Handlung, die im allgemeinen nicht unter das Strafgesetz fällt, bei sehr angesehenen oder reichen Leuten wegen ihrer besonderen sozialen oder wirtschaftlichen Bedeutung mit Buße belegt wäre!

Den Kontraktbruch des Arbeiters direkt zu bestrafen, hat man freilich noch abgelehnt, aber wirklich geübt wird die Bestrafung dessen, der zur Kontraktverletzung oder zu einem Streik, der den Kontraktbruch in sich schließen würde, öffentlich auffordert.

Es gehört diese Frage zwar nicht der Gesetzgebung, sondern der Rechtsprechung an, aber sie sei des Zusammenhanges wegen hier behandelt.

Nach § 110 des Strafgesetzbuches wird mit Geldstrafe bis zu 600 Mark oder Gefängnis bis zu zwei Jahren bestraft, wer öffentlich vor einer Menschenmenge zum Ungehorsam gegen die Gesetze auffordert. Man hat diesen Paragraph früher fast allgemein dahin gedeutet, daß unter den Gesetzen solche öffentlich-rechtlicher Natur gemeint seien und nicht die dem Zivilrecht angehörenden Bestimmungen. Ein Kommentar des konservativen Staatsanwalts von Schwarze aus den 1870er Jahren schließt gerade die Aufforderung zum Kontraktbruch noch ausdrücklich aus. Wenn sich seitdem nun die Anschauung verändert hat und man den Paragraphen auf die Arbeiterführer anwenden will, so ist das offenbar nicht eine Entwicklung, die innerhalb der Jurisprudenz von wissenschaftlichen Gesichtspunkten ausginge, sondern eine, die durch sozialpolitische Motive beherrscht wird.

Es ist hier eingetreten, was sich in den letzten Jahren so oft beobachten ließ, eine Interpretationspraxis, die erst kürzlich von angesehenster juristischer Seite scharfen Tadel erfahren hat: wenn ein öffentliches Interesse vorzuliegen scheint, gegen gewisse Dinge, die bisher als straffrei galten, einzuschreiten, so sucht und findet man einen Paragraphen, den darauf anzuwenden bisher noch niemand gedacht hat.

Die Auffassung aber, die dieser Anwendung zugrundeliegt, sie ist wiederum dieselbe, die sich für uns am schärfsten im Militarismus verkörpert und die im Militarismus ihren Halt findet.

Ein Teil der Arbeitgeber ist ganz von dieser Gesinnung erfüllt: wer die Massen auffordert, sich zu vereinigen und im Lohnkampf ihr Interesse wahrzunehmen, gilt als Aufwiegler, und im Grunde ihres Herzens bedauern es die schneidigen Herren, daß sie nicht gegen diese Agitatoren, die in Wahrheit meistens doch nur die führenden durch Wahl erkorenen Genossen der Arbeiter sind, wie gegen Aufruhrstifter vorgehen können. Das wird wohl meistens vorsichtig versteckt, aber von Zeit zu Zeit lüftet doch ein unvorsichtiges Wort oder eine unbesonnene Handlung den Schleier von dieser brutalen Auffassung.

Nicht ich bin es, der dieses Wort, das mir vielfach den Militarismus zu charakterisieren scheint, zuerst auf diese Verhältnisse anwendet. Ein konservativer Politiker und Chronist der Zeitereignisse spricht von dem brutalen Verfahren der Industriellen, die im Jahre 1889 zur Unterdrückung der Bewegung gegen die Führer ihrer Arbeiter mit Zwangsmaßregeln vorzugehen versuchten.

Wer zweifelt daran, daß ein richtiger Militär an einem solchen Versuch, wenn er nur erfolgreich ist, seine innige Freude haben würde? Für ihn erstrahlt in lichter Glorie die schneidige Durchführung der „Disziplin"; er darf mit Recht darin Geist vom Geist des Militarismus preisen, den herrlichen Geist des Militärstrafgesetzbuches und der Zwangsordnung, der unser ganzes Heerwesen beherrscht und die bürgerliche Gesellschaft so erfolgreich an einer freieren Auffassung verhindert.

Wäre die Kraft des Bürgertums durch Infizierung mit dem militärischen Gift nicht so geschwächt, so könnte der Militarismus nicht so auf der ganzen Linie triumphieren; er könnte sich nicht in seiner oben geschilderten Härte im Heere behaupten und es würde auch nicht möglich sein, daß die Befriedigung seiner Bedürfnisse so unser öffentliches Leben überwucherte.

Ein so gemäßigter Mann, wie Herr v. Bennigsen, hat ja jüngst warnend darauf hingewiesen, wie die dringendsten Bedürfnisse der Staatsverwaltung nicht mehr in ausreichender Weise befriedigt werden.

In Preußen ist die Zahl der Richter an manchen Stellen so ungenügend, daß die Rechtsprechung bedenklich darunter leidet, und selbst beim Reichsgerichte beginnt man Klage zu führen, daß die Rückstände sich häufen und das Personal zu einer raschen Erledigung der Geschäfte nicht ausreicht.

Wie elend es auf dem Gebiete des Volksschulwesens in Preußen vielfach noch bestellt ist, wie die Zahl der Kinder, die von einem Lehrer zu unterrichten sind, das Doppelte des Zulässigen beträgt und wie die Wohnungsverhältnisse vielfach jeder Beschreibung spotten, das hat nicht etwa ein böswilliger Agitator, sondern der preußische Kultusminister selbst kürzlich mit lebhaften Farben geschildert.

Die Mißstände sind zum Teil so himmelschreiend, daß für ihre Beseitigung einiges hat geschehen müssen; um ihnen aber ausreichend zu begegnen, fehlen die Mittel, denn diese Mittel werden aufgefressen vom Militär, und es fehlt ein Interesse, das sich so energisch durchzusetzen wüßte, wie jede militärische Forderung.

In der höheren Unterrichtsverwaltung spart man seit einiger Zeit vielfach in der kleinlichsten Weise. Übelstände auf diesem Gebiete, die lediglich durch knappe Mittel bedingt sind, hat kürzlich ein Fachgenosse, der die *finanzielle* Last der Militärvorlage für *nicht* erheblich erklärt, Dr. Jastrow, in seiner Broschüre *Drückt die Militärlast?* zur Erörterung gebracht. Er hat die Betrachtung daran geknüpft, wie Interesse und Geld nur für militärische Zwecke vorhanden sind und wie erschreckend gering das Maß von Anforderungen geworden ist, das die zivilen Interessen noch zu machen wagen. Es sei gestattet, seinen Ausführungen einiges zu entnehmen. In wichtigen Unterrichtsanstalten herrscht schon seit Jahren empfindlicher Raummangel, während man doch noch nie gehört hat, daß auf einem Regimentsexerzierplatze nur für 11 Kompanien Raum war. Schreiende Übelstände auf dem Gebiete der Zivilverwaltung erträgt man ruhig, und werden sie endlich beseitigt, so macht man viel Rühmens davon. Die Organisation der Ministerien und obersten Reichsbehörden mit Ausnahme der militärischen ist hinter den Bedürfnissen zurückgeblieben, und in der Auswahl der Personen hat man öfter mit unglaublicher Nachlässigkeit gehandelt. „Das ist in Wahrheit der Druck der Militärlast, daß die militärischen Interessen bei uns angefangen haben alle Kulturinteressen zu absorbieren.“

Doch auch rein materiell beeinträchtigt die Vorherrschaft der militärischen Forderungen aufs schwerste die Kulturinteressen und unsere wirtschaftliche Entwicklung.

In den zwei Jahrzehnten von 1872 bis 1892 sind die Ausgaben für Heer und Marine (Ordinarium und Extraordinarium) und für die Verzinsung der Reichsschuld um rund 400 Millionen, seit dem Jahre 1879, das die *Norddeutsche Allgemeine Zeitung*, wenn wir nicht irren, kürzlich zum Ausgangspunkt einer vergleichenden Aufstellung nahm, um rund 300 Millionen gestiegen, von 316 Mill. in 1872 resp. 418 in 1879, auf 719 in 1892. Das ist also seit 1872 etwas mehr, seit 1879 etwas weniger als eine Verdoppelung.

Daneben ist freilich auch der Etat des Unterrichtsministeriums in Preußen seit 1879 in einem ähnlichen Verhältnis von 59 auf 101 Millionen, seit 1872 sogar weit stärker, von 27 ½ Millionen auf 101 Millionen angewachsen. Aber darin spricht sich die Vernachlässigung gewisser Bildungszwecke vor 1872 aus, und man sieht: die Steigerung wird im Kultusetat immer schwächer, während sie im Militäretat gerade in den letzten Jahren reißend angewachsen ist. Und außerdem muß noch berücksichtigt werden, daß die große Steigerung der Ausgaben für öffentliche Unterrichtszwecke im Kultusetat, die im Jahre 1889 erfolgt ist, darauf beruht, daß 20 Millionen lediglich von den Gemeinden auf den Staat übernommen wurden. Zieht man diese ab, wie es notwendig ist, um vergleichbare Zahlen zu gewinnen, so haben wir seit 1879 im preußischen Kultusetat eine Steigerung im Verhältnis von 3 zu reichlich 4, in den Reichsausgaben für Heer, Marine und Schuldverzinsung eine solche von 4 zu 7.

Bezeichnender noch ist das riesige Anschwellen der Reichsschuldenlast, das ganz vorzugsweise durch Ausgaben für Heer und Flotte veranlaßt ist. Während man in dem genannten Jahre 1879 für die Verzinsung derselben 8 ½ Millionen ausgab, ist der Posten 1892 auf beinahe 61 Millionen gestiegen, hat sich also versiebenfacht! Und bald wird unsere Schuldenlast auf 2 Milliarden aufgelaufen sein, die in noch nicht 20 Jahren verausgabt sind.

So drückt denn der Militarismus, auch ganz abgesehen von dem Interesse, das er allen übrigen Verwaltungszweigen entzieht, rein finanziell auf das ganze Gebiet der inneren Verwaltung.

Und mit ähnlicher Schwere drückt er auf das ganze Wirtschaftsleben, durch die Erhöhung der Steuerlast und durch die Entziehung so vieler rüstiger Arbeitskräfte.

Auf diese Wirkung kann hier nun nicht näher eingegangen werden. Sie wird, wenn wir uns nicht täuschen, einmal der Hebel werden, um das System zu stürzen, ein wirksamerer Hebel, als es leider die geistigen Einflüsse zu sein scheinen. Bei der immer weiter fortschreitenden Entwicklung des Weltverkehrs und der internationalen Konkurrenz muß es den europäischen Völkern doch immer mehr zum Bewußtsein kommen, wie sie in diesem militärischen Wettrennen ihre Kräfte verbrauchen und das alte Europa immer weniger fähig machen, dem von dieser Last nicht niedergedrückten Amerika und anderen durch besondere Umstände begünstigten Produktionsgebieten zu widerstehen. Ist diese Erkenntnis erst einmal durchgedrungen, so wird sich auch der Weg finden, zu der jetzt bespöttelten Abrüstung zu gelangen und dann nicht nur die Mehrforderungen des Militarismus abzuwehren, sondern seinen jetzigen Etat gehörig zu beschneiden.

Doch das ist ein schöner Zukunftstraum. Einstweilen handelt es sich noch darum, nur zu verhindern, daß der Militarismus in unserm Budget immer weitere Verheerungen anrichtet.

Wie er sich gerade in der Finanzverwaltung geltend macht, wie er den Etat beherrscht und wie er im Parlament seine Forderungen durchdrückt, das bedarf noch einer besonderen Darlegung.

Kein Geringerer als Fürst Bismarck hat ja einmal vor der Volksvertretung in sehr lebhaften Farben geschildert, wie der Vertreter eines jeden Ressorts übermäßige Ansprüche mache, wie jedem Fachminister die Bedürfnisse seines Faches ganz unbedingt notwendig schienen, während vom Standpunkte der Gesamtinteressen das Urteil ganz anders ausfalle, und wie nun gegenüber dieser ganz natürlichen Unersättlichkeit jedes einzelnen Ressorts der leitende Staatsmann oder der Finanzminister die Aufgabe hätte, auf Einschränkungen zu dringen und ausgleichende Gerechtigkeit zu üben, wie aber dabei die Vertretung der finanziellen Forderungen vor dem Parlament ein ausgezeichnetes Pressionsmittel sei.

Sich selbst allein überlassen (das war der Sinn der Bismarckschen Ausführungen) würde der Minister des Innern nie genug Verwaltungsbehörden, der Eisenbahnminister nie genug Schienenwege und Bahnhöfe, der Leiter des Postwesens nie genug Postpaläste, der Kriegsminister nie genug Soldaten und Kasernen, der Marineminister nie genug Schiffe – vielleicht auch der Kultusminister nie genug Universitätsinstitute, Schulen und Lehrerstellen bekommen können. Ein Etat, nur von den Fachministern aufgestellt, würde bald die ganzen Staatsfinanzen gründlich ruinieren.

Gegen die übertriebenen Forderungen aller anderen Verwaltungszweige fehlt es nun weder im Reich, noch in Preußen an der Kraft des Widerstandes innerhalb der Regierung selbst oder nötigenfalls in der Volksvertretung. Nur gegenüber den militärischen Forderungen versagt dieses Ausgleichungsmittel.

Innerhalb der Regierung kann von einem entschiedenen Widerstande nicht die Rede sein. Unsere Betrachtungen haben ja gezeigt, wie sehr man dort vom Geiste des Militarismus erfüllt ist. Die entscheidenden Persönlichkeiten stecken ganz in militärischen Anschauungen, fühlen sich als Militärs und glauben sich berufen und verpflichtet, die besonderen Anforderungen ihres Standes und der Heeresverwaltung zu vertreten. In der Regierung haben wir nur den verstärkten Minister des Militärressorts vor uns.

Derselbe mag ja, wie jeder andere verständige Fachmann ehrlich versucht haben, auch die Verhältnisse die außerhalb seines Ressorts liegen, zu berücksichtigen, aber er hat es doch immer nur mit dem Auge eines für sein Fach lebhaft interessierten Militärs tun können. Eine von außen kommende Kritik, die in ganz anderen Interessen wurzelte und mit den auch noch so zärtlich gepflegten Liebhabereien und Luxusausgaben des Fachmannes unbarmherzig ins Gericht ginge, die fehlt.

Auch der Reichstag hat gegenüber den Forderungen der Militärverwaltung nicht die Kraft des Widerstandes, wie gegenüber allen übrigen Posten des Budgets, und es versagt hier seine Bedeutung als die von Bismarck mit Recht gepriesene scharfe Kontrollinstanz.

Der Militarismus, der in den höchsten Kreisen und in der Regierung herrscht, beeinflußt naturgemäß auch einen Teil der Volksvertreter, die von Hause aus ihm ablehnend gegenüberstehen. Das wird schon durch die Atmosphäre des Berliner Lebens und durch persönliche Berührungen mit sich gebracht. Andere aber halten es für politisch klug, dem Militarismus Zugeständnisse zu machen, die sie nach einer rein sachlichen Prüfung anderen Ressorts verweigern würden. Man weiß, daß man an höchster Stelle mit nichts so sehr anstößt, wie mit einem scharfen Eingriff in militärische Forderungen, für die die Regierungsautorität einmal mit voller Kraft eingesetzt ist. Man kann dringende Forderungen für Bildungszwecke ablehnen, ein Unterrichtsgesetz zu Fall bringen, die Handelsverträge bekämpfen oder der sozialpolitischen Gesetzgebung Schwierigkeiten machen, aber nur um Himmels willen nicht an der geheiligten Majestät des Militarismus rühren, falls man nicht jeder Hoffnung entsagen will, auf den Gang der Regierungsgeschäfte Einfluß zu üben. Man macht sich damit für gewisse Kreise auf immer unmöglich.

Es ist ja z. B. in diesen Tagen deutlich in Äußerungen eines Teiles der zur Vermittlung geneigten Freisinnigen zwischen den Zeilen zu lesen: Man hoffte in anderen Dingen die Regierung zugunsten liberaler Ideen beeinflussen zu können, wenn man ihr die Militärvorlage durchbringen half. In dieser Hoffnung und in dem Wunsche, die Wahlen zu vermeiden, nicht aber aus sachlicher Überzeugung von der unbedingten Notwendigkeit der Vorlage, war ein Teil dieser vermittelnden Freisinnigen bereit, für sie zu stimmen.

Daß diese Berechnung, oder sagen wir diese Stimmung und Hoffnung, eine grundfalsche ist, sei nur nebenbei erwähnt. Die Liberalen, die dem Militarismus vorsichtig ausweichen und ihn ängstlich hätscheln, in der Hoffnung, die Träger dieses Militarismus dadurch zugänglicher zu machen für die doch so bescheidenen und einleuchtenden liberalen Forderungen, sind noch immer die Gefoppten gewesen. Jede Stärkung des Militarismus kommt schließlich reaktionären Bestrebungen zugute, und will man einer freieren Auffassung im Staatswesen die Bahn öffnen, so muß man entschlossen den Militarismus angreifen; denn in ihm steckt der Kern und der Halt des im Grunde doch noch immer halbdespotischen Systems.

Doch an dieser Stelle kommt es uns nicht auf diesen Grundfehler der Taktik eines Teiles der Liberalen, sondern auf die allgemeine Erscheinung an, daß durch eine solche teils furchtsame, teils allzukluge Rücksichtnahme auf die eigenartige Stellung des Militarismus, die sich bei unsern Berufspolitikern so leicht einstellt, auch der Reichstag in der freien Kritik militärischer Forderungen gelähmt wird.

Die Rolle des Hemmschuhes gegenüber den einseitigen Forderungen der Fachmänner, gegenüber der Unersättlichkeit, die eine so

verwöhnte Verwaltung notwendig ergreifen muß, fällt damit zum
größten Teile dem Volke selbst zu.

Was gegenüber allen anderen Ressorts der Finanzminister oder
der Ministerpräsident und in zweiter Instanz die Volksvertretung
leistet, das muß gegenüber dem übermächtigen Militarismus als
letzte und mächtigste Instanz die Nation selbst besorgen: das dringende Verlangen, daß alle Forderungen von dem Maße dessen, was
dem Fachmann wünschenswert scheint, auf das Maß des wirklich *Notwendigen* ermäßigt werden.

4. DER MILITARISMUS IM KAMPFE UM DIE MILITÄRVORLAGE

Meine Betrachtungen hier haben dem Militarismus ganz im allgemeinen gegolten, und es ist hier nicht der Ort auch noch ausführlich
auf die Militärvorlage einzugehen. Die öffentliche Diskussion hat
sich ihrer ja ausgiebig genug bemächtigt. Aber ganz vorbeigehen
können wir an der Frage doch auch nicht, sie ist die im Augenblick
dringendste und jeder wird fragen, ob und wie weit denn unsere
ganze Beurteilung des Militarismus nun auf die Entscheidung über
diese Vorlage Einfluß üben dürfe.

Die Rolle, die dem Volke, wie wir zuletzt ausführten, bei der Prüfung militärischer Forderungen zukommt, hat es gegenüber der
Vorlage offenbar schon im aufgelösten Reichstage zu spielen begonnen, als der einzige Akteur in dem Drama der Verhandlungen, der
neben der Regierung wirklich etwas bedeutete. Diese seine Aufgabe
hat das Volk nun bei den Neuwahlen zu Ende zu führen.

Alle Welt ist ja darüber einig, daß die letzte Militärvorlage in einer für die Regierung annehmbaren Form durchgegangen wäre,
wenn die Abgeordneten nicht die Verantwortung vor ihren Wählern
gescheut hätten. Die Volksstimmung hat damit die Abgeordneten
nicht etwa gehindert, ihrer Überzeugung zu folgen, sondern dem
Militarismus ein Zugeständnis zu machen, durch das man gern ein
besseres Verhältnis zur Regierung erkauft hätte, auch wenn man
von der Notwendigkeit der Forderung an sich nicht überzeugt war.

Unter denen, die sich für die Bewilligung der Vorlage erklären,
gibt es viele – ich möchte glauben, daß es die Mehrzahl ist –, die

zwar von der absoluten Notwendigkeit der Forderungen durchaus nicht überzeugt sind, die aber zu ihrer Zustimmung etwa durch folgendes Raisonnement gelangt sind: „Es könnte doch das Unglück wollen, daß in den nächsten Jahren ein Krieg ausbricht, und wenn wir nun die militärischen Forderungen abgewiesen haben, so wird man uns beschuldigen, daß wir in blindem Vertrauen auf die Erhaltung des Friedens die Mittel für die wirksamste Führung des Krieges verweigert hätten. Das wäre zwar nach unserer Ansicht unberechtigt, denn mit den Mitteln, die wir zu bewilligen bereit sind, kann jeder waffenfähige Mann ausgebildet und ihm die beste Ausbildung gegeben werden, und sollten wir uns selbst darin irren, so kann ja, was wir verweigern, erst nach Jahren ins Gewicht fallen, – aber in so vielen Dingen gilt nicht das Sein, sondern der Schein, und diesen bösen Schein müssen wir vermeiden. Also lieber ‚die paar Millionen‘ auch noch bewilligt und uns nicht der Gefahr einer falschen Beurteilung ausgesetzt.“

Dieses Raisonnement, das meist in verschwiegener Brust bewahrt bleibt, braucht man nur auszusprechen, um zu erkennen, daß es auf einer Schwäche beruht, der man nicht nachgeben sollte, wenigstens jetzt nicht mehr, wo nun einmal die Frage des Militarismus mit dieser „Quantitätsfrage“ verknüpft ist.

Daß aber in Wahrheit unsere Wehrfähigkeit durch Ablehnung der Vorlage nicht geschädigt, nichts wirklich Notwendiges damit verweigert wird, scheint uns einleuchtend.

Man braucht sich eigentlich nur der früheren Reden des Reichskanzlers, seines Spottes über die Zahlenwut zu erinnern und der Verhandlungen vor drei Jahren, wo alle Welt darüber einig war, daß Deutschlands Rüstung nun auf absehbare Zeit abgeschlossen sei. Was ist denn inzwischen geschehen, was die Lage so von Grund aus verändert hätte?

Man darf auch nicht vergessen, wie die Vorlage zuerst im Reichstag und im Lande aufgenommen wurde. *Allen* Parteien schien damals die Annahme ohne sehr große Abschwächungen ganz ausgeschlossen, und *kein* Redner außer dem militaristisch fühlenden Großindustriellen Herrn v. Stumm trat für dieselbe unbedingt ein. Sogar die Nationalliberalen schienen sich dieses Mal ganz entschieden den Forderungen des Militarismus widersetzen zu wollen. Wenn seitdem sich die Stimmung im Reichstag und zum Teil auch im Lande zur Nachgiebigkeit gewandt hat, so ist eben überall während der langen Zeit der Verhandlungen der von uns beschriebene Einfluß des Militarismus wirksam gewesen. Man hat es ja sehr deutlich in der Presse verfolgen können. Im allgemeinen (von Ausnahmen natürlich abgesehen) wurden nicht sachliche Gründe für das Verlassen des ursprünglichen Standpunktes geltend gemacht, sondern nur ein unbestimmter Appell an den Patriotismus, hinter den der Militarismus sich zu verstecken liebt, und der allgemeine Gedanke, daß man der Regierung, falls sie nun einmal zur Nachgiebigkeit nicht zu bewegen sei, in einer militärischen Frage lieber keine Opposition machen dürfe. Die beste Rechtfertigung derer, die in der Opposition verharrt sind!

Man muß sich dann weiter vorhalten, daß die Opposition jetzt durchaus bereit ist, die Erleichterung, die durch Einführung der zweijährigen Dienstzeit eintritt, dadurch weit mehr als auszugleichen, daß die Aushebungsziffer um 25 000 Mann jährlich erhöht wird. Man spricht nur von Beibehaltung der *Präsenzziffer* und macht sich darüber nicht recht klar, daß diese Beibehaltung bei Einführung der zweijährigen Dienstzeit eine *außerordentliche Vermehrung der Aushebungsziffer und der Kriegsstärke* bedeutet, eine stärkere Vermehrung als im Jahre 1890 bewilligt ist, stärker auch als jene Erhöhung des Rekrutenkontingents, die 1887 in der Septennatsvorlage enthalten war, eine Vermehrung, wie sie kaum je mit einem Schlage eingetreten ist.

Und genügt der Militärverwaltung diese Zahl nicht, gibt es noch taugliche Leute, die nicht ausgebildet werden, so vermehre sie doch gegen entsprechende Ersparnisse im Rekrutenkontingent die Zahl der in 10 bis 20 Wochen ausgebildeten Ersatzreservisten. Da aber eben steckt des Pudels Kern, und da tritt auch wieder der Geist des Militarismus in der Vorlage hervor.

Die militärisch geschulte Ersatzreserve soll beseitigt werden; sie ist zwar bisher immer außerordentlich gelobt worden, aber sie erinnert zu sehr an die Miliz, sie ist ein memento mori für das jetzige System, und ein solches Institut kann der Militarismus auf die Dauer nicht vertragen, am allerwenigsten in diesem Augenblick, wo man der populären Forderung der Herabsetzung der Dienstzeit nachgibt und man besorgen muß, es werde bald eine weitere Verkürzung verlangt werden. Da ist die Ersatzreserve ein gefährliches Wahrzeichen, verführerisch für alle, die daran zweifeln, ob der jetzige Militarismus denn notwendig ertragen werden müsse. Deshalb benutzt man diese gute Gelegenheit, die militärische Ausbildung der Ersatzreserve, die man vor 13 Jahren geschaffen hat, zu beseitigen.

Daß die Ersatzreserve nicht für den Anfang des Feldzuges verfügbar ist, was übrigens auch noch nicht einmal zuzutreffen braucht, ist kein stichhaltiger Einwand. Es ist ja überhaupt völlig unmöglich, die ganzen Millionen unserer Heeresmacht sogleich an den Feind zu führen. Es bleibt eine Reserve zurück, und für diese ist die in zehn Wochen (oder vielmehr mit Nachübungen in 20 Wochen) ausgebildete Ersatzreserve ursprünglich bestimmt gewesen und anerkanntermaßen ein sehr brauchbares Material.

Der prinzipielle Standpunkt, den die Regierung jetzt eingenommen hat, daß jeder kriegstüchtige Mann, und zwar genügend vorgebildet, zur Verwendung kommen soll, ist gerade der Standpunkt der Demokratie. Schon im Interesse der Gerechtigkeit verlangen wir, daß niemand ohne besondere Gründe befreit bleibe. Aber wir verlangen zugleich, daß die Verwaltung sich, um dieses Ziel zu erreichen, mit gewissen Mitteln einrichte.

Ihr sind riesengroße Summen so freigebig bewilligt, wie keinem anderen Ressort. Wie sie am besten mit ihnen wirtschaftet, ist in erster Linie Sache der Fachmänner. Glauben diese, wie bisher, eine *kleinere* Anzahl *länger* bei der Fahne behalten zu müssen, so wird ihrem fachmännischen Urteil sogar die Forderung der Gerechtigkeit zum Opfer gebracht, der nur dadurch wieder Genüge geschehen kann, daß für die Zurückstellungen die persönlichen und häuslichen Verhältnisse berücksichtigt werden. Legen sie, wie jetzt, mehr Gewicht auf die *größere* Zahl der in *kürzerer* Zeit voll ausgebildeten Mannschaften, so begrüßen wir freudig diese Annäherung an unsere Grundsätze, aber wir verlangen, daß Maß gehalten werde und daß, wenn man nicht unter volle 2 Jahre heruntergehen zu können glaubt, ein Ausgleich durch die weitere Ausbildung von Ersatzreservisten geschaffen werde.

Solange wir sehen, wie viel Allotria im Militär getrieben wird, solange der Parademarsch in bisheriger Weise geübt wird, solange der die Ausbildung schädigende Wachtdienst nicht eingeschränkt ist, solange wir die dienenden Soldaten als Lakaien der Offiziere verwendet sehen und solange wir hören, daß man die Leute als Treiber bei Jagden hoher Herrschaften benützt oder in großen Massen den Grundbesitzern für die Ernte zur Verfügung stellt, so lange werden wir dem Militarismus auf seine ungemessenen Mehrforderungen mit der Gegenforderung antworten, daß es erst einmal durch Abstellung dieser Mißbräuche den Ausgleich für Mehrbedürfnisse finden möge, und wir werden es als eine Anmaßung, wie sie eben nur dem verwöhnten Militarismus möglich ist, zurückweisen, daß man behauptet, nur das unbedingt Notwendige zu fordern.

Es handelt sich also bei Annahme oder Ablehnung der Militärvorlage nicht um die größere oder geringere Sicherheit des vaterländischen Bodens, nicht um die Vermeidung oder Herbeiführung eines Krieges, sondern lediglich um die Stärkung oder Bekämpfung des Militarismus.

Es ist das zweite Mal, daß im Reiche der Versuch gemacht wird, dem Militarismus kräftigen Widerstand zu leisten. Das erste Mal vor 6 Jahren war schließlich über das Maß der materiellen Bewilligungen überhaupt kein Streit, sondern es handelte sich lediglich darum, ob der Militarismus eine Ausnahmestellung in unserem konstitutionellen Leben einnehmen solle, in der Art, daß das ganze übrige Budget einschließlich aller auf Gesetz beruhenden Ausgaben jährlich, der Militäretat aber allein auf 7 Jahre bewilligt wird. Damals lag also die Frage eigentlich noch viel klarer; aber durch eine ungeheuerliche Verwirrung gelang es, die so klare konstitutionelle Frage, die mit unserer Wehrhaftigkeit gar nichts zu tun hatte, zu verdunkeln und durch Kriegsbesorgnisse die Septennatswahlen durchzudrücken.

Heute nun ist für eine oberflächliche Betrachtung die Frage nicht so klar und deutlich gestellt; es wird leichter sein, den Schein zu erwecken, als ob es sich um größere oder geringere Sorge für unsere volle Wehrkraft und nicht um den Militarismus handle – aber unsere Hoffnung ist, daß das Volk seit jenen Septennatswahlen und durch deren Folgen so viel gelernt hat, daß eine Täuschung wie die frühere nicht mehr möglich ist und daß auch die nicht ausbleibende Beunruhigung durch schauerliche Rüstungsmärchen aus Frankreich und Rußland ihren Dienst versagen wird.

Siegt auch dieses Mal der Militarismus, so tritt, darüber täusche man sich nicht, eine neue Verschärfung aller der Erscheinungen ein, die wir zu kennzeichnen versucht haben. Mit dem brutalen Übermute des Siegers wird der Militarismus unserem Kulturleben, der bürgerlichen Gesellschaft und der Freiheit den Fuß auf den Nacken setzen und wird unser wirtschaftliches Leben für seine Zwecke ausnützen.

Es ist eine merkwürdige Verblendung, daß Leute, die ähnlich frei und militarismusfeindlich gesinnt sind, wie wir, darauf hoffen, wenn nur die Militärvorlage bewilligt sei, so werde die Lage für freiheitliche Anschauungen und für kulturelle Forderungen günstiger werden.

Das heißt doch den Zusammenhang der Dinge verkennen. Wohl möglich, daß man den Liberalen, die sich unter das Joch des Militarismus gebeugt haben, zum Dank einige Brosamen hinwirft. Aber was kann das bedeuten gegen die Stärkung des militärischen Geistes und gegen die Schwächung der bürgerlichen Widerstandskraft. Die Zustände, die man mit uns beklagt, die ganze rücksichtslose Härte in der Armee, die Durchsetzung unserer bürgerlichen Gesellschaft mit militärischen Vorurteilen, die Überhebung des Beamtentums und die Zwangsmaßregeln der Gesetzgebung und der Verwaltung, die ganze Vernachlässigung dessen, was uns den Kulturfortschritt bedeutet: alles das ist doch nur die natürliche und unausbleibliche Folge, die sich aus dem Parallelogramm der Kräfte des Militarismus einerseits und der freien bürgerlichen Gesinnung andererseits ergibt. Und nun glaubt man, dieses mathematische Ergebnis ändern zu können, indem man den Militarismus stärkt, die bürgerliche Widerstandskraft schwächt, aber gleichsam auf magnetischem Wege, durch freundliche Vorstellungen, die von Hemmungen mehr als je befreite Kraft einladet, doch nicht dem ihr innewohnenden Triebe zu folgen, sondern gütigst nach der andern Seite von der bisherigen Diagonale abzubiegen.

Wie verkennt man doch damit das Wesen des Militarismus: der Militarismus ist *hart,* und nur vor fremder *Härte* hat er Respekt, nur durch Härte kann man ihm etwas abgewinnen. Wer sich vor ihm *beugt* und dann auf gnädige Behandlung hofft, wird vor den Triumphwagen gespannt, um später geopfert zu werden.

Kaiser Wilhelm II. im Jahr 1890, Ölgemälde
von Max Kroner (1854-1900) | commons.wikimedia.org

II.

Caligula

Eine Studie über römischen Cäsarenwahnsinn
(1894 | Neuauflage 1926)[1]

Ludwig Quidde

Ludwig Quidde

VORWORT
zur 31. Neuauflage 1926

Die Schrift von 1894 ist trotz ihrer dreißig Auflagen seit vielen Jahren vergriffen.

Seit dem Zusammenbruch 1918 bin ich immer wieder aufgefordert worden, eine neue Ausgabe zu veranstalten, natürlich (wie meist hinzugefügt wurde) mit einem erläuternden Bericht über die Bedeutung und die Schicksale der Schrift.

Ich habe mich lange dagegen gesträubt.

Mein erster Grund, solche Aufforderungen abzulehnen, lag in der geänderten Stellung zu Kaiser Wilhelm. Seit dem teilweisen Unrecht und der schweren Demütigung, die er 1908 nach dem *Daily-Telegraph*-Interview erlitten hatte, hatte ich die Waffen gegen ihn gesenkt. Ich war nicht unter seine Verteidiger gegangen; aber ich enthielt mich des Angriffs. Auch sprach bei mir zu seinen Gunsten, wie er 1911 der infamen Kriegshetze der Alldeutschen standgehalten hatte. Während des Krieges mußte ich ihn sogar gegen ungerechte Vorwürfe verteidigen. Die Forderung der Entente, ihn als Kriegsverbrecher auszuliefern, habe ich als eine dem deutschen Volk angesonnene Schmach betrachtet. Seit seiner Flucht nach Holland war er kein Faktor mehr von irgendwelcher Bedeutung für unser öffentliches Leben, und es schien mir unwürdig, dem Gestürzten noch

---

[1] Textquelle | Ludwig QUIDDE: Caligula. Eine Studie über römischen Cäsarenwahnsinn. 31. Auflage. Ergänzt durch Erinnerungen des Verfassers: *Im Kampf gegen Cäsarismus und Byzantinismus.* Berlin-Friedenau: Hensel & Co 1926, S. 1-20. [archive.org] [projekt-gutenberg.org].

Steine nachzuwerfen, zumal da es einen ekeln konnte, wie viele von denen, die ihm vorher schmeichelten, nun über ihn herfielen.

Dieses Bedenken wurde stark erschüttert, als er mit seinem mehr als anfechtbaren Erinnerungswerk in die öffentliche Diskussion eingriff, es schwand vollends, als der Kaiser sich unentwegt huldigen ließ und solche Huldigungen durch seine Haltung ermutigte, vor allem aber, als die monarchistische Agitation, die auf Rückführung der Hohenzollern gerichtet ist, immer ungescheuter sich breit machte.

Es gab ein zweites Bedenken: die Frage, ob die Neuausgabe auf Interesse und Verständnis rechnen könne. Einer meiner Freunde warnte: Die Schrift sei schon fast legendarisch geworden; die Leute erinnerten sich, daß ich vor mehr als 30 Jahren den *Caligula* veröffentlicht habe, und daß das eine fast prophetische Warnung an das deutsche Volk gewesen sei; die jüngere Generation werde die Schrift nicht mehr verstehen und schätzen können. Es würde die Wirkung nicht stärken, sondern abschwächen, wenn sie jetzt wieder leibhaftig vor die Augen der Leser komme.

Auch dieses Bedenken erledigte sich, und zwar auf dem Wege des Experiments. Wenn junge Leute mich um die Schrift baten, lieh ich sie ihnen und warnte sie, sie würden wohl nichts darin finden und wahrscheinlich nicht verstehen, weshalb sie ihrerzeit ein solches Aufsehen gemacht habe. Regelmäßig sprachen die Empfänger, wenn sie die Schrift zurückbrachten, von dem starken Eindruck, den sie davon empfangen hätten.

Die noch zurückgebliebenen Hemmungen wurden überwunden durch die Erwägung, daß wir jetzt in einem Entscheidungskampf zwischen der Republik und der monarchistischen Bewegung stehen.

Nicht, daß es entscheidend wäre, ob am 20. Juni [1926, bei der Volksabstimmung über die Fürstenenteignung] die 20 Millionen Stimmen erreicht werden. Ich bin gewiß Republikaner und doch ein Gegner der entschädigungslosen Enteignung. Aber die Frage ist, ob nicht, nachdem der Reichstag so kläglich versagt hat, das Ja beim Volksentscheid das geringere Übel ist. Wird der zur Abstimmung stehende Gesetzentwurf angenommen, so bleibt es ja den Ländern unbenommen, aus freien Stücken den Angehörigen der Dynastien angemessene Abfindungen zu gewähren.

Entscheidend aber ist, daß die Hunderte von Millionen aus unserem verarmten Land nicht in die Hände der Hohenzollern und der Koburger kommen dürfen, um dort vielleicht als Mittel zur Nährung des Kampfes gegen die Republik verwandt zu werden.

In dieser Lage ist es Pflicht jedes Republikaners, die Revision der monarchischen Gesinnung, zu der die ungeheuerlichen Ansprüche der entthronten Herrscherhäuser bei Millionen von Mitbürgern endlich Anlaß gegeben haben, zu fördern und dazu beizutragen, daß auch nach etwaigem Mißerfolg des Volksbegehrens der Reichstag ein Gesetz verabschiedet, das den Fürsten geben möge, was ihnen billigerweise zukommt, aber dem Volke sichert, was des Volkes ist.

Den Wiederabdruck der Schrift habe ich mit viel umfangreicheren Darlegungen begleitet: mit Erläuterungen, die zu einem Versuch der Charakteristik Wilhelms II. angewachsen sind, und mit persönlichen Erinnerungen [→IV]. Ich hoffe, der Leser wird sie zum Teil lehrreich finden, da sie ihn in die früheren Zustände versetzen, zum Teil auch unterhaltsam, und deshalb die Verbindung der verschiedenartigen Bestandteile zu einem Ganzen billigen.

Pfingsten 1926   L. Quidde

———

Caligula

Eine Studie über
römischen Cäsarenwahnsinn

[Satire 1894]

Gajus Cäsar, bekannt unter seinem Beinamen Caligula (d. h. Stiefelchen), war noch sehr jung, noch nicht zum Manne gereift, als er unerwartet zur Herrschaft berufen wurde. Dunkel und unheimlich waren die Vorgänge bei seiner Erhebung, wunderbar die früheren Schicksale seines Hauses. Fern von der Heimat war der Vater noch in der Blüte seiner Jahre einem tückischen Geschick erlegen, und im Volke sprach man viel von geheimnisvollen Umständen dieses Todes; man schreckte vor den schlimmsten Beschuldigungen nicht zurück, und bis in die Nähe des alten Kaisers wagte sich der Verdacht[1]. Dem Volke war sein Liebling mit ihm genommen; einer Popularität wie kein anderes Mitglied des Kaiserhauses hatte er sich erfreut[2]. Dem Soldaten war er vertraut aus vielen Feldzügen, in denen er mit dem gemeinen Mann die Beschwerden des Krieges geteilt hatte, die deutschen Lande – die Gegenden am Rhein waren voll seines Namens. Doch nicht nur als Kriegsheld war er dem Volk erschienen; er war im besten Sinne populär gewesen. Sein Familienleben, die Schar seiner Kinder[3], die schlichte bürgerliche Art[4] der freundliche Gleichmut in allen Lagen, das gewinnende Scherzwort in seinem Munde[5] hatten ihm wie die Soldaten auch die Bürger verbunden. Solange der alte Kaiser lebte, war er freilich, so hohe Ämter ihm auch übertragen wurden, für die wichtigsten Fragen der inneren Politik bei aller Schaffenskraft und Schaffenslust zur Untätigkeit verdammt; wäre er aber zur Regierung gekommen, so hätte man freiere, glück-

---

[1] Vgl. Dio Cassius 57, 18 (Zonaras XI, 5). Tacitus, *Ann.* II, 72 und III, 16. Sueton, *Caligula* 1 und 2. Plinius, *Nat. hist.* XI, 71.

[2] Tacitus, *Ann.* I, 7; 33. II, 13. Sueton, *Caligula* 3 und 4. Dio Cassius 57, 18.

[3] Es waren im ganzen neun Kinder gewesen; zwei starben ganz klein, ein drittes, ein besonders vielversprechender reizender Knabe, wurde auch noch in zartem Alter den Eltern entrissen, sechs Kinder dagegen überlebten den Vater (s. Sueton 7).

[4] Sueton 3, auch Tacitus a. a. O.

[5] Patientiam, comitatem, per seria per jocos eundem animum. Tacitus, *Ann.* II, 13.

lichere Tage von ihm erwarten dürfen, die Beseitigung des dumpfen Druckes, der auf dem ganzen Reiche lastete. So war die Hoffnung einer ganzen Generation mit Germanicus ins Grab gesunken. Von diesem Liebling des Volkes strahlte ein Schimmer von Popularität auch auf den Sohn hinüber[6], der freilich sonst ganz unähnlich seinem Vater heranwuchs, vielleicht der stolzen und leidenschaftlichen Mutter[7] ähnlicher, die die an sich nicht leichte Stellung ihres Gatten gewiß oft noch erschwert hatte, und zugleich bevorzugt von dem alten Kaiser, der des Germanicus Gattin und Kinder mit Haß und Argwohn verfolgte, für Gajus aber eine gewisse Zuneigung gehegt zu haben scheint, vielleicht nur, weil er das gerade Widerspiel des ihm so unsympathischen Vaters in ihm sah. Zur Regierung gelangt, war der junge Kaiser für alle zunächst eine unbekannte noch rätselhafte Erscheinung. Wohl hatte man gewiß in den letzten Jahren allerhand Mutmaßungen über ihn verbreitet, Günstiges und Ungünstiges; man rühmte, so dürfen wir annehmen, aus wie hartem Holze dieser Jüngling geschnitzt sein müsse, der sich unter so schwierigen Verhältnissen zu behaupten gewußt hatte, man fürchtete vielleicht seinen Eigenwillen, die Neigung zum Mißbrauch einer so großen Gewalt, die Einwirkung unreifer persönlicher Ideen, man wußte auch allerhand von einer früh hervorgetretenen Brutalität zu erzählen; vor allem aber überwog gewiß die Auffassung, daß seine jungen Jahre fremden Einflüssen leicht zugänglich sein würden; man durfte darauf rechnen, daß zunächst die Regierungsgewalt des allmächtigen Garde-Präfekten noch gesteigert werden würde; war doch der junge Kaiser, wie alle Welt behauptete, diesem ganz besonders verpflichtet![8]

Von vielen dieser Dinge, die man erwarten und fürchten mußte, geschah nun so ziemlich das Gegenteil. Der leitende Staatsmann scheint sehr bald in Ungnade gefallen zu sein, sein Einfluß trat ganz zurück, der Kaiser nahm selbst die Zügel der Regierung in die Hand und begann sogleich sein eigenstes Regiment. Das Volk jubelte ihm zu[9]; denn wie eine Erlösung ging es bei dem Regierungswechsel

---

[6] Sueton, 9, 13. Josephus, *Antiquitates* XVIII, 6, 8.

[7] Tacitus, *Ann.* II, 72. IV, 52; 53.

[8] Philo, *Legatio ad Gaium.* 6. Sueton 12. Dio Cassius 58, 28; 59, 10. Tacitus, *Ann.* 6, 56.

[9] Sueton, *Tib.* 75. Cal. 13. Philo, *Legatio ad Gaium* 2; 6.

durch alle Kreise, eine Ära der Reformen schien zu beginnen und für liberale Gedanken eine freie Bahn sich zu eröffnen.[10]

So vielversprechend waren die Anfänge des Caligula, der als Sohn des zu früh dahingeopferten Germanicus und der Agrippina im Jahre 37 n. Chr. seinem Großoheim, dem Tiberius, nachfolgte und nun durch sein Auftreten die Welt in Erstaunen setzte.

Daß der unter Tiberius zuletzt allmächtige Minister und Prätorianer-General Macro, an dessen Hand Caligula doch zum Throne emporgestiegen war, anscheinend alsbald beiseite geschoben wurde, ist schon erwähnt. Diese Emanzipierung des jungen Kaisers schien zugleich eine Änderung der Regierungsgrundsätze zu bedeuten.[11] Alte Forderungen der liberalen Elemente wurden erfüllt. Vor allem wurde dem politischen Leben wieder mehr Freiheit gelassen. Caligula schien Ernst machen zu wollen mit Beobachtung gewisser Verfassungsformen, die unter Tiberius in Verfall geraten waren; bei Feststellung des Budgets und des Militäretats schien er der öffentlichen Meinung mehr Einfluß zu gönnen[12]; das freie Wahlrecht der Volks-Comitien schien wieder aufzuleben[13]; gegen das Delatorenunwesen, das etwa politischem Lockspitzeltum unserer Tage vergleichbar ist, wurde eingeschritten[14] und damit das öffentliche wie das private Leben von einem seiner schlimmsten Schäden befreit, die Schriften des Labienus, des Cremutius Cordus und des Cassius Severus, die als staatsgefährlich verboten waren, wurden wieder freigegeben[15], politische Gefangene mit einer Amnestie bedacht, Prozesse wegen Majestätsbeleidigung niedergeschlagen und die Gesetze, die dieses Vergehen mit schweren Strafen bedrohten, außer Anwendung gesetzt.[16] Auch drückende Steuern, die gerade den kleinen Verkehr der breiten Massen drückten, wurden erlassen und Erleichterungen zugunsten der ärmsten Klassen bei der Getrei-

---

[10] Dio Cassius 59, 3: δημοκρατικώτατός τε γὰρ εἶναι τὰ πρῶτα δόξας.

[11] Auch Ranke meint in seiner *Weltgeschichte* 3, S. 91, daß die Beseitigung des Präfekten Macro, die so gewaltiges Aufsehen in der Welt machte, eine Änderung des Systems zu bedeuten schien.

[12] Sueton 16. Dio Cassius 59, 9.

[13] Sueton 16. Dio Cassius 59, 9.

[14] Sueton 15.

[15] Sueton 16.

[16] Dio Cassius 59, 6. Sueton 15.

deversorgung eingeführt – von den Spielen, die Caligula nach dem alten Rezept „panem et circenses" in Aufschwung brachte, zu schweigen. So schien mit der größeren Freiheit auch eine Ära der sozialen Reformen oder doch einer volkstümlichen Behandlung wirtschaftlicher Fragen heraufzuziehen.

Aber schon in diesen ersten Anfängen des Caligula, während der Jubel eines leicht zum Beifall begeisterten Volkes ihn umgab, werden vorsichtige Beobachter sich sorgende Gedanken gemacht haben. Es war das berauschende Gefühl der Macht, das Bewußtsein, nun plötzlich an erster Stelle zu stehen, der Wunsch, etwas Großes zu wirken, und vor allem der Trieb, in der Weltgeschichte zu glänzen, was den Caligula zeitweilig über sich selbst hinaufhob. Ihn packte in dieser so außerordentlichen Veränderung seines Lebens der Ehrgeiz, sich nun durch etwas hervorzutun, was ihm im Grunde fremd war, durch Freisinn und Pflege des Gemeinwohls. Zugleich aber zeigten sich gar bald bedenkliche Eigenschaften. Es fehlte das feste Fundament einer in inneren Kämpfen gewonnenen ausgeglichenen Lebensanschauung; die Haupttriebfeder seiner Handlungen war nicht der Wunsch, Gutes zu schaffen, sondern der *Ehrgeiz*, als Förderer populärer Bestrebungen *bewundert* zu werden und als großer Mann auf die Nachwelt zu kommen[17]; der durchgehende Charakterzug seiner Maßregeln war eine nervöse Hast, die unaufhörlich von einer Aufgabe zur andern eilte[18], sprunghaft und oft widerspruchsvoll, und dazu eine höchst gefährliche Sucht, alles selbst auszuführen.

Die Kaltstellung des Macro, von der wir schon sprachen, ist wesentlich unter diesem Gesichtspunkt zu beurteilen. Zwar scheint es, daß die Beziehungen zwischen den beiden Männern nicht ganz oder doch nicht für immer abgebrochen wurden; denn Macro kam in die Lage, dem jungen Kaiser Rat zu erteilen, ihm Mäßigung und Besonnenheit anzuempfehlen.[19] Doch bekam ihm seine Warnerrolle schlecht; er erregte nur den höchsten Zorn des Kaisers, der sich dann

---

[17] Vgl. die charakteristische Äußerung bei Sueton 16: quando maxime sua interesset ut facta quaeque posteris tradantur.

[18] Dio Cassius 59, 4: ὀξύτατά τε πρὸς πράξεις τινὰς ἐφέρετο καὶ νωθέστατα ἔστιν ἇς αὐτῶν μετεχειρίζετο.

[19] Philo, *Legatio ad Gaium* 7.

in blutigem Wüten gegen ihn und seine Familie wandte.[20] Die dankvergessene Behandlung des Macro wird unter den Umständen, die die Popularität des Caligula erschüttert haben, besonders namhaft gemacht.

Die Zurückdrängung des Mannes, der zunächst zur Leitung der Staatsgeschäfte berufen gewesen wäre, erwies sich bald als ein Vorgang, der nicht etwa in einem Gegensatz der beiden Persönlichkeiten, sondern in der ganzen Art Caligulas seinen Grund hatte. Von hochgestellten Männern, die unter ihm wirklich einflußreich gewesen waren, hören wir gar nichts. Der Kaiser konnte keine selbständige Kraft neben sich ertragen – er wollte sein eigener Minister sein, und nicht nur das: auf jedem Gebiete auch selbständig eingreifen. Dazu aber fehlte es seiner im Grunde beschränkten Natur, auch ehe dieselbe zu Schlimmerem ausartete, an Kenntnissen und an Talent, an Ruhe und Selbstzucht. Bald trat sehr viel Ärgeres hervor.

Sein rücksichtsloser Eigenwille[21], die überraschenden Reformideen, die plötzlichen und grausamen Maßregelungen hochgestiegener Männer mögen als Äußerungen einer kräftigen Herrschernatur noch den Beifall großer Massen entfesselt haben, als Einsichtigere dahinter schon ein schreckliches Gespenst lauern sahen: den Wahnsinn.

Man hat sich gewöhnt, von Cäsarenwahnsinn als einer besonderen Form geistiger Erkrankung zu sprechen, und dem Leser wird die packende Szene aus Gustav Freytags *Verlorener Handschrift* in Erinnerung sein, wo der weltfremde Professor ahnungslos dem geisteskranken Fürsten aus Tacitus das Bild seines Lebens entwickelt. Die Züge der Krankheit: Größenwahn, gesteigert bis zur Selbstvergötterung, Mißachtung jeder gesetzlichen Schranke und aller Rechte fremder Individualitäten, ziel- und sinnlose brutale Grausamkeit, sie finden sich auch bei anderen Geisteskranken; das Unterscheidende liegt nur darin, daß die Herrscherstellung den Keimen solcher Anlagen einen besonders fruchtbaren Boden bereitet und sie zu einer sonst kaum möglichen ungehinderten Entwicklung kommen

---

[20] Philo 8. Sueton 26, Dio Cassius 59, 10.
[21] Der ἀδιατρεψία rühmte sich Caligula laut Sueton 29.

läßt, die sich zugleich in einem Umfange, der sonst ganz ausgeschlossen ist, in grausige Taten umsetzen kann.

Der spezifische Cäsarenwahnsinn ist das Produkt von Zuständen, die nur gedeihen können bei der moralischen Degeneration
monarchisch gesinnter Völker oder doch der höher stehenden Klassen, aus denen sich die nähere Umgebung der Herrscher zusam-
mensetzt. Der Eindruck einer scheinbar unbegrenzten Macht läßt
den Monarchen alle Schranken der Rechtsordnung vergessen; die
theoretische Begründung dieser Macht als eines göttlichen Rechtes
verrückt die Ideen des Armen, der wirklich daran glaubt, in unheil-
voller Weise; die Formen der höfischen Etikette – und noch mehr die
darüber hinausgehende unterwürfige Verehrung aller derer, die
sich an den Herrscher herandrängen – bringen ihm vollends die
Vorstellung bei, ein über alle Menschen durch die Natur selbst er-
hobenes Wesen zu sein; aus Beobachtungen, die er bei seiner Umgebung machen kann, erwächst ihm zugleich die Ansicht, daß es ein
verächtlicher, gemeiner Haufen ist, der ihn umgibt. Kommt dann
noch hinzu, daß nicht nur die höfische Umgebung, sondern auch die
Masse des Volkes korrumpiert ist, daß der Herrscher, er mag beginn-
nen, was er will, keinen mannhaften offenen Widerstand findet, daß
die Opposition, wenn sie sich einmal hervorwagt, zum mindesten
ängstlich den Schein aufrecht erhält, die Person des Herrschers und
dessen Anschauungen nicht bekämpfen zu wollen, ist gar dieser
korrumpierte Geist, der das Vergehen der Majestätsbeleidigung er-
funden hat und in der Versagung der Ehrfurcht eine strafbare Beleidigung des Herrschers erblickt, in die Gesetzgebung und in die
Rechtsprechung eingezogen: so ist es ja wirklich zu verwundern,
wenn ein so absoluter Monarch bei gesunden Sinnen bleibt.

So waren in dem schon so verrotteten römischen Staatsleben
Vorbedingungen für die Entwicklung des Cäsarenwahnsinns reichlich gegeben. Dabei war Caligula beiderseits erblich belastet (man
denke an Julia, deren Sohn Gajus und an seines Großoheims Tiberius' letzte Jahre), und auch der Umstand, daß er so jung zur Herrschaft gelangte, mußte alle vorhandenen Keime üppig emporschie-
ßen lassen, da das schroffe Mißverhältnis zwischen äußerer Stellung
und innerer Berechtigung auf seinen jugendlichen, von jeher zu Exzessen jeder Art geneigten Geist wie Gift einwirkte.

In wirklichen Wahnsinn ist Caligula trotzdem erst nach einer schweren Krankheit verfallen, von der er zu seinem und des Volkes Unglück genas; aber man wird sagen dürfen, daß diese Krankheit aller Wahrscheinlichkeit nach die Entwicklung nur beschleunigt hat; denn die deutlichen Ansätze dazu waren schon vorher vorhanden, und die ungünstig wirkenden äußeren Faktoren, die dieselben fördern mußten, waren von seiner kaiserlichen Stellung im damaligen Rom nicht zu trennen.

Das Bild des Cäsarenwahnsinns, das uns Caligula darbietet, ist geradezu typisch. Fast alle Erscheinungen, die wir sonst bei verschiedenen Herrschern antreffen, sind in ihm vereinigt, und wenn wir die scheinbar gesunden Anfänge mit der schauerlich raschen Steigerung zu den äußersten Exzessen zusammenhalten, so gewinnen wir auch ein Bild von der Entwicklung der Krankheit.

Eine Erscheinung, die an sich noch nicht krankhaft zu sein braucht, in der sich aber, wenn man sie mit den übrigen Symptomen zusammenhält, der Größenwahn schon früh bei Caligula ankündigt, ist die ungemessene *Prunk- und Verschwendungssucht*, ein Charakterzug fast aller Fürsten, die das gesunde Urteil über die Grenzen ihrer eigenen Stellung verlieren, von orientalischen Despoten bis auf gewisse Träger der Tiara, bis auf die beiden französischen Ludwige und ihre deutschen Nachahmer, eine Reihe, die in dem unglücklichen Bayernkönig vorläufig ihren letzten berühmten Vertreter gefunden hat. Nach kurzer Zeit war nicht nur der sehr bedeutende Schatz, den der sparsame alte Kaiser hinterlassen hatte, verbraucht[22], sondern man mußte auch zu sehr bedenklichen Mitteln greifen, um die Einnahmen zu steigern und die Schulden zu decken.[23]. Die eben abgeschafften Steuern wurden wieder eingeführt, neue, zum Teil sehr drückenden oder schimpflichen Charakters, kamen hinzu, die Justiz wurde mißbraucht, um dem Schatz Strafen und konfiszierte Vermögen zuzuführen, und schließlich ward der Grundsatz proklamiert, daß das Vermögen der Untertanen zur Verfügung des Fürsten sei.[24]

---

[22] Sueton 37. Dio Cassius 59, 2.

[23] Sueton 38. Dio Cassius 59, 15 und 18.

[24] Sueton 47.

Prunk- und Verschwendungssucht haben sich natürlich bei Caligula auf den verschiedensten Gebieten betätigt, bei Festen, Mahlzeiten[25] und Geschenken, in Kleidung und Wohnung und allem, was sonst zum Leben gehört, besonders auch in der Einrichtung seiner Paläste und Villen und der mit unsinnigem Luxus ausgestatteten kaiserlichen Jachten[26], am allerhervorstechendsten aber in *riesenhaften Bauten und Bauprojekten.*[27] Auch das ist ein den überspannten Herrscherideen eigentümlicher Zug – man denke nur an die soeben schon berührten Beispiele; man kann ihn sich übrigens leicht genug verständlich machen, wenn man die Ruhmsucht der Cäsaren und ihren Wunsch, vor der Nachwelt zu glänzen, im Auge behält.

Die Maßlosigkeit der Projekte des Caligula und die kurze Zeit seiner Regierung haben bewirkt, daß eine Reihe seiner Bauten unvollendet liegengeblieben ist. Auf dem Palatin in Rom zeigt man noch die Anfänge zu der „Brücke des Caligula", durch die er über das Forum hinüber den Kaiserpalast mit dem Capitol, dem Heiligtum der Stadt, verbinden wollte.[28] Große Wasserleitungen und Zirkusbauten nahm er gleichzeitig in Angriff, auch das schon öfter erörterte Projekt eines Kanals durch die Landenge von Korinth sollte schleunigst zur Ausführung gebracht werden.[29] Mit dieser Baulust war eine auffallende Zerstörungssucht verbunden. Erhaltenswerte Bauten wurden aus nichtigen Gründen zerstört oder umgestaltet.[30] Was aber neu entstand, trug zum großen Teil den Stempel von ganz bizarren Einfällen. Je unmöglicher und unsinniger eine Aufgabe schien, um so mehr lockte sie ihn.[31] Am Golfe von Neapel nennt man Überreste eines römischen Hafendammes *Ponte di Caligula* in Erinnerung an den phantastischen Brückenbau, den er dort zur Ausführung eines wahnwitzigen Gedankens hatte herstellen lassen.

Caligula ließ nämlich über die Bucht von Bajae eine riesenlange Schiffsbrücke schlagen, auf derselben eine förmliche Landstraße mit Schenken und Süßwasserleitungen anlegen und führte, angetan mit

---

[25] Vgl. z. B. Seneca, *Ad Helviam de consolatione* 10, 4.

[26] Sueton 36.

[27] Sueton 21.

[28] Vgl. Sueton 22.

[29] Sueton 21.

[30] Vgl. z. B. Seneca, *De ira* III, 21, 5. Dio Cassius 59, 28.

[31] Sueton 37.

dem angeblichen Panzer Alexander des Großen, seine Truppen über die Brücke nach Bajae, fiel mit seinen Soldaten in die friedliche Stadt ein, wie um sie zu erobern, veranstaltete am nachfolgenden Tage auf der Brücke einen großen Triumphzug mit gewaltigem Aufputz, fingierter Beute und fingierten Gefangenen und feierte schließlich selbst das glorreiche Unternehmen, die Überwindung so vieler Strapazen, wie er sagte, und die Fesselung des Ozeans in pomphafter Rede und rauschenden Festen.[32]

Wahnwitzige Prunk- und Verschwendungssucht tritt in diesem berühmt gewordenen Unternehmen recht kraß hervor, zugleich aber noch eine andere ganz eigentümliche Richtung, die der krankhafte Größenwahn und das Prunkbedürfnis der Fürsten zu nehmen pflegt: *der Heißhunger nach militärischen Triumphen.*

Das Grausige und das Lächerliche grenzen gerade hier hart aneinander. Wenn einerseits die Vorliebe für prunk- und ruhmsüchtige Aktionen und für kriegerisches Schaugepränge zu den schauerlichsten Folgen, zu wahren Völkermetzeleien führt, so schlägt sie andererseits, wenn der Schein an Stelle schrecklicher Wirklichkeit tritt, gar leicht ins Komisch-Kindische um.

Bei Caligula tritt diese letztere Seite der Sache besonders scharf hervor. Die Zeitverhältnisse waren nicht danach angetan, Kriege zu führen und kriegerische Triumphe zu gewinnen. Die Grenzen waren beruhigt, auf weitere Ausdehnung des Reiches hatte man verzichtet. Caligulas echt-cäsarisch-krankhafte Sucht, auch auf militärischem Gebiete zu glänzen, warf sich deshalb auf *spielerische Manöver* und auf einen *theatralischen Schein.* Im Stile jenes Triumphzuges über den Golf von Bajae hat er noch mancherlei vollführt. Wir heben nur zwei besonders sprechende Beispiele hervor.

Ganz plötzlich faßte er den Entschluß, sich zum Heere an den Rhein zu begeben. Hals über Kopf mußte alles in Bewegung gesetzt werden.[33] Bei der Armee angekommen, zeichnete er sich zunächst durch eine ganz ungewöhnliche disziplinarische Strenge auch gegen Offiziere aus[34]: besonders die unglücklichen Führer, die bei die-

---

[32] Dio Cassius 59,17. Vgl. Sueton 19, 32. Josephus, *Antiqu.* XIX, 1, 1. Seneca, *De brevitate vitae* 18, 5.

[33] Sueton 43.

[34] Sueton 44.

ser plötzlichen Mobilmachung nicht schnell genug auf dem Sammelplatz eintrafen, hatten seinen Zorn zu fühlen. Zugleich schien er, so wenig er auch selbst an seine eigene Jugend erinnert werden wollte[35], auf Verjüngung der Armee bedacht zu sein; er verfügte die Verabschiedung vieler älterer Centurionen mit der Begründung, daß sie zu alt oder zu hinfällig seien. Gegen andere schritt er wegen finanzieller Mißbräuche in der Verwaltung ein. Wenn das scharfe Anziehen der Disziplin auch diesem oder jenem als besondere Schneidigkeit imponiert haben mag, so hat es zugleich doch auch, wie wir aus den Berichten des Sueton ersehen, viel Unzufriedenheit hervorgerufen, und manche Maßregeln müssen unbefangenen Beurteilern geradezu als eine lächerliche Renommisterei erschienen sein, besonders wenn sie sahen, was sich nun weiter anschloß.

Der Kaiser ließ ein Manöver über den Rhein hinüber ausführen. Germanische Soldaten seiner Leibwache und als Geiseln anwesende Fürstensöhne mußten sich als Germanenkrieger verkleiden und unweit des Rheines Stellung nehmen; davon wurde, während der Kaiser bei Tafel saß, militärische Meldung durch die Vorposten erstattet, und über diesen „markierten" Feind, der sich gefangen nehmen ließ, wurde dann ein glorreicher Sieg erfochten; die dressierten Leibsoldaten und die armen Germanenjünglinge paradierten als Gefangene.[36]

Das Soldaten- und Manöverspiel artete hier schon zu einer von aller Welt belachten Farce aus.

Fast noch grotesker wirkte die Unternehmung gegen Britannien, bei der Caligula schließlich seine Soldaten am Strande Muscheln sammeln ließ. Diese Beute des Meeres sollte wie eine Kriegstrophäe gelten.[37]

Zum zweiten Male kehrt hier der phantastische Gedanke einer *Bezwingung des Weltmeeres* wieder. Der junge Kaiser scheint eine ganz besondere, an sich sympathische, nur auch wieder ins Krankhafte verzerrte Vorliebe für die See gehabt zu haben. Wir erwähnten schon die besonders prunkhafte Ausstattung seiner Jachten. Wie-

---

[35] Dio Cassius 59, 13.
[36] Sueton 45. – Vgl. dann über den Triumph in Rom Sueton 47.
[37] Sueton 47. Dio Cassius 59, 25.

derholt hören wir, daß er kleine und große Seereisen unternahm, und auch in der Schönheit des Sturmes scheint er das Meer aufgesucht zu haben. Für seine Umgebung muß diese Passion recht unbequem gewesen sein; denn er scheint rücksichtslos verlangt zu haben, daß alle seine Vorliebe teilten, und dem armen Silanus, der einmal bei stürmischem Wetter zurückgeblieben war, ist seine Furcht vor Seekrankheit zum Verderben geworden, da Caligula, damals schon ganz in blindem Mißtrauen blutig wütend, andere Motive dahinter vermutete.[38]

In dem Manöver und Soldatenspiel Caligulas, das wir kennengelernt haben, in seinen Disziplinmarotten und in den Triumphzügen liegt offenbar ein *komödiantischer Zug*, der für das pathologische Bild des Cäsarenwahnsinns charakteristisch ist. Er beschränkt sich bei Caligula nicht auf militärische Komödien. Wir hören von seiner ungemessenen Passion für Theater und Zirkus – und mehr als das: wir hören, wie er selbst gelegentlich mitzuagieren begann, wie ihn eine absonderliche Vorliebe für auffallende Kleidung und deren fortwährenden Wechsel beherrschte[39], wie diese Vermummungsspielerei dahin ausartete, daß er sich in den Masken der verschiedenen Gottheiten (Götter und auch Göttinnen!) gefiel[40]– ein Zug, auf den wir in anderem Zusammenhange noch zurückkommen –, wie er ferner seine eigenen mimischen Künste bewundern ließ, z. B. nachts Senatoren aus ihren Betten aufschreckte, nur um ihnen vorzutanzen[41]; es wird uns berichtet, daß er öffentlich als Zirkuskämpfer, wie später Nero, auftrat[42] und sogar, wie später Commodus, als Gladiator[43], also in einer Rolle, die damals den Fluch sozialer Ächtung auf den unglücklichen Träger herabzuziehen pflegte.

Es kommt bei diesem komödiantischen Zuge des Cäsarenwahnsinns wohl zweierlei zusammen, erstens eine krankhaft-phantastische Anlage, gleichsam die stehengebliebene Neigung des Kindes, seine Phantasiegebilde mit der realen Welt zu verschmelzen, eine

---

[38] Sueton 23.
[39] Sueton 52. Dio Cassius 59, 26.
[40] Sueton 22.
[41] Sueton 54.
[42] Sueton 54.
[43] Dio Cassius 59, 5. – Vgl. Sueton 32.

Neigung, die sich unter Verhältnissen am besten halten kann, wo an Stelle einfacher Natürlichkeit schon so viel verschrobenes Komödienspiel, so viel Fiktionen herrschend sind wie an einem Kaiserhofe, und dann zweitens das Bedürfnis, überall und auf jedem Gebiete zu glänzen, ein Bedürfnis, das ebenfalls durch die eigenartige Stellung des absoluten Herrschers krankhaft genährt wird.

In der Reihe von Herrschertypen, bei denen von eigentlicher Geisteskrankheit nicht die Rede ist, begegnen wir deshalb ja so oft Persönlichkeiten, die sich andauernd auf gewissen Gebieten jämmerlich bloßstellen, zum Teil weil in ihrer Stellung der Zwang und der Trieb liegt, überall hervorzutreten, zum Teil weil die Umgebung sie in dem Glauben erhält, daß sie etwas Geniales und gewaltig Imponierendes leisten, auch wo die mildesten aufrichtigen Beurteiler bedenklich den Kopf schütteln.

Ein Gebiet, auf dem Caligula mit Vorliebe zu glänzen suchte, war die *Beredsamkeit;* er sprach gern und viel öffentlich, und es wird uns berichtet, daß er auch ein gewisses Talent dafür besaß[44], daß insbesondere ihm die Kunst, zu verletzen und zu schmähen, eigen war. Mit Vorliebe wandte er sich gegen die Koryphäen der Literatur. Manches beißende Wort gegen sie soll ihm nicht schlecht gelungen sein. Doch ging sein unverständiger Fanatismus so weit, daß er klassische Autoren, wie Homer, Virgil und Livius, am liebsten aus allen Bibliotheken verbannt hätte.[45]

Dabei scheint er doch Zitate aus den verhaßten Autoren manchmal gern in epigrammatisch zugespitzten Worten benutzt zu haben, um seine eigene Stellung zu bezeichnen. So herrschte er seine Gäste einstmals mit dem berühmten Verse des Homer an: εἷς κοίρανος ἔστω, εἷς βασιλεύς: *Einer* sei Herrscher, einer nur König![46] Am berühmtesten geworden ist sein Lieblingszitat[47] aus einem Tragiker; *„Oderint, dum metuant"*, d. h. *mögen sie hassen, wenn sie nur fürchten,* wohl die zugespitzteste Äußerung seiner cäsaristischen Auffassung der Beziehungen zwischen Regenten und Volk.

---

[44] Sueton 53. Dio Cassius 59, 28.

[45] Sueton 34.

[46] Sueton 22. – Vgl. auch das Zitat aus Virgil, Sueton 45.

[47] Sueton 30.

Die Freude an rücksichtsloser Gewalttätigkeit, die sich in dem häufigen Gebrauch dieses Wortes gleichsam als obersten Leitmotives seiner Regierungspraxis ausspricht, beherrschte seine Stellung zu allen Verhältnissen des öffentlichen Lebens.

Sehen wir zunächst selbst von positiver Grausamkeit noch ab, so ist es ja typisch für diese Art von Cäsaren, daß fast ihr vornehmstes Interesse, wie bei Caligula, darin besteht, jedermann ihre *Macht* fühlen zu lassen, daß sie nichts mehr aufbringt als die Empfindung, Grenzen dieser Macht anzutreffen, und daß sie als wirksamstes Mittel, um jeden Widerstand ihrer Untertanen im Keime zu ersticken, die Verbreitung von *Furcht* und Schrecken betrachten. Bramarbasierend pflegen sie, gleich Caligula, die Drohung, daß jedermann ihre Macht fühlen solle, in unzähligen Varianten im Munde zu führen. Das wiederholt sich öfter in der römischen Kaisergeschichte, und auch sonst gibt es Beispiele genug. Selbst so geniale Cäsarennaturen wie Napoleon sind davon nicht frei. Glücklich das Volk, wenn solche Herrscher durch die Macht der äußeren Verhältnisse genötigt sind, sich mit bloßen Drohungen zu begnügen, und nicht wie Caligula zu Taten übergehen können.

Von dem Streben des Herrschers, die eigene Macht fühlbar zu machen, pflegen zunächst nicht so sehr die breiten Massen des Volkes wie die höher gestellten Gesellschaftsklassen, vornehme Familien und hohe Beamte, getroffen zu werden. Die ersten schwachen Anfänge sind allerhand Rücksichtslosigkeiten[48] – doch eben nur schwache Anfänge; denn mit zynischem Behagen suchen solche *Herrscher bald alles herabzudrücken, was neben ihnen selbständige Geltung beanspruchen kann.* Auch bei Caligula ist zu beobachten, wie er jeden Vorzug und besonders jedes Verdienst mit seinem Haß verfolgte[49], wie er systematisch alles Ansehen durch Mißachtung und Hohn zu untergraben suchte, wie er darauf ausging, hochgestellte Männer zu erniedrigen, sie zwang, als Gladiatoren aufzutreten[50] (wobei freilich auch sein Gefallen am Blutvergießen ins Spiel kam),

---

[48] Von Caligula erzählt man u. a. auch, daß er die bekannte „Höflichkeit der Könige" aufs äußerste vernachlässigte und große Volksmassen rücksichtslos auf sich warten ließ. Dio Cassius 59, 13.

[49] Dio Cassius 59, 27: τῷ τε γὰρ κρείττονι ἑαυτοῦ ὁ Γάιος ἤχθετο. – Vgl. Sueton 35.

[50] Dio Cassius 59, 10.

sie hinter seinem Wagen herlaufen, bei Tische aufwarten ließ[51] oder ihnen den Fuß zum Kusse reichte[52] – der Handkuß galt wohl kaum mehr als eine Erniedrigung, sondern eher als eine Ehre! Geflissentlich verhöhnte er die uralten Traditionen vornehmer Familien[53] und setzte seine eigene Umgebung aus Personen des niedrigsten Standes zusammen. Kutscher, Gladiatoren, Schauspieler und allerhand fahrendes Volk seien, so sagte man, sein täglicher Umgang[54], während die berufenen Männer beiseite geschoben wurden (auch wieder ein Zug, dem man in der Geschichte kranker Herrschergestalten oft genug begegnet).

Sicherlich hat Caligula auf ähnliche Weise auch im eigentlichen Staatsleben mit den *Stellen der Zivilverwaltung und des Heeres* gewirtschaftet.

Gerade an diesem Punkte empfindet man es besonders schmerzlich, daß die uns erhaltene Darstellung des Tacitus beim Regierungsantritt des Caligula abbricht. Er würde gewiß mit unnachahmlicher Kunst geschildert haben, wie dieser Charakterzug zersetzend auf die ganze Staatsverwaltung eingewirkt hat. Von geringeren Autoren ist uns jetzt fast nur der äußerste Zug von Wahnsinn überliefert, wie Caligula schließlich *einem Pferde die Konsulwürde* zu verleihen beabsichtigt haben soll.[55] Die Stufen, die zu diesem Gipfel bubenhafter Verhöhnung führten, müssen wir uns kombinierend ergänzen. Es fällt aber nicht schwer, sich vorzustellen, wie die *Mißachtung jeder Sachkenntnis und jeder auf Fachbildung beruhenden Autorität*, von kaum bemerkbaren Anfängen an, sich dazu fortentwickelt hat.

Nur zwei Einzelerscheinungen, die hierher gehören, sind uns zufällig bekannt. Die Wissenschaft der Jurisprudenz hat Caligula in der Praxis völlig beseitigen, den Stand der Juristen völlig ausrotten wollen.[56] Mag in dieser Juristenfeindschaft auch der gesunde Kern stecken, daß die Existenz einer Fachjurisprudenz dem Wesen des lebendigen Rechtes widerstreitet, so ist der Gedanke selbst doch unter den gegebenen Verhältnissen des damaligen römischen Lebens

---

[51] Sueton 26.

[52] Dio Cassius 59, 27. Seneca, *De beneficiis* II, 12.

[53] Sueton 35.

[54] Dio Cassius 59, 5.

[55] Dio Cassius 59, 14. Sueton 55.

[56] Sueton 34.

wieder echt cäsarisch. Der andere Vorgang betrifft das Heerwesen. Eine Anzahl von Zirkusfechtern wurde anscheinend unvermittelt aus bloßer Laune zu Offizieren seiner Leibwache ernannt.[57] Wir dürfen das Bild uns wohl weiter ausmalen, wie der Kaiser Verwaltungsbeamten, Quästoren oder großen Steuerpächtern militärischen Rang erteilte, alte Soldaten auf wichtige Zivilverwaltungsposten stellte, eingefleischte Juristen, die auf dem Forum groß geworden waren, auf schwierige Stellungen an der Grenze für den Verkehr mit fremden Völkerschaften schickte oder gichtbrüchige Geheimräte an die Spitze seiner Tänzerschar beförderte. Nicht toll genug werden wir uns den Wirrwarr, den Widerstreit von Befähigung und Aufträgen, den Hohn auf die gesunde Vernunft, der von dem konsularischen Roß schließlich gekrönt wurde, vorstellen können.

Über der wild durcheinandergeworfenen, verhöhnten und mit Füßen getretenen servilen Masse des Volkes und aller Stände glaubte der Kaiser selbst zu thronen, in unnahbarer göttlicher Majestät, die für ihn selbst ungeschmälert aufrecht stehen blieb, wenn er auch gelegentlich den Purzelbaum zum Zirkus hinunterschlug. Denn das ist wesentlich für diese Gattung von Cäsaren, sie glauben an ihr eigenes Recht, *sie meinen eine Mission zu haben, fühlen sich in einem besonderen Verhältnis zur Gottheit stehend, halten sich für die Auserwählten derselben und beanspruchen schließlich für sich selbst göttliche Verehrung.*

Das scheint der äußerste Gipfel des Cäsarenwahns zu sein, und doch nähern sich ihm die Vorstellungen mancher Herrscher, die noch nicht geradezu für krank gelten können, auf bedenkliche Weise – Friedrich Wilhelm IV. z. B. bewegte sich, auch als er noch nicht völlig erkrankt war, in einem solchen mystischen Ideenkreise. Freilich – das ist ja das schmach- und jammervolle Fundament der ganzen Cäsarenexistenz – kommt solchen Vorstellungen die Anschauungsweise der Massen und besonders der herrschenden Klassen in den von eigentlich monarchischer Gesinnung durchtränkten Völkern oft auf die gefährlichste Weise entgegen. Wie hätte sonst für Alexander, wie hätte für Cäsar Vergötterung beansprucht werden können?

---

[57] Sueton 55.

Bei Caligula ist es ganz offenbar nicht nur kecke Ausnützung der Volksauffassung oder politische Berechnung, wenn er göttliche Verehrung beansprucht, sondern es ist der helle, *nackte Wahnsinn, der an die eigene Göttlichkeit glaubt* oder doch sich vorübergehend in die Vorstellung derselben versenkt.

Das sehen wir am besten daran, wie er mit dem Gedanken gleichsam spielt. Bei der Dürftigkeit unserer Nachrichten können wir auch hier die Entwicklung nicht ganz verfolgen – die unscheinbaren Anfänge sind uns nicht deutlich überliefert. Daß er schon als Jüngling zum Augurn und Oberpriester ernannt wurde, hat möglicherweise auf seine Ideenwelt einen gewissen Einfluß geübt. Wir dürfen wohl annehmen, daß er beim Gottesdienst selbst wirklich fungiert haben wird, und daß es ihm nahelag, phantastische Vorstellungen mit der Ausübung solcher Funktionen zu verbinden. Weit wichtiger und bezeichnender aber ist es, daß er es liebte, in der Verkleidung von Göttern und Göttinnen aufzutreten.

Wie sich ein schauspielerischer Zug darin äußert, wurde schon berührt: wir müssen uns vorstellen, wie der kaiserliche Akteur sich gleichsam selbst in die Stellung der dargestellten Gottheit hineinschauspielerte. Es ist ja sehr merkwürdig, wie bei etwas krankhaftphantastisch angelegten Menschen die Grenzen zwischen der Wirklichkeit und dem dargestellten Schein sich verwischen; zunächst spielen sie mit dem Gedanken, etwas mit der dargestellten Figur gemein zu haben, in Augenblicken besonderer Ekstase fühlen sie sich mit ihr eins, und bei ausgesprochener geistiger Erkrankung glauben sie schließlich dauernd mit ihr identisch zu sein. König Ludwig von Bayern hat gewiß, wenn er als Lohengrin auf seinem künstlichen See im Schwanennachen fuhr, auch Momente gehabt, in denen die Scheidung zwischen Darstellung und Wirklichkeit sich für ihn verwischte. Vielleicht darf man sagen: es ist die infolge von Überreizung auf das eigene Subjekt ausgedehnte Illusion, die wir alle dem Objekt gegenüber ja bei künstlerischen Reizen auf unsere Phantasie kennenlernen. – Und wenn nun noch das Auftreten von dritten Personen und großen Volksmassen, der Wunsch, auf dieselben Eindruck zu machen, und das Bedürfnis, eine ganz unnatürliche Fiktion mit immer verstärkten äußeren Mitteln aufrecht zu erhalten, hinzukommen! Wer hat nicht schon Menschen gekannt, die schließlich selbst glaubten, das zu sein und das geleistet zu haben, was sie lange anderen und dann sich selbst vorgeschwindelt hatten?

Bei Caligula schlugen gelegentlich seine Vergötterungsansprüche in eine tolle Farce um – ohne daß wir deshalb glauben dürften, er habe den Kultus, den er seinen Untertanen aufgezwungen hatte, selbst verhöhnen wollen, um so die Schmach noch zu verschärfen. Er machte sich selbst zum Oberpriester seiner eigenen Gottheit! Und sein Pferd – auch sonst tritt seine Vorliebe für Pferde in ganz unsinnigen Handlungen hervor – gesellte er sich als Kollegen in dieser Stellung zu![58]

Schon die Zeitgenossen haben Caligula für richtig geisteskrank gehalten[59], und es ist nicht recht verständlich, wie ein neuerer Historiker noch daran zweifeln kann. Der Entwicklung zu geistiger Störung entspricht bei ihm ja auch offenbar eine ursprüngliche krankhafte Anlage.

Von seiner *körperlichen Disposition* wissen wir nicht viel, aber doch einiges. Als er mit zwanzig Jahren zu Tiberius kam, war er lang aufgeschossen; dünne Beine, stark entwickelter Bauch[60] und unheimlich berührende Gesichtszüge mit eingefallenen Schläfen und Augen, breiter und finsterer Stirn waren körperlich die hervorstechendsten Merkmale.[61] Dabei litt er an Epilepsie und schrecklicher Schlaflosigkeit.[62]

Von seiner damit zusammenhängenden *Rast- und Ruhelosigkeit*, von dem *Widerspruchsvollen* und der *Unberechenbarkeit* seiner Einfälle und Eindrücke hat uns Dio Cassius eine lebendige Schilderung gegeben[63]; es sind Züge der Nervosität, die an sich noch nicht krankhaft zu sein brauchen, die erst im Zusammenhang mit dem, was wir sonst wissen, erhöhte Bedeutung erlangen. Bald suchte er das Gewühl der Menschen, bald wieder die Einsamkeit; er unternahm dann wohl eine Reise, und einmal, als er zurückkehrte, war er kaum wiederzuerkennen, er hatte sich (ganz gegen die Sitte der Zeit) einen

---

[58] Dio Cassius 59, 28.

[59] Tacitus, *Ann.* 6, 45. Sueton 50 und 51. Seneca, *De constantia sapientis* 18, 1.

[60] Sueton 50. Seneca, *De const. sap.* 18, 1.

[61] Sueton 50.

[62] Sueton 50.

[63] 59,4.

Bart und langes Haupthaar wachsen lassen.[64] Über Schmeichler und Freimütige ärgerte und freute er sich zugleich. Bald ließ er sich, besonders von Leuten niederen Standes, die schlimmsten Dinge sagen, bald strafte er Nichtigkeiten mit dem Tode. Niemand wußte, was er tun oder sagen sollte, und machte es ihm einer recht, so hatte er es seinem guten Glück, nicht seiner Klugheit zu danken.[65] Er kam auf die unsinnigsten Einfälle, und auch wenn sie verhältnismäßig harmlos waren, steckte ein Zug von Bosheit in ihnen, so z. B. wenn er einen Offizier, der seine Unzufriedenheit erregt hatte, mit einem ganz inhaltslosen Briefe an König Ptolemäus nach Mauretanien schickte.[66]

Meist aber nahm seine *Bosheit*, das *Vergnügen am Quälen*, sehr viel schlimmere Formen an. Auch dieser Zug ist schon aus seiner Jugend überliefert. Er versäumte es nicht, bei Folterungen und Hinrichtungen zugegen zu sein.[67]

Damit verband sich der *Hang zu Ausschweifungen*.[68] Schon aus seinen Knabenjahren erzählte man sich scheußliche Dinge.[69] Später, als er bei Tiberius war, besuchte er vermummt die Höhlen des Lasters, zugleich geschlechtlichen Ausschweifungen und dem Trunke ergeben.[70]

Der Hang zu Ausschweifungen, das Schwelgen im Blutvergießen und die Freude an grausamen Martern machen das Bild des cäsaristischen Wütens erst recht vollständig. Daß krankhafte geschlechtliche Neigungen oft mit krankhafter Freude am Grausigen, an Blutopfern und grausamen Qualen Hand in Hand gehen, ist ja eine aus psychiatrischen Beobachtungen überall bekannte Tatsache. Wie nun diese kombinierte Erscheinung wieder mit dem Cäsarenwahnsinn zusammenhängt, ist im groben auch für den Laien leicht einzusehen, mag auch die genaue Auseinanderlegung der Erscheinung dem Fachmann noch manche Probleme bieten. Schon die äußeren Vorteile der ganzen Stellung verlocken zu früher Zügellosigkeit, wofür die Lebensgeschichte unzähliger Fürstensöhne wohl aus

---

[64] Sueton 24.

[65] Dio Cassius 54, 4.

[66] Sueton 55.

[67] Sueton 11.

[68] Sueton 36. Dio Cassius 59, 3.

[69] Sueton 24, 24. – Vgl. Dio Cassius 59, 10.

[70] Sueton 11. – Vgl. Philo, *Legatio ad Gaium*.

allen Dynastien Beispiele liefert. Wenn dann noch die cäsaristische Anschauung von der Unbegrenztheit der eigenen Ansprüche und von der Nichtigkeit aller anderen Rechte hinzukommt[71], und wenn dazu sich eine Vererbung dieser Faktoren durch einige Generationen gesellt – dann ist natürlich kein Halten mehr.

In seiner vollendetsten Gestalt gleichsam zeigt sich der Cäsarenwahnsinn, *wenn Blutdurst, Grausamkeit und Zuchtlosigkeit in den Dienst des Vergötterungsgedankens treten.* Auch von dieser Steigerung seiner Wahnsinnsausgeburten schien Caligula der Welt ein Beispiel in großem Maßstabe hinterlassen zu wollen, als die Juden – und zwar, wie es scheint, sie allein – sich weigerten, seine Statue in ihrem Tempel aufzustellen und ihr Anbetung zu erweisen. Mit Feuer und Schwert war er im Begriff, das ganze Volk zu seinem Dienste zwingen zu wollen, als der Tod ihn ereilte.[72]

Doch auch von einer solchen Häufung aller cäsaristisch-wahnsinnigen Züge abgesehen, wirkten des Caligula Hang zu Ausschweifungen und sein Blutdurst für sich allein schon grausig genug. In der ersten Zeit nach seinem Regierungsantritt scheint er sich einige Mäßigung auferlegt zu haben; aber bald traten die Neigungen seiner Jugend, von denen wir schon sprachen, wieder hervor, und da er jetzt unumschränkter Selbstherrscher war, so ergab er sich um so ungezügelter seinen Begierden, denen Frauen und Mädchen ohne Zahl zum Opfer fielen.[73]

Zugleich begann er in wahrhaft entsetzlicher Weise, oft noch durch finanzielle Motive angestachelt, seiner Mordgier und der Freude an Martern freien Lauf zu lassen.[74] Nicht nur spätere Berichterstatter haben uns davon berichtet, sondern auch der Zeitgenosse Seneca schildert die tierische Freude, die der Kaiser beim Anblick von Hinrichtungen empfand, und die Grausamkeit, mit der er die Überlebenden quälte.[75]

---

71 Ein Wort des Caligula lautete: „Memento omnia mihi et in omnes licere“: Bedenke, daß mir alles und gegen alle zu tun erlaubt ist.

72 Josephus, *Antiq.* 8, 2–8. Vgl. Philo, *Legatio ad Gaium.*

73 Sueton 36. Dio Cassius 59, 3 und 10.

74 Sueton 26 ff. Dio Cassius 59, 10. Jos. Flav. XIX, 1, 1.

75 Seneca, *De ira* II, 33, 3; III, 18, 3 ff.; 19. *De benef.* II, 21, 5. *Quaest. nat.* IV, *praef.* 17.

Daß seine Mordlust als Geistesstörung aufzufassen ist, zeigen einige Geschichten, die uns überliefert sind, wie er seiner Gattin oder seiner Geliebten nicht den Hals küßte, ohne davon zu sprechen, daß dieser schöne Nacken, sobald er es befehle, durchschnitten werde[76], oder wie er beim fröhlichen Mahle in unbändiges Gelächter ausbrach bei dem Gedanken, daß es nur eines Winkes bedürfe, um den beiden Konsuln, die neben ihm lagen, die Kehlen abzuschneiden.[77] Dem römischen Volke wünschte er (der Ausspruch ist ja berühmt geworden) einen einzigen Hals, um es mit einem Streiche köpfen zu können.[78] Solche Gedanken und noch viel schlimmere, nicht nur einfach blutdürstige Neigungen, sondern auch die ausgesuchtesten Marterideen setzten sich in eine Unzahl grausiger Taten um, die er vielfach mit zynischen Witzen begleitete.[79] Die Einzelheiten sind zu scheußlich, um darauf einzugehen.

Genug, ganz Rom setzte er damit in Schrecken, und doch ermannte sich dieses Rom nicht, das Joch des Kranken, der wie ein Bluthund wütete, von sich abzuschütteln. Der Senat wagte nicht, ihn abzusetzen oder eine Regentschaft zu beschließen. Nicht durch einen Akt der politischen Körperschaften wurde er beseitigt, sondern es bedurfte einer Verschwörung, die in dem persönlichen Rachebedürfnis eines schwer beleidigten Obersten seiner Leibwache, des Cassius Chärea, ein williges Werkzeug fand.[80]

So tief gesunken war der Staat, an dessen Pforten damals so drohend das Barbarentum eines noch jugendkräftigen Volkes pochte. Wenn wir darauf jetzt vom sichern Port zurückblicken, dann dürfen wir trotz allem wohl sagen, daß wir doch heute, wo die materielle Kultur und der Luxus der oberen Klassen sich wieder mit den Zuständen der römischen Kaiserzeit vergleichen lassen, politisch ein schönes Stück weitergekommen sind – freilich liegen auch mehr als 1800 Jahre dazwischen –; denn etwas, was diesem Cäsarentum und dieser Herrschaft des Cäsarenwahnsinns ähnlich wäre, ist unter den heutigen Verhältnissen so völlig unmöglich, daß uns die ganze Schilderung wie ein kaum glaubliches Phantasiegemälde oder wie

---

[76] Sueton 33.

[77] Sueton 32.

[78] Sueton 30. Dio Cassius 59, 13; 30.

[79] Sueton 29; 30.

[80] Sueton 58. Dio Cassius 59, 29. – Am ausführlichsten: Josephus, Antiq. XIX, 1, 3.

eine übertriebene Satire römischer Schriftsteller auf das zeitgenössische Cäsarentum anmuten wird, während sie nach dem heutigen Stande unserer Quellenforschung in allen wesentlichen Zügen trockene historische Wahrheit ist.

III.
Die Geschichte des Pazifismus
Aus dem Handbuch „Die Friedensbewegung" 1922[1]

Ludwig Quidde

Eine Geschichte des Pazifismus auf dem knappen hier zugemesse-
nen Raum kann nur dürftige Daten und unvollständige Gesichtspunkte geben. Wenn diese Skizze aber ein wenig dazu beiträgt, die
Aufgaben, die heute der Pazifismus zu lösen hat, und die Fragen,
die uns innerhalb der eigenen Reihen beschäftigen, in den richtigen
geschichtlichen Zusammenhang einzuordnen, und wenn sie vor allem im Leser das Interesse weckt, sich mit den lehrreichen Tatsachen
der Vergangenheit näher zu beschäftigen[2], so hat sie ihren Zweck
erfüllt.

Die Geschichte der Ideen, die die Friedensbewegung beherrschen, ist so alt, wie die Geschichte menschlicher Gesittung; denn es
gibt keine menschliche Gesittung ohne diese Ideen.

Von den Uranfängen überlieferter menschlicher Geschichte an
regt sich selbst bei den kampffrohesten und krieggewöhntesten Völkern der Wunsch, einen Zustand friedlicher Gemeinschaft an die
Stelle blutiger Gewalt und an die Stelle des männermordenden Krieges zu setzen. Die Sehnsucht nach einer solchen Welt des Friedens
lebt in den großen Religionen des Ostens, wie in den Gedanken grie-
chischer und römischer Philosophen. Den Propheten Jeremias so gut

---

[1] Textquelle | Ludwig QUIDDE: Geschichte des Pazifismus. In: Walter Fabian /
Kurt Lenz: Die Friedensbewegung. Ein Handbuch der Weltfriedensströmungen
der Gegenwart. Berlin: Schwetschke & Sohn 1922, S. 6-35. [Online-Ausgabe:
https://www.projekt-gutenberg.org/quidde/pazifis/pazifis.html].
[2] Den besten Überblick bietet wohl die Geschichte der Friedensbewegung in
Frieds Handbuch [Alfred Hermann FRIED: Handbuch der Friedensbewegung.
Zweiter Teil. Geschichte, Umfang und Organisation der Friedensbewegung.
Zweite, gänzlich umgearbeitete und erweiterte Auflage. Berlin/Leipzig: Verlag
der „Friedens-Warte" 1913, S. 1-262: „VI. Die Geschichte der Friedensbewegung"].

wie den Religionsstifter Buddha oder den Philosophen Plato (um nur drei der ganz Großen zu nennen) kann der Pazifismus zu seinen geistigen Ahnherren zählen.

Nicht nur wird die Barbarei des Krieges von allen Propheten reinen Menschentums in leidenschaftlichen Worten verurteilt, nicht nur wird von ihnen der Segen des Friedens gepriesen oder die Heiligkeit des Menschenlebens gepredigt; schon in dieser uns so fernliegenden Welt taucht, z. B. bei den Stoikern oder bei Marc Aurel, der Gedanke der internationalen Organisation, das Ideal des Weltstaates auf.

Die starken pazifistischen Elemente, die in der Lehre Christi enthalten sind, haben im Urchristentum, im Kreise der Kirchenväter und später auch in der Kirche des Mittelalters immer wieder Vertreter der Friedensideale erstehen lassen. Keine Geringeren als der hl. Augustinus, als der „Doctor universalis", Thomas von Aquino, und als der Dichter der *Divina Commedia*, Dante Alighieri, sind in dieser Reihe zu nennen. Zu ihnen gesellen sich, um wieder nur Beispiele herauszugreifen, ganz modern anmutende Denker, wie Marsiglio von Padua, ein Vorläufer zugleich Luthers und Rousseaus, mit seinem 1324 erschienenen *Defensor pacis* und der französische Jurist Pierre Dubois mit seinem Staaten-Organisationsplan, enthalten in der 1305 verfaßten Schrift *De recuperatione terre sancte*.

Die Geistesgeschichte der Neuzeit vereinigt mit der Friedensbotschaft des Christentums die humanistisch erfaßten Überlieferungen des klassischen Altertums und entwickelt daraus eine eigene, moderne Auffassung internationaler Gemeinschaft. Zu Anfang des 16. Jahrhunderts tritt der Führer der älteren Humanisten Erasmus von Rotterdam als Vertreter der Friedensidee bedeutsam hervor, im 17. ein zweiter Niederländer, der Vater des Völkerrechts, Hugo de Groot (Grotius), dessen Werk *De jure belli et pacis* im Jahre 1624 erschien. Ihm folgten in Deutschland noch im 17. Jahrhundert Samuel Freiherr von Pufendorf und Christian Thomasius. In Frankreich vertrat der berühmte Fenelon durchaus pazifistische Gedanken, ohne freilich dafür praktisch wirksamen Einfluß auf seinen Schüler Ludwig XIV. zu gewinnen. Neben ihm sind Männer wie Pascal, Boileau, La Bruyère, Pierre Bayle zu nennen, in England der Philosoph John Locke. In die gleiche Zeit fällt die für die Zukunft so folgenreiche, noch in der Gegenwart religiös, humanitär und politisch bedeutsame Quäker-Bewegung. Im Jahre 1693 erschien William Penns *Essay on the present and future peace in Europe*.

Auch von praktischen Staatsmännern gingen Entwürfe aus zur Befriedung der Welt durch internationale Organisation. Genannt sei nur aus der zweiten Hälfte des 15. Jahrhunderts der Plan Georg Podiebrads, Königs von Böhmen, aus der Wende des 16. zum 17. jener Heinrichs IV. von Frankreich, erst lange nach seinem Tode veröffentlicht in den Memoiren seines Ministers Sully.

Als eine Zusammenfassung der bisherigen Entwicklung, zugleich als Ausgangspunkt für viele Erörterungen der Folgezeit darf man das vielgenannte Werk des Abbé de St. Pierre bezeichnen, das 1712–1716 in 3 Bänden unter dem Titel *Projet de la paix perpetuelle* veröffentlicht wurde. Es sah eine Föderation aller christlichen europäischen Staaten vor; es organisierte sie in einem Senat und in vier ständigen Verwaltungsämtern; es regelte das Verständigungsverfahren und setzte als letzte Instanz ein Schiedsgericht ein; es vervollständigte diese internationale Organisation durch die Forderung allgemeiner Abrüstung auf ein Mindestmaß von Truppenmacht und durch Bundesexekution gegen den Friedensbrecher.

Das Projekt des Abbé hat in den weiteren Erörterungen der Friedensfrage immer wieder eine Rolle gespielt, besonders da Rousseau ihm zu weitester Publizität verhalf. In der Reihe derer, die während des 18. Jahrhunderts in irgendeiner Form den Gedanken der Friedensorganisation vertreten oder wenigstens den Krieg bekämpft haben, sehen wir viele der großen Denker dieses Zeitraums: Leibniz, Montesquieu, Voltaire (dessen Schriften eine wahre Fundgrube für uns sind), den schon genannten Rousseau, die Enzyklopädisten Holbach, Diderot, Turgot, in England Jonathan Swift, David Hume und Jeremias Bentham, in Deutschland Lessing, Herder und Gottlieb von Hippel. Diese literarische Entwicklung gipfelt in Kant, dessen Abhandlung *Zum ewigen Frieden* im Jahre 1795 erschien. Sie ist ein Vermächtnis des großen Philosophen an die Menschheit kommender Jahrhunderte, die frohe Botschaft eines neuen Bundes und sollte von den Pazifisten nicht nur gepriesen und zitiert, sondern recht eifrig und genau gelesen werden.

Kants Spuren folgten (um nur die bekanntesten zu nennen) Schelling, Jean Paul und [dem] Fichte der vornapoleonischen Zeit. Von anderer Seite her brachte dann das 19. Jahrhundert dem Pazifismus neue Mitkämpfer in den Sozialisten, zunächst literarisch in Fournier und Graf St. Simon. Wie später die organisierte Sozialdemokratie den Gedanken der Völkerverständigung vertreten hat, braucht hier nicht verfolgt zu werden.

Bis zum Beginn des 19. Jahrhunderts haben wir es nur mit einer geistigen, auf literarischem Gebiet sich abspielenden Bewegung zu tun. Erst das neue Jahrhundert, genauer erst die nachnapoleonische Zeit bringt uns den organisierten und mit den Mitteln politischer Propaganda tätigen Pazifismus. (Das Wort Pazifismus selbst ist noch sehr jung; es ist künstlich geschaffen, um die Friedensfreunde im Sinn der Friedensbewegung von anderen Friedensfreunden zu unterscheiden, sanktioniert durch den Glasgower Kongreß 1901 und sodann in den allgemeinen Sprachgebrauch eingedrungen.)

Die Wiege der pazifistischen Organisationen hat in den angelsächsischen Ländern gestanden; 1815 ist ihr Geburtsjahr. Damals wurden in Amerika die ersten Friedensgesellschaften gegründet (in New York, in Ohio und in Boston), im folgenden Jahre 1816 in England von Quäkern die „Peace Society". Im Jahre 1828 geschah die Vereinigung der verschiedenen amerikanischen Gesellschaften zu der „American Peace Society". Beide, die englische und die amerikanische, bestehen noch heute. Im Jahre 1830 folgte in Genf die erste Friedensgesellschaft des Kontinents, die aber keinen Bestand gehabt hat und auch so bald keine Nachfolge fand.

Nicht sehr lange aber dauerte es, und man organisierte internationale Zusammenkünfte. Der erste, auf Anregung des englischen Quäkers Josef Sturge einberufene internationale Kongreß der Friedensfreunde, 1843 in London, war allerdings in der Hauptsache auf Engländer und Amerikaner beschränkt. Für den Gedanken wirkten weiter der Amerikaner Elihu Burritt („der gelehrte Grobschmid") und Henry Richard, Sekretär der englischen Peace Society. Der erste wirklich internationale Kongreß tagte im September 1848 in Brüssel, der zweite, unter Victor Hugos Vorsitz, im August 1849 in Paris, der dritte im August 1850 in der Paulskirche zu Frankfurt a. M., der vierte gelegentlich der Weltausstellung 1851 in London. Damit brach die regelmäßige Veranstaltung internationaler Kongresse ab, um erst 1889 ganz von neuem wieder einzusetzen. In die Zwischenzeit fällt nur noch eine vereinzelte Veranstaltung, der bei Gelegenheit der Pariser Weltausstellung von 1878 abgehaltene Kongreß. Auf

den Inhalt der Verhandlungen dieser Kongresse wird später zurück-
zukommen sein, wenn wir die Weltfriedenskongresse der späteren
Zeit zu charakterisieren haben.

Inzwischen wurden noch in anderen Ländern Friedensgesellschaften gegründet. Nur langsam war man allerdings auf dem Kon-
tinent dem englischen Beispiel gefolgt. Die Genfer Gründung von
1830 blieb lange vereinzelt. Eine 1850 in Königsberg entstandene
Friedensgesellschaft wurde bald durch die Polizei aufgelöst. Erst
1867 gründete Frédéric Passy die *„Ligue internationale et permanente
de la Paix"*, aus der später die *„Société pour l'Arbitrage entre nations"*
wurde. Im gleichen Jahre entstand die *„Ligue internationale de la Paix
et de la Liberté"*, gegründet von Lemonnier im Verein mit Victor
Hugo und Garibaldi. Sie hat ihren internationalen Charakter bis
heute behalten. Vorsitzender war jahrelang der uns kürzlich durch
den Tod entrissene Emile Arnaud. In den Jahren des deutsch-französischen Krieges, 1870/71, entstanden Friedensgesellschaften in
Holland und Belgien, erst 10 Jahre später, 1882 und 1883 solche in
Dänemark, Schweden und Norwegen. Bald darauf, 1886 und 1887
führte die Agitation Hodgson Pratts, der 1880 die während des
Weltkrieges nach dem Tode ihres letzten Präsidenten Felix Mosche-
les leider eingegangene *„International Arbitration and Peace Association"* gegründet hatte, zur Entstehung von Friedensgesellschaften in
Deutschland und Italien. Von ihnen haben sich der *„Frankfurter Frie-
densverein"* (gegründet 1886 unter Führung von Franz Wirth) und
die *„Unione Lombarda"* (gegründet 1887, lange unter dem Vorsitz
von Teodoro Moneta) bis heute gehalten. Zur selben Zeit entstand
1887 in Frankreich aus der Initiative von Studenten in Nîmes die in
dem französischen Pazifismus heute führende Gesellschaft *„La Paix
par le Droit"*.

Bald nach der Gründung nationaler und internationaler Organisationen der Friedensfreunde begannen auch die Versuche, parla-
mentarisch und außerparlamentarisch einen Einfluß auf die Regierungen zu üben. Auch diese Entwicklung setzte in den angelsächsischen Ländern ein. Im Senat von Massachusetts war es, wo 1832 der
erste Antrag zugunsten der Einführung von Schiedsgerichten gestellt wurde. Es dauerte allerdings fast zwei Jahrzehnte, bis es 1851
zu einem Beschluß des amerikanischen Kongresses kam. Eine ein-
stimmig angenommene Resolution beider Häuser sprach sich da-

mals für den Gedanken aus. Zur gleichen Zeit wurde die Frage vor das englische Parlament gebracht, und zwar durch einen Antrag des Freihandels-Apostels Richard Cobden. Der Antrag wurde 1849 noch mit großer Mehrheit abgelehnt, fand aber schon 1851 die Zustimmung Palmerstons.

Später als der Schiedsgerichtsgedanke kam die Forderung der Rüstungsbeschränkung vor die Parlamente. Robert Peel war es, der zuerst 1841 im Unterhause darauf drängte. Ernsthafter wurde die Frage erst 20 Jahre später durch Cobdens Memorandum über eine Rüstungsverständigung zwischen Frankreich und England angepackt. Napoleons Thronrede vom November 1863 nahm den Gedanken allgemeiner Rüstungsbeschränkung in Verbindung mit dem Organisationsgedanken auf. Vor den Norddeutschen Reichstag kam der Vorschlag, auf eine allgemeine Abrüstung hinzuwirken, 1867 durch einen Antrag Götz, 1869 durch einen von Rudolf Virchow namens der Fortschrittspartei gestellten, sehr verständig gefaßten Antrag. Er lebt in der Geschichte fort, noch heute, ob der vermeintlichen Widerlegung durch den Krieg von 1870, ein Gegenstand des Spottes für alle unwissenden oder gedankenlosen Gegner.

Nach dem deutsch-französischen Kriege, in den 1870er und 1880er Jahren, wurden in den Parlamenten verschiedener Länder, vorzugsweise in denen der Vereinigten Staaten und Englands, mit wechselndem Erfolg Anträge zugunsten internationaler Verständigung gestellt; es handelte sich bei ihnen teils um den Abschluß von Schiedsgerichtsverträgen, teils um die Abrüstung; oder es waren auch wohl beide Aufgaben miteinander in Verbindung gesetzt. Auch im Deutschen Reichstag kam 1879 ein Antrag Bühler auf Einberufung eines Staatenkongresses zum Zweck der Herbeiführung einer wirksamen allgemeinen Abrüstung zur Debatte. Er wurde abgelehnt, von der Mehrheit des Reichstags und auch, in einem noch heute interessanten Schreiben, von Bismarck persönlich. In den Vereinigten Staaten wurde schon 1874, dann wieder 1880 eine Resolution, die den Präsidenten zu Verhandlungen bevollmächtigte, von beiden Häusern des Kongresses angenommen, und Präsident Arthur erklärte daraufhin, 1882, feierlich seine Bereitwilligkeit zum Abschluß von Schiedsgerichtsverträgen. Die bemerkenswertesten Erfolge dieses Vorgehens waren die panamerikanische Konferenz von 1889, aus der die „Pan-Amerikanische Union" hervorging und der leider gescheiterte Versuch, einen Schiedsgerichtsvertrag zwischen den Vereinigten Staaten und der Schweiz zustande zu bringen. Gegen Ende der 80er Jahre mehrten sich die parlamentarischen Kundgebungen für internationale Verständigung. Großes Aufsehen machte die 1887 von Randal Cremer veranlaßte Entsendung einer Deputation des englischen Parlamentes nach Amerika. Fast gleichzeitig ging Passy mit Erfolg in der französischen Kammer vor.

Die Jahre 1888/1892 bezeichnen einen Markstein in der Geschichte des Pazifismus. Was bisher berichtet wurde, ist in gewissem Sinne die Geschichte der „Helden, die vor Agamemnon gelebt haben". In den Jahren 1888–1892 erhielt der Pazifismus seine feste internationale Organisation und damit erst die Grundlage für eine systematische, zusammenhängend fortgesetzte Arbeit.

An der Führung waren jetzt neben den Angelsachsen auch die Franzosen beteiligt. Veranlaßt durch die Pläne zu Schiedsgerichtsverträgen zwischen England, Amerika und Frankreich, traten auf Einladung Frédéric Passys und Randal Cremers am 31. Oktober 1888 im Grand Hotel zu Paris neun englische und fünfundzwanzig französische Parlamentarier zu einer Besprechung zusammen, auf der u. a. der Beschluß gefaßt wurde, im nächsten Jahr gelegentlich der Pariser Weltausstellung gleichgesinnte Mitglieder aller Parlamente zu einer Konferenz zu vereinigen. Sie tagte am 29. und 30. Juni 1889 im Festsaal des Hotels Continental und eröffnete die Reihe der regelmäßigen *„Interparlamentarischen Konferenzen"*, aus denen die „Interparlamentarische Union" erwuchs.

Unmittelbar vorher, vom 23. bis 27. Juni, war im Trocadero-Palast unter dem Vorsitz Passys ein internationaler Kongreß der Friedensgesellschaften abgehalten [worden], der erste in der Reihe der seitdem regelmäßig veranstalteten *„Weltfriedenskongresse"*.

Beide Organisationen tagten die nächsten Jahre in London, Rom und Bern. Beide beschlossen 1891 in Rom sich eine festere Organisation zu geben und beide brachten 1892 in Bern diesen Beschluß zur Ausführung. Die Parlamentarier schufen das „Interparlamentarische Bureau" und stellten in der Person des Schweizerischen Nationalrats Albert Gobat einen Generalsekretär an, die Friedensgesellschaften gründeten das „Internationale Friedensbureau" mit dem Sitz in Bern (meist kurzweg das „Berner Bureau" genannt) und beriefen als dessen Leiter Elie Ducommun. Damit war der internationale Pazifismus organisiert.

Die gleichen Jahre hatten auch für den Pazifismus deutscher Zunge entscheidende Bedeutung. Im Jahre 1890 erschien, ganz unabhängig von der organisierten pazifistischen Bewegung, der Roman Berta v. Suttners *Die Waffen nieder!*, der einen Siegeszug über die ganze Welt antrat und besonders in Deutschland mehr als irgendeine andere Schrift zur Popularisierung der pazifistischen Ideen beigetragen hat. Im folgenden Jahre wurde in Wien auf Veranlassung der Frau v. Suttner die „österreichische Friedensgesellschaft", am 9. November 1892 in Berlin die „Deutsche Friedensgesellschaft" gegründet. Dabei wirkte schon der von der Baronin Suttner gewonnene Alfred H. Fried mit, der 1892 auch die erste pazifistische Zeitschrift *Die Waffen nieder!* gründete. Im gleichen Jahr erschien das bedeutende Werk Eugen Schliefs *Der Friede in Europa*.

Die beiden internationalen Organisationen der Interparlamentarischen Union (mit den interparlamentarischen Konferenzen) und des Berner Bureaus (mit den Weltfriedenskongressen) waren fortan die Sammelpunkte der pazifistischen Arbeit. Nachstehend eine Übersicht über die Weltfriedenskongresse und die Interparlamentarischen Konferenzen. Beide sind durchgezählt nach der offiziellen Bezeichnung. Wo die Ziffern fehlen und Ortsnamen in Klammern stehen, fanden statt des Kongresses Generalversammlungen des Berner Bureaus oder statt der Interparlamentarischen Konferenz wichtige Sitzungen des Conseils der Union statt.

	Friedens-Kongresse		**Interparlamentarische Konferenzen**	
1889	1.	Paris	1.	Paris
1890	2.	London	2.	London
1891	3.	Rom	3.	Rom
1892	4.	Bern	4.	Bern
1893	5.	Chicago	–	
1894	6.	Antwerpen	5.	Den Haag
1895	–		6.	Brüssel
1896	7.	Budapest	7.	Budapest
1897	8.	Hamburg	8.	Brüssel

1898		(Turin)		(Brüssel)
1899		(Bern)	9.	Kristiania [heute Oslo]
1900	9.	Paris	10.	Paris
1901	10.	Glasgow		(Brüssel)
1902	11.	Monaco		–
1903	12.	Rouen	11.	Wien
1904	13.	Boston	12.	St. Louis
1905	14.	Luzern	13.	Brüssel
1906	15.	Mailand	14.	London
1907	16.	München		–
1908	17.	London	15.	Berlin
1909		(Brüssel)		–
1910	18.	Stockholm	16.	Brüssel
1911		(Bern)		(Paris)
1912	19.	Genf	17.	Genf
1913	20.	Den Haag	18.	Den Haag
1914/19		–		–
1920		(Basel)		–
1921.		Luxemburg	19.	Stockholm

Ehe wir beide weiter verfolgen, sei rückgreifend kurz zweier internationaler Organisationen gedacht, die fast gleichzeitig im Jahre 1873, die eine am 11. September in Genf, die andere am 11. Oktober in Brüssel, entstanden sind. Beide nicht eigentlich pazifistischen, sondern neutralwissenschaftlichen Charakters, haben doch die pazifistische Entwicklung wesentlich gefördert: das *„Institut de droit international"* und die *„Gesellschaft für Reform und Kodifikation des Völkerrechtes"*, seit 1895 *„International Law Association"* genannt.

Das *„Institut"* ist eine exklusive, durchaus auf Gelehrte, Vertreter des internationalen Privatrechts und des Völkerrechts beschränkte Gesellschaft. Zu ihrem Mitglied gewählt zu werden, ist eine Auszeichnung. Sie hat sich aber von Anfang an der internationalen Schiedsgerichtsbarkeit angenommen und ist jetzt eine wichtige Stelle für die Kritik und Weiterbildung der Völkerbunds-Satzung.

Die „*International Law Association*" dagegen vereinigt in sich Fachmänner und Laien; sie hat einen mehr populärwissenschaftlichen Charakter und steht der pazifistischen Bewegung näher; auch sie beschäftigt sich aber nicht nur mit den Fragen des Völkerrechts, sondern auch mit denen des internationalen Privatrechts.

Das Verhältnis der *internationalen Konferenzen* zu den *Weltfriedenskongressen* oder der Union zum Berner Bureau ist ein wenig zu vergleichen jenem dieser beiden wissenschaftlichen Gesellschaften. Die Interparlamentarischen Konferenzen sind nach ihrer Zusammensetzung exklusiv, beschränkt auf aktive oder frühere, durch besonderen Beschluß zugelassene Parlamentarier, also auf Personen in einer gewissen politisch verantwortlichen Stellung; ihre Beratungen sind dementsprechend meist auf eine vorher vereinbarte, nicht zu große Zahl von Verhandlungsgegenständen beschränkt gewesen; diese konnten sorgsam vorbereitet werden und die Beschlüsse waren meist vorsichtig und reserviert, vorsichtiger und reservierter als die der Kongresse. Die führenden Mitglieder der Union waren zwar zum Teil erklärte Pazifisten; aber die Union als solche hielt immer eine gewisse Distanz von der eigentlichen Friedensbewegung, und diese Zurückhaltung war in der deutschen Gruppe besonders stark ausgeprägt.

Die Interparlamentarische Union hat sich besonders der Schiedsgerichtsbarkeit angenommen. Als ihr größtes Verdienst kann sie buchen, daß aus ihren Beratungen im Jahre 1895 der Descamp'sche Entwurf für die Einrichtung eines ständigen Schiedsgerichtshofes hervorging, der auf der ersten Haager Konferenz den Beratungen der Regierungen zugrunde gelegt wurde.

Gegenüber dem zweiten großen Problem, der Rüstungsbeschränkung, haben die Beratungen der Union zu ähnlich positiven Ergebnissen nicht geführt. Wohl setzte sie sich dafür ein, daß ein internationales Abkommen über Rüstungsbeschränkung zu schließen sei, und verlangte auf der Londoner Tagung von 1906, daß die zweite Haager Konferenz damit Ernst mache; aber man zeigte den Regierungen nicht, wie ein solches Abkommen zu gestalten sei. Man kam, so noch in dem rednerisch glänzenden Referat von d'Estournelles de Constant auf der Genfer Konferenz von 1912, nicht darüber hinaus, die verderblichen Wirkungen und die Gefahren des Rüstungswettkampfes zu schildern und die Notwendigkeit, daß dem Einhalt zu tun sei, zu betonen. Erst 1913 im Haag wurde eine Kommission zum ernsthaften Studium der Frage eingesetzt. Mit Ausarbeitung einer Denkschrift, die das vorhandene Material kritisch sichten und den Beratungen der Kommission zugrunde gelegt werden sollte, wurde Dr. Wehberg beauftragt. Ich darf hier wohl erwähnen, daß er den von mir 1913 vorgelegten Entwurf eines internationalen Abrüstungsvertrages als besonders brauchbare Grundlage weiterer Beratungen betrachtete und ihm für die Abrüstungsfrage eine ähnliche Bedeutung wie dem Descamp'schen Entwurf für die Schiedsgerichtsfrage zuerkennen wollte. Das ist jetzt aber alles durch den Krieg überholt; denn die Forderung kann heute, wie ich an anderer Stelle dargelegt habe, nur auf vollständige allgemeine Abrüstung gehen.

In ihrer Organisation hat die Interparlamentarische Union 1908 einen wichtigen Fortschritt gemacht. Die Satzungen wurden geändert, der Sitz 1909 nach Brüssel verlegt und ein besoldeter Generalsekretär angestellt. Als solcher trat der ausgezeichnete norwegische Völkerrechtsgelehrte Christian Lange, bisher Sekretär des norwegischen Nobel-Komitees, an die Stelle Albert Gobats. Den Vorsitz führte der belgische Staatsminister Beernaert, nach dessen Tod Lord Weardale, der als Philipp Stanhope im Unterhaus die Friedenssache wiederholt vertreten hatte. Die Mittel für die neue Organisation wurden durch Beiträge der Regierungen beschafft. Während des Krieges wurde das Generalsekretariat nach Kristiania verlegt, nach Friedensschluß endgültig nach Genf. Die Union gliedert sich seit langem naturgemäß in nationale Gruppen. Jetzt sieht sie sich vor der Aufgabe, ihre Konferenzen zu repräsentativen Versammlungen dieser nationalen Gruppen auszugestalten, die Abstimmungen damit von Zufälligkeiten des Besuches und der geographischen Lage des Versammlungsortes unabhängig zu machen. Diese Aufgabe soll auf der nächsten Konferenz gelöst werden. Viele sehen in der Interparlamentarischen Union die Keimzelle des künftigen Weltparlamentes. Dasselbe würde dann allerdings aus indirekten Wahlen hervorgehen, während wir grundsätzlich direkte Wahl verlangen müssen.

Die Weltfriedenskongresse gewährten, abweichend von den Interparlamentarischen Konferenzen jedem Zutritt, der sich zu den Zielen der Friedensbewegung bekannte. Das war ihre Stärke: es konnten sich immer neue Menschen und neue Ideen geltend machen; die Versammlungen standen in lebendigem Zusammenhang mit Zeitströmungen und mit der populären Bewegung. Das war aber auch ihre Schwäche: die Tagesordnungen wurden überlastet; die Diskussionen wurden zum Teil von minder Berufenen bestritten; die Beschlußfassungen hingen von vielen Zufälligkeiten ab; man lief Gefahr, ungenügend vorbereitete und ungenügend durchdachte Beschlüsse zu fassen. Dem hat man abzuhelfen gesucht und teilweise auch abgeholfen, indem man das Stimmrecht auf Grund einer Vertretung der Vereine ordnete, indem man weiter vorschrieb, daß alle Anträge in Kommissionen vorberaten werden mußten und indem man auf die Leitung dieser Ausschüsse, wie auch der Kongresse selbst, dem Conseil des Berner Bureaus, das zuerst unter dem Präsidium Fredrik Bajers (Kopenhagen), seit 1908 unter dem Henri La Fontaines (Brüssel) stand, entscheidenden Einfluß sicherte. Es entstanden ständige Ausschüsse: für Aktualitäten (d. i. die politischen Tagesfragen), für Rechtsfragen (Völkerrecht, Völkerbund und Schiedsgerichtsbarkeit), für Abrüstung, für Sozial- und Wirtschaftspolitik, für Erziehungs- und Unterrichtsfragen und endlich für die Aufgaben der Propaganda.

Wie schon diese Gliederung zeigt, haben die Friedensgesellschaften und ihr Organ, die Friedenskongresse, ihre Tätigkeit Fragen zugewandt, die weit über das Programm „Schiedsgericht und Abrüstung" hinausgingen. Freilich blieben diese beiden Grundforderungen immer im Vordergrund und Mittelpunkt der Bewegung. Sie hatte schon der erste internationale Kongreß, der Brüsseler vom Jahre 1848, in heute noch gültigen Sätzen formuliert, und sie kehrten, mit Anpassung an die gerade vorliegenden besonderen Aufgaben, immer wieder. Dazu verlangte schon jener erste Kongreß die Abfassung eines die internationalen Beziehungen regelnden Gesetzbuches, also die Kodifikation des Völkerrechtes.

Bald kamen andere Forderungen hinzu. Man begriff auf der einen Seite, daß die Überwindung des Krieges und der immerwährenden Kriegsgefahr eine Umwandlung in der Gesinnung der Menschen voraussetzt, also eine Frage der Erziehung ist, und man gewann auf der anderen Seite immer mehr Verständnis für den Zusammenhang der Friedensfrage mit den wirtschaftlichen Problemen. Man wandte sich auf der einen Seite an die religiösen Gemeinschaften, an die Vertreter der Kirchen, an die Lehrerschaft aller Länder und an die Presse. Man suchte auf der anderen Seite die Vertreter der wirtschaftlichen Verbände, die Interessenten von Handel und Industrie, ganz besonders aber die Arbeiterschaft für die Ziele der Bewegung zu interessieren. Immer wieder ergingen von den Weltfriedenskongressen Mahnungen an all diese Kreise, und immer wieder machte man praktische Vorschläge, um diese Arbeit auf nationalem oder internationalem Boden zu organisieren.

Man griff auch hinaus über die eigentlichen Probleme der Friedenssicherung; man trat ein für alles, was geeignet war, die internationale Verständigung zu fördern und empfahl z. B. wiederholt die Einführung einer internationalen Hilfssprache (des Esperanto). Man verurteilte die Anwendung von Gewalt in jeder Form, verteidigte die Heiligkeit des Menschenlebens und verurteilte die Todesstrafe wie das Duell.

Zu den brennenden Fragen der Tagespolitik wurde Stellung genommen. Bei drohender Kriegsgefahr wendeten sich die Kongresse beschwörend an die Regierungen und suchten, auch indem sie auf die sachlichen Schwierigkeiten der Interessengegensätze eingingen, die Möglichkeit friedlicher Lösung zu zeigen. Sie nahmen sich insbesondere aller unterdrückten Völker an, so in wiederholten Beschlüssen der Armenier und der eingeborenen Bevölkerung in den Kolonien. Sie protestierten gegen die Greuel der Kolonialpolitik, einerlei wo sie verübt wurden, ebenso gegen die Schmach des Opiumhandels. Sie führten überall die Sache der nationalen Minderheiten und vertraten das Recht jeder, auch der kleinsten Nationalität auf freie Entwicklung. Den letzten Schritt, für nationale Minderheiten ein Klagerecht gegen die eigene Regierung vor einem internationalen Tribunal zu verlangen, haben die Kongresse allerdings nicht getan. Das wurde noch 1908 in London abgelehnt. Man konnte in der Tat nicht wagen, die herrschende Lehre von der Souveränität der Staaten in dieser Weise herauszufordern und man hielt an dem Grundsatz fest, auf Eingriffe in die inneren Verhältnisse der einzelnen Staaten, wenn sie nicht unmittelbar internationale Beziehungen berührten, zu verzichten. Die Zeit war für eine solche Ausdehnung der Friedensbewegung noch nicht reif. Noch während des Krieges im April 1915, als ich bei Gründung des „Zentralverbandes für einen dauernden Frieden" die Forderung zur Sprache brachte, wurde sie allgemein als ganz unmöglich abgelehnt. Eineinhalb Jahre später, als wir in Bern über die Bedingungen dauernden Friedens berieten, war sie nicht nur für erklärte Pazifisten eine Selbstverständlichkeit. Mit solchem Eilzugstempo war die Entwicklung der pazifistischen Ideen während des Krieges vorwärts gegangen.

Es gab auch andere Fragen, die im Kreise der Friedensgesellschaften strittig waren und auf den Weltfriedenskongressen zu keiner klaren Entscheidung gelangten. Sie stehen untereinander in einem gewissen Zusammenhang und berühren alle das Problem, ob und wie weit Gewalt oder Zwang im Dienste des Rechtes angewandt werden sollen.

Die erste Frage war die der nationalen Notwehr, der *„défense légitime nationale"* oder des Verteidigungskrieges. Die große Mehrheit der Angelsachsen, den Ideen der Quäker und Tolstois folgend, verneinte ein solches Recht. Die Mehrheit der kontinentalen Pazifisten bejahte es, ohne selbstverständlich zu leugnen, daß mit dem theoretisch berechtigten „Verteidigungskrieg" in der Praxis der empörendste Mißbrauch getrieben wird. Die Kongresse faßten wechselnde Beschlüsse, je nach Tagungsort und Zusammensetzung. Zu der Lösung, daß dieser Gegensatz die unvermeidliche Konsequenz von der Verschiedenheit der Auffassung individueller Moral sei, nämlich von dem Gegensatz zwischen der Ethik der Bergpredigt, der Quäker und Tolstois auf der einen und der Anerkennung des Rechtes und der Pflicht der Selbstbehauptung auf der anderen Seite, und daß man deshalb darüber nicht mit Majoritäten gegen Minoritäten abstimmen könne, sondern sich gegenseitig dulden müsse – zu dieser Lösung gelangte man nicht.

Der gleiche Gegensatz machte sich geltend in der Frage des Wehrsystems. Die Angelsachsen vertraten leidenschaftlich die Forderung *„no conscription"*, die Kontinentalen waren geneigt, in der allgemeinen Wehrpflicht eine gewisse Friedenssicherung zu sehen.

In etwas veränderter Form tauchte das gleiche Problem auf, wenn es sich um die Frage handelte, ob für die Durchführung von Schiedsgerichtsurteilen und anderen internationalen Entscheidungen „Sanktionen", d. h. Zwangsmittel gefordert werden sollten und ein System der Zwangsvollstreckung auszubauen sei. Doch gruppierten sich hier die Parteien etwas anders, weil zu den grundsätzlichen Gegnern der Zwangsvollstreckung sich auch jene gesellten, die eine Schädigung des Schiedsgerichtsgedankens und eine Schwächung der moralischen Autorität der Schiedssprüche von der Androhung gewaltsamer Vollstreckung fürchteten.

Zu der Frage, wie bei Bestehen der allgemeinen Wehrpflicht die unveräußerlichen Rechte jener, die aus Gewissenspflicht den Heeresdienst verweigerten, zu schützen seien, haben die Kongresse nicht ausdrücklich Stellung genommen, sie haben nur das Recht der Dienstverweigerung aus sittlichen Gründen anerkannt und z. B. den Duchoborzen ihre Sympathie bekundet.

In die Entwicklung des Pazifismus, die sich in den Verhandlungen der interparlamentarischen Konferenzen und der Weltfriedenskongresse spiegelt, haben während dieses Vierteljahrhunderts eine Reihe von Ereignissen von außen her mächtig eingegriffen. Hier können nur die allerwichtigsten hervorgehoben werden.

An erster Stelle steht das berühmte Manifest des Zaren vom Jahre 1898. Es war mit veranlaßt durch das sechsbändige Werk des russischen Staatsrats Iwan v. Bloch *Der Krieg*. Was in dem Manifest über den Rüstungswahnsinn gesagt ist, wird für alle Zeiten seine Bedeutung behalten. Auf Grund dieser Kundgebung erfolgte die Einladung zur ersten Haager Konferenz, die am 8. Mai 1899 zusammentrat. Als ihr die Hauptaufgabe gestellt wurde, zu einem internationalen Abkommen über die Beschränkung der Rüstungen zu gelangen, wurde von pazifistischer Seite sofort der Einwand erhoben, daß Abrüstung oder auch nur Rüstungsbeschränkung unmöglich sei ohne Sicherung des internationalen Rechtes und daß man diese Aufgabe an die erste Stelle setzen müsse, wenn man im Sinne des Zaren etwas Wesentliches zur Beschränkung der Rüstungen erreichen wolle. Wenn dieser Gedanke bei manchen Pazifisten bis zu der doktrinären Auffassung gesteigert war, es habe keinen Sinn, etwas gegen die Rüstungen zu tun, solange nicht die internationale Rechtsorganisation durchgeführt sei, so behält doch die Erkenntnis von dem untrennbaren Zusammenhang beider Probleme ihre dauernde Bedeutung und darf auch heute nicht übersehen werden.

Der Verlauf der Konferenz hat dieser pazifistischen Kritik recht gegeben. Das große Ergebnis der ersten Haager Konferenz, dessen weltgeschichtliche Bedeutung durch die Katastrophe des Weltkrieges nicht erschüttert werden kann, war das „Abkommen zur friedlichen Beilegung internationaler Streitigkeiten". Es schuf ein internationales Tribunal und ein internationales Prozeßrecht, stellte freilich die Anwendung desselben in den freien Willen der jeweils streitenden Parteien. Wenn man auf diesem Gebiete der internationalen Rechtsorganisation damals nicht schon weitergekommen ist, so lag das zum guten Teil an dem Widerstand der deutschen Regierung, die erst im letzten Augenblick überhaupt dazu zu bringen war, ihren Widerstand gegen die Schiedsgerichtsbarkeit aufzugeben. Dem ungeachtet, gemessen an dem, was noch kurze Zeit vorher für möglich gegolten hatte, ein großer Erfolg in der Weiterbildung des internationalen Rechtes, so groß, daß die erste Haager Konferenz den tiefsten Einschnitt in der gesamten Entwicklung des Völkerrechtes bildet. Aber in der Rüstungsfrage, die ursprünglich im Vordergrund gestanden hatte, nichts weiter als eine platonische Erklärung zugunsten der Rüstungsbeschränkung, auch sie freilich bedeutsam genug, weil hier von den Vertretern der Regierungen einmütig eine Auffassung bekannt wurde, die bisher als pazifistische Utopie verspottet oder in den höchsten Tönen nationaler Entrüstung bekämpft worden war.

Das Werk der ersten Haager Konferenz sollte auf der zweiten im Jahre 1907 fortgeführt und zu einem gewissen Abschluß gebracht werden. Die Hauptaufgabe war, die Benutzung der Haager Institutionen (Schiedsgericht und Vermittlung) entweder überhaupt oder doch für gewisse Fälle obligatorisch zu machen. Die Konferenz ist mit dieser ihr gesetzten Hauptaufgabe gescheitert, wieder nicht zuletzt an dem Widerstand Deutschlands. Sie hat im übrigen einiges Nützliche zur Ergänzung und Verbesserung der Konventionen von 1899 beschlossen, in der Hauptsache aber nicht das Friedens-, sondern das Kriegs-Völkerrecht weiter gebildet. Bemerkenswert war der (dieses Mal von der deutschen Regierung ausgehende) Versuch, ein internationales Prisengericht zu schaffen. Er scheiterte nur daran, daß man sich über die Rechte der Seemächte zweiten Ranges bei Besetzung des Gerichtes nicht verständigen konnte.

Die Frage der Rüstungsbeschränkung, über die nach dem Verlangen der deutschen Regierung überhaupt nicht hatte gesprochen werden sollen, kam nur durch eine Hintertür in den Verhandlungssaal. Nach einer Ansprache des englischen Vertreters wurde die Resolution von 1899 bestätigt und es für „höchst wünschenswert" erklärt, „daß die Regierungen das ernstliche Studium dieser Frage wieder aufnehmen". Das war sehr euphemistisch ausgedrückt; denn in Wirklichkeit hatten sie das ernstliche Studium dieser Frage niemals begonnen.

Die Haager Konvention zur friedlichen Beilegung internationaler Streitigkeiten hat in der Zeit vor dem Weltkrieg mehrmals gute Dienste geleistet. Das Haager Tribunal wurde in verschiedenen, zum Teil nicht ungefährlichen Streitfällen angerufen, z. B. bei der Casablanca-Affäre im Jahre 1908, und waltete seines Amtes stets zur allgemeinen Befriedigung. Die Untersuchungskommission wurde benutzt, um während des russisch-japanischen Krieges die Doggerbank-Affäre, die leicht zum Krieg zwischen Rußland und England hätte führen können, zu schlichten.

Damit war aber die Wirkung, die von den Haager Konferenzen ausging, nicht erschöpft. Es setzte in verschiedenen Ländern eine starke Bewegung ein, um durch besondere Verträge zwischen einzelnen Staaten die Benutzung der Schiedsgerichtseinrichtung obligatorisch zu machen. Besonders stark war diese Bewegung in den Vereinigten Staaten, ihren Höhepunkt erreichte sie in den sogenannten Bryan-Verträgen, die darauf ausgingen, alle prozeßfähigen Streitigkeiten vor ein Schiedsgericht zu bringen und die anderen einer Vermittlung zuzuführen. Deutschland war an dieser Bewegung nur mit einem einzigen Vertrag, der auf Veranlassung König Eduards mit England abgeschlossen wurde, beteiligt.

Auch die Frage der Rüstungsbeschränkung kam mit den platonischen Erklärungen der beiden Haager Konferenzen nicht zur Ruhe.

Die Zeit, besonders nach der zweiten Haager Konferenz, ist voll von Versuchen, wenigstens zu partiellen Rüstungsbeschränkungen durch Abkommen zwischen einzelnen Regierungen zu gelangen. Besonders nachdrücklich wurde von englischer Seite immer wieder versucht, eine Verständigung über die Seerüstungen mit Deutschland zu erreichen. In Deutschland war man sehr mißtrauisch gegen diese Versuche; man sah darin nur die Absicht, die englische Suprematie zur See mit möglichst geringen Opfern aufrechtzuhalten und die deutsche Seemacht nicht aufkommen zu lassen. Was erreicht wurde, war denn auch verschwindend wenig.

Der zweite Faktor, der von außen die Entwicklung des Pazifismus stark beeinflußt hat, ist durch die beiden großen Stiftungen gegeben, die zu seinen Gunsten gemacht wurden: die des Schweden *Alfred Bernhard Nobel* und die des Amerikaners schottischer Abkunft, *Andrew Carnegie*. Nobel hatte durch ein im Jahre 1895 abgefaßtes Testament den fünften Teil seines Vermögens für die Aussetzung eines Preises bestimmt, der jährlich dem verliehen werden sollte, der das Beste für das Werk der Völkerverbrüderung, der Abrüstung, der Friedenskongresse getan hätte. Die Verleihung des Preises erfolgt durch das Nobel-Komitee des norwegischen Storting. Die Stiftung trat am 1. Januar 1901 in Kraft und einige Jahre darauf wurde auch in Kristiania das Nobel-Institut eröffnet. Zehn Jahre später, am 14. Dezember 1910, wurde die Carnegie-Stiftung für den internationalen Frieden gegründet, ausgestattet von Carnegie mit einem Stiftungskapital von nominell 10, in Wirklichkeit 11 ½ Millionen Dollar.

Die Mittel dieser beiden Millionenstiftungen haben einen Teil der Friedensbewegung aus der Dürftigkeit der bisherigen Verhältnisse herausgeführt, haben Publikationen oder wissenschaftliche Untersuchungen ermöglicht, die sonst nicht zustande gekommen wären und haben verschiedenen verdienten Kämpfern des Pazifismus drückende Sorgen um ihre materielle Existenz abgenommen. Aber nach manchen anderen Richtungen hin hat das rote Gold dem Pazifismus nicht zum Segen gereicht. Es schlich sich manchmal in pazifistische Unternehmungen der Verdacht ein, ob es diesem oder jenem rein um die Sache oder mehr um den Nobelpreis zu tun sei. Die Unterstützung der pazifistischen Bewegung durch die Carnegie-Stiftung war auch wenig planmäßig und wenig zuverlässig. Im Vertrauen auf die gewährte Subvention erweiterte das Berner Bureau das Gebiet seiner Tätigkeit und insbesondere seine Zeitschrift. (Aus der bescheidenen *Correspondance bimensuelle* wurde das dreisprachig erscheinende *Mouvement pacifiste*.) Kaum war das geschehen, so wurde die Subvention erheblich eingeschränkt, da die amerikanischen Trustees der Stiftung der Meinung waren, solche Unterstützung dürfe nur vorübergehend sein und solle den Organisationen helfen, fortan auf eigenen Füßen zu stehen. Nach der ganzen Lage der Dinge war das leider nicht möglich, und das Berner Bureau mußte die kaum begonnenen Unternehmungen wieder einschränken oder fallenlassen.

Als Gobat, der nach Ducommuns Tod 1906 die Leitung des Bureaus übernommen hatte, kurz vor Kriegsausbruch starb, war man finanziell nicht imstande, den Posten eines Direktors neu zu besetzen.

Ein drittes Ereignis, das von außen stark in die pazifistische Bewegung eingriff, war das Erscheinen des Buches von Norman Angell *Die große Täuschung* (Europe's optical Illusion) im Jahre 1910. Norman Angell (mit seinem bürgerlichen Namen Ralph Norman Angell Lane) wollte kein Pazifist sein, und sein Buch war nicht eigentlich aus der Bewegung heraus erwachsen, aber er vertrat durchaus pazifistische Ideen. Er zeigte vor allem, daß der Krieg ein schlechtes Geschäft sei, eine „falsche Rechnung", wie es im Titel einer deutschen Übersetzung des Buches hieß. Er führte aus, wie der Sieger durch den Ruin des Besiegten sich unter den heutigen wirtschaftlichen Verhältnissen selbst schädige. Das Buch machte ein enormes Aufsehen und interessierte Kreise für die pazifistische Bewegung, die ihr bisher fernstanden und für den organisierten Pazifismus kaum zugänglich waren. Andererseits entstand daraus für die pazifistische Bewegung die Gefahr, daß nun viele in den wirtschaftlichen Tatsachen und Nützlichkeitserwägungen, die ja bisher schon in der pazifistischen Propaganda eine Rolle gespielt hatten, aber eben doch nur einen Teil dieser Propaganda bildeten, die alleinige Wahrheit und das alleinige Heil des Pazifismus erblickten und mit einer gewissen Geringschätzung auf alle anderen Momente, insbesondere auf die unentbehrliche sittliche Fundamentierung des pazifistischen Programms herabsahen. Diese Gefahr war nicht ganz gering zu achten. Sie ist heute, unter der Nachwirkung des Weltkrieges, wohl überwunden.

Die Tätigkeit der Friedensgesellschaften und der Weltfriedenskongresse ist durch die hier besprochenen Ereignisse natürlich mannigfach beeinflußt worden. Zur Vorbereitung und zu den Ergebnissen der Haager Konferenzen war Stellung zu nehmen; auf die großen Stiftungen versuchte man Einfluß zu üben, ihre Mittel für den Pazifismus zu verwerten, ohne doch in Abhängigkeit von ihnen zu geraten; die starke Betonung der wirtschaftlichen Interessen und die Widerlegung des Krieges durch nüchterne Rechnung blieb nicht ohne Einfluß auf die Verhandlungen.

Daneben entstanden auch neue Organisationen, die, nach ihrem Programm nicht streng pazifistisch, mehr auf das praktisch zunächst Erreichbare gerichtet, Kreise der Bevölkerung zu gewinnen trachteten, die gegen den Pazifismus noch von einem Vorurteil beherrscht waren. Es waren die Gesellschaften für internationale Verständigung, die *„Conciliation internationale"*, gegründet 1905 durch den französischen Senator d'Estournelles de Constant, die *„American Association for international Conciliation"*, begründet 1907 als amerikanischer Zweig der französischen Gesellschaft, und der *„Deutsche Verband für internationale Verständigung"*, begründet 1912. An der Spitze des deutschen Verbandes standen von Anfang an auch erklärte Pazifisten wie Schücking; aber andere leitende Persönlichkeiten legten Wert darauf, die neue Organisation recht deutlich von der Friedensgesellschaft und dem eigentlichen Pazifismus abzuheben. Der geschäftsführende Vorsitzende, Professor Nippold, hielt es noch während der Nürnberger Tagung im Herbst 1913 für nötig, „Idealismus" und „Pazifismus" wiederholt abzuschwören. Der Gewinn dieser Haltung lag einerseits in einer nicht unbeträchtlichen Subvention von seiten der Carnegiestiftung, die dem Verband mit einem Schlage eine Organisation ermöglichte, wie sie der Friedensgesellschaft bei deren dürftigen finanziellen Verhältnissen immer versagt geblieben war, und andererseits in der Möglichkeit, Mitglieder, besonders aus den Kreisen von Wissenschaft, Handel und Industrie, zu gewinnen, die sich zwar der pazifistischen Auffassung der internationalen Probleme genähert hatten, aber mit dem Pazifismus äußerlich nichts zu tun haben wollten und deshalb in einem „Asyl für verschämte Pazifisten", wie Fried witzig meinte, Anschluß suchten. Der Nachteil zeigte sich während des Krieges. Der Verband mußte sich mit Rücksicht auf die Zusammensetzung seiner Mitgliedschaft starke Zurückhaltung auferlegen. Jetzt steht er unter der Leitung von Schücking, und die alten Bedenken sind geschwunden. Vielleicht wäre er mit Rücksicht auf die sonstige Entwicklung der pazifistischen Organisationen schon aufgelöst worden, wenn nicht im Hinblick auf den in der Friedensgesellschaft sich stark geltend machenden „Radikalismus" der Leitung das Fortbestehen des Verbandes wünschenswert erschiene.

Während des Krieges und unmittelbar nach dem Kriege ist die Zahl der deutschen pazifistischen Organisationen außerordentlich gewachsen.

Von vorübergehender Bedeutung war die Gründung der *„Zentralstelle Völkerrecht"*. Sie war 1916 geschaffen worden als eine Art

Kriegsersatz für die von den militärischen Behörden lahmgelegte *Deutsche Friedensgesellschaft* und für den gleich im ersten Kriegsjahr entstandenen, vom Oberkommando in den Marken bald noch schärfer unterdrückten *„Bund Neues Vaterland"*. Im Juni 1919 ist sie mit der Friedensgesellschaft verschmolzen worden. Diese verlegte gleichzeitig ihren Sitz nach Berlin und kehrte damit an ihre Geburtsstätte zurück. Sie hatte, als Ende der 90er Jahre die Leitung in Berlin versagte, im Jahre 1900 Zuflucht in Stuttgart gefunden. Die aufopfernde Tätigkeit dortiger Freunde unter Dr. Adolf Richter-Pforzheim als Vorsitzenden und dem unermüdlich literarisch tätigen Stadtpfarrer Otto Umfrid als seinem Stellvertreter hatte ihr über schwere Jahre und bedrängte Verhältnisse hinweggeholfen. Seit dem Jahre 1908 organisierte sie ihre Generalversammlungen als nationale Friedens-Kongresse, die wir jetzt als deutsche Pazifistenkongresse weiter zählen. Dr. Richter behielt die Leitung bis 1914, wo eine schwere Erkrankung ihn zum Rücktritt veranlaßte; er ist bald darauf, kurz nach Kriegsausbruch, gestorben. Im Mai 1914 wurde ich zu seinem Nachfolger bestellt. Umfrid, seit einigen Jahren fast erblindet, hat die ersten Jahre des Krieges noch tapfer mit ausgehalten; er litt aber seelisch unsagbar unter dem was er erleben mußte, und ist dann, man darf wohl sagen, als Opfer des Krieges dahingegangen. Die Rückverlegung des Sitzes der Friedensgesellschaft nach Berlin und die Verschmelzung mit der *„Zentralstelle Völkerrecht"* brachte bald wichtige Änderungen in Organisation und Leitung.

Nach Beendigung des Krieges hat der *„Bund Neues Vaterland"* seine Tätigkeit wieder aufgenommen. Die treibende Kraft in ihm war seit der Gründung Otto Lehmann-Rußbüldt, der die Sekretariatsgeschäfte führte. Die Eigenart des Bundes bestand darin, daß er von Anfang an die Neuorientierung in der auswärtigen und in der inneren Politik miteinander verbinden wollte. Zu seinen Mitgliedern und Freunden gehörten in der ersten Zeit auch Männer, die, von Hause aus konservativ oder doch nichts weniger als radikal gesinnt, durch den Zusammenbruch der alten Politik im Innern wie nach außen zur Fühlungnahme mit radikalen Reformern gedrängt wurden. Diese Elemente haben sich inzwischen wieder zurückgezogen. Der Bund vertritt in den pazifistischen Fragen, besonders soweit sie mit der Schuldfrage zusammenhängen, wie auch in Fragen der inneren Politik einen entschiedenen Radikalismus. Er ist in neuester Zeit, einer von Frankreich erhaltenen Einladung folgend, mit der *„Ligue pour la défense des droits de l'homme"* in nähere Beziehungen getreten und führt seitdem in seinem Namen den Untertitel *„Deutsche Liga für Menschenrechte"*.

Neben ihm sind teils während des Krieges, teils unmittelbar nach seiner Beendigung noch weitere pazifistische Organisationen entstanden. Unmittelbar aus den Kriegserfahrungen erwachsen sind der *„Friedensbund der Kriegsteilnehmer"* und der *„Bund der Kriegsdienstgegner"*. Beide gehören internationalen Verbänden an. Der Bund der Kriegsdienstgegner ist angeschlossen an das *„Internationale Antimilitaristische Bureau"*, Sitz im Haag. Schon während des Krieges, Ende April 1915, wurde im Haag die *„Internationale Frauenliga für Friede und Freiheit"* gegründet; sie ist jetzt in etwa dreißig Ländern national organisiert. Dazu gesellen sich konfessionelle oder wenigstens kirchlich-religiös orientierte Organisationen, der *„Friedensbund deutscher Katholiken"*, der, in Anlehnung an eine von Graz durch Dr. Joseph Metzger ausgehende Bewegung entstanden, besonders durch die Tätigkeit des Kaplan Jocham in Ehingen selbständige Bedeutung erhielt, und der *„Bund religiöser Sozialisten"*, der, von evangelischen Geistlichen gegründet, die sozialen Probleme im Geist des Sozialismus und die internationalen im Geist des Pazifismus unmittelbar mit der Vertiefung des religiösen Bewußtseins verbinden will, endlich Jugendorganisationen, die *„Weltjugendliga"* und der *„Deutsche Pazifistische Studentenbund"*, gegründet Anfang 1920 in Berlin und dann bald mit den an anderen Universitäten schon bestehenden, bisher von Freiburg aus geleiteten Organisationen zusammengewachsen. Von diesen neuen Vereinen hat die Frauenliga bisher die größte internationale Bedeutung gewonnen. Sie hat im Juli 1921 in Wien einen glänzend organisierten und eindrucksvoll verlaufenen internationalen Kongreß veranstaltet.

Noch mehr internationale Organisationen sind während des Krieges oder bald nach Friedensschluß neu entstanden. Die internationalen Verbände der Kriegsteilnehmer, der Kriegsdienstgegner, der Frauen, der Jugend wurden schon erwähnt.

Verwirrend reich ist das Bild der kirchlichen und religiösen Annäherungsbestrebungen. Gerade bei Kriegsausbruch tagte in Konstanz eine internationale kirchliche Konferenz. In ihr trat der *Weltbund für Freundschaftsarbeit der Kirchen* zum erstenmal vor die große

Öffentlichkeit. Er hat seitdem größere Bedeutung erhalten. Sein Organ in Deutschland ist die *Eiche*, herausgegeben von Dr. Siegmund-Schultze. Viel radikaler pazifistisch, ausgesprochen religiös, aber nicht kirchlich gerichtet, ist die Bewegung für eine *„Christliche Internationale"*, die ihre Anhänger zuerst Anfang des Jahres 1919 in Bilthoven sammelte. Dieser losen „Bilthovener Vereinigung" schlossen sich nationale Gruppen an, in England und Amerika unter dem Namen *„Fellowship of Reconcilation"*, in Holland die *„Broederschap in Christus"*, in Deutschland der *„Versöhnungsbund"*. Die schon erwähnten katholischen Bestrebungen treten international als *„Katholische Internationale"* auf.

Von vorübergehender Bedeutung war die im April 1915 im Haag gegründete, während des Krieges sehr verdienstvoll tätige *„Zentralorganisation für dauernden Frieden"*, in der Dr. de Jong van Beeken Donk als unermüdlich treibende Kraft wirkte. Über den Krieg hinaus ist die von Prof. Broda gegründete internationale Organisation „kultureller Vereine" bestehen geblieben. Sie hat noch 1921 einen internationalen Kongreß abgehalten. Man kann zweifeln, ob das Nebeneinander des Berner Bureaus und dieser Organisation nicht zu einer Zersplitterung der Kräfte führt. Auf die Brodasche Organisation geht die Stuttgarter Zeitschrift *Die Menschheit* zurück.

Die in England schon bald nach Kriegsausbruch gegründete *„Union of Democratic Control"* hat internationale Bedeutung gewonnen und zu ähnlichen Gründungen in anderen Ländern geführt. Die von Henri Barbusse und anderen gegründete Gesellschaft *„Clarté"* war als erste auf dem Plan, um die unmittelbare Verständigung mit Deutschland zu fördern. Sie suchte sich international zu organisieren, hat aber bisher nicht gehalten, was der Anfang versprach; sie kam, wenigstens zeitweilig, ganz ins bolschewistische Fahrwasser.

Von noch größerer Bedeutung sind vielleicht die Organisationen, die sich nicht die Pflege pazifistischer Gedanken in ihrer Gesamtheit, sondern das Studium und die Förderung eines Teilproblems des Pazifismus, nämlich des Völkerbundes und all der Einzelfragen, die mit ihm zusammenhängen, zur Aufgabe gemacht haben.

In den meisten europäischen Ländern, besonders auch denen, die am Krieg beteiligt waren, sind Völkerbundsligen entstanden; in Deutschland wurde die *„Deutsche Liga für Völkerbund"* im Jahre 1919 auf Veranlassung Erzbergers, der damals auf der Höhe seines Einflusses stand, begründet. Die Völkerbundsligen sind zu einer internationalen Organisation, dem „Weltverband der Völkerbundgesellschaften", Sitz Brüssel, vereinigt. Der Beitritt der Deutschen Liga ist im Jahre 1921 erfolgt. Diese Völkerbundsligen haben vor den Friedensgesellschaften den Vorteil, daß ihre Tätigkeit auf Fragen konzentriert ist, deren aktuelle und unmittelbar praktische Bedeutung alle Welt anerkennen muß. Sie sind in manchen Ländern mehr oder weniger offiziös, d. h. sie stehen in regelmäßigen Beziehungen zur Regierung und genießen zum Teil finanzielle Subventionen aus staatlichen Mitteln. Unter dieser übermächtigen Konkurrenz der Völkerbundsligen leiden vielfach die älteren Vereine, die den grundsätzlichen Pazifismus vertreten. Auf die Dauer aber haben sie doch den Vorzug der vollkommenen Unabhängigkeit gegenüber opportunistischen Einflüssen der Regierungspolitik. Und man darf vom Standpunkt der pazifistischen Gesamtentwicklung aus auch nicht vergessen, daß die Tätigkeit der Völkerbundsligen Kreise erfaßt, die für den reinen Pazifismus unzugänglich sein würden, und daß sie mit reicheren finanziellen Mitteln Leistungen vollbringen, für die die Kräfte der Friedensgesellschaften nicht ausreichen.

In Deutschland ist es (wir dürfen wohl sagen: unter Führung der Deutschen Friedensgesellschaft) gelungen, alle pazifistischen Organisationen zusammenzufassen zur gemeinsamen Einberufung der *deutschen Pazifistenkongresse*, 1920 in Braunschweig, 1921 in Essen. Daraus ist dann ein Zusammengehen von Fall zu Fall auch für die Zwischenzeit entstanden, und jetzt hat sich aus dem Kongreßausschuß ein dauernder deutscher Pazifistenausschuß entwickelt, also ein festes Kartellverhältnis der zur Zeit 15 angeschlossenen Organisationen: das *Deutsche Friedenskartell*.

Über dieses Kartell und die eigentlichen pazifistischen Organisationen hinaus greift der Aktionsausschuß *„Nie wieder Krieg"*, ins Leben gerufen 1920 von dem Friedensbund der Kriegsteilnehmer, um die jährlichen Demonstrationen zum Jahrestag des Kriegsausbruchs zu organisieren.

In England sind die pazifistischen Gesellschaften im *„National Peace Council"*, in Frankreich in der *„Délégation permanente des Sociétés de la Paix"* vereinigt. Die Zahl der an sie angeschlossenen organisierten Pazifisten ist in beiden Ländern kaum größer als in Deutschland. Aber in Frankreich zählte die *„Ligue pour les Droits de* *l'homme"*, die einen einflußreichen Faktor im öffentlichen Leben des Landes bildet, zwar weitergehende Aufgaben verfolgt, aber außenpolitisch durchaus pazifistisch orientiert ist, mehr als 100 000 Mitglieder in 900 Ortsgruppen, und in England hat die Völkerbundsgesellschaft in den wenigen Jahren seit Kriegsende mehr als 100 000 Mitglieder gewonnen. Auch in den Vereinigten Staaten gibt es jetzt eine Vielzahl von Gesellschaften; eine gewisse zentrale Stellung scheint das *„National Council for Disarmement"* einzunehmen.

Wenn auf der einen Seite der organisatorischen Ausbreitung des konsequenten und umfassenden Pazifismus durch die konkurrierenden Völkerbundsligen Schwierigkeiten entstehen, so darf man auf der anderen Seite auch nicht verhehlen, daß von links her andrängende Elemente dem Pazifismus einen anderen Charakter als bisher zu geben suchen, und daß dieser sich in einer inneren Gärung befindet, aus der gleichfalls Schwierigkeiten für die Propaganda entstehen. Die Bewegung hat wieder etwas Frisches und Jugendliches erhalten, macht aber (darf man vielleicht sagen) auch eine zweite Periode der Kinderkrankheiten durch.

Es ist sehr begreiflich, daß nach den entsetzlichen Ergebnissen dieses Weltkriegs die Forderung der *Verweigerung des Heeresdienstes* eine ganz andere Bedeutung gewonnen hat als vorher. Man hat gesehen, daß die allgemeine Wehrpflicht nicht nur nicht, wie manche Pazifisten glaubten, eine, wenn auch nicht zuverlässige, Sicherung gegen leichtfertige Kriegserklärungen ist, sondern daß sie wesentlich dazu beigetragen hat, dem modernen Krieg seinen alle Voraussagungen weit übersteigenden furchtbaren Charakter zu geben. Der Gewissenskonflikt, ob das staatliche Gebot zu erfüllen oder der Heeresdienst, um nicht morden zu müssen, zu verweigern sei, hat sich für Tausende und Abertausende geltend gemacht. Die Haltung eines Teiles der Quäker und ihrer Gesinnungsgenossen machte Aufsehen und erzwang sich Anerkennung in der ganzen Welt. Die Gewissensklausel in dem während des Krieges geschaffenen Gesetz, das die allgemeine Wehrpflicht in England einführte, erwies sich als unzureichend. So erhob sich überall der Ruf, daß eine allgemeine Verweigerung des Heeresdienstes die Antwort der Völker auf Kriegsgelüste irgendwelcher Art sein müsse. Damit verbindet sich die Erkenntnis der Arbeitermassen, daß sie durch einen internationalen Generalstreik imstande gewesen wären, den Krieg zu verhindern, und die Folgerung, daß man für künftige Kriegsgefahr sich dadurch rüsten müsse, daß man in Friedenszeiten die solidarische Verpflichtung der Arbeiterschaft aller Länder den Gehirnen einpräge und, wo immer die Gefahr von Rüstungen für Kriegszwecke auftrete, betätige.

Diese Bewegung ist ein wichtiger Bestandteil der gesamten pazifistischen Bewegung geworden und hat bis zu einem gewissen Grade die Haltung aller Pazifisten beeinflußt. Während vor dem Kriege die nur zur Verteidigung, nicht zum Angriff taugliche, auf allgemeiner Wehrpflicht beruhende Miliz das von den meisten Pazifisten empfohlene Wehrsystem war, ist man heute so gut wie einig darin, die unbedingte Wehrpflicht, den Wehrzwang, zu verwerfen. Wer die allgemeine Wehrpflicht, solange die vollständige Entwaffnung nicht durchgeführt ist, dem Söldnerheere vorzieht, fordert doch als Pazifist ausreichende Sicherung für die Respektierung von Gewissensbedenken, die sich ja in Friedenszeit so fest verankern ließe, daß sie auch in Kriegszeiten nicht versagen würde. Auch halten viele Pazifisten heute für möglich, was vor dem Weltkrieg unmöglich schien, das Vertrauen zu schaffen auf internationale Gegenseitigkeit bei Verweigerung des direkten und indirekten Heeresdienstes und bei Proklamierung des Generalstreiks.

Diese Ideen müssen in das gemeinsame Programm des Pazifismus übergehen. Insoweit sind die neuen Forderungen im Recht. Ins Unrecht aber setzen sie sich, wenn sie sich dahin überschlagen, daß nun die Verweigerung des Heeresdienstes für den eigentlichen Kern des Pazifismus oder für die Krönung desselben oder für seine allein konsequente Erfüllung ausgegeben wird. Man übersieht, daß auch starke Erfolge dieser „revolutionären antimilitaristischen" Bewegung noch lange nicht den Frieden unter allen Umständen sichern würden, weil, wenn im übrigen die materiellen und die seelischen Voraussetzungen unverändert bleiben, immer wieder die Gefahr besteht, daß alle Verpflichtungen im Sturme nationaler Kriegsverhetzung wie Spreu im Winde verwehen. Und man übersieht noch etwas viel Wichtigeres, daß selbst, wenn es möglich sein sollte, auf diesem Wege den Ausbruch von Kriegen zu verhindern, das Ziel des Pazifismus nicht erreicht wäre, weil nur die Furcht vor der Weigerung derer, die man zum Kriegführen braucht, und die materielle

Unmöglichkeit, Kriegsgelüste in die Tat umzusetzen, im Einzelfall den Frieden sichern würden.

Der Pazifismus aber will eine neue Welt aufbauen, erfüllt von der Idee des Rechtes, getragen von den solidarischen Interessen der Menschheit. Das ist etwas viel Größeres, viel Weitergehendes als die Verhinderung des Krieges durch Heeresdienstverweigerung. Wer den Pazifismus in dieser Forderung aufgehen läßt, verengert seinen Gesichtskreis und macht ihn ärmer. Er ist innerhalb der pazifistischen Bewegung gewissermaßen Reaktionär und kehrt zu dem Standpunkt jener zurück, die in den Anfängen der Bewegung gemeint haben, mit dem Ruf „Die Waffen nieder" sei alles getan.

Es gibt noch andere Probleme, die heute den Pazifismus, besonders in Deutschland, lebhaft bewegen und in inneren Kämpfen einen Teil seiner Kraft verbrauchen. Die wichtigsten sind die Stellung zur „Schuldfrage" und die Anwendung des Pazifismus auf die Aufgaben der inneren Politik, insbesondere der Sozialpolitik.

Nur wenige Worte seien dazu noch gestattet. In der Schuldfrage, d. h. in der Frage der Verantwortung für den Ausbruch des Krieges, ist immer wieder daran zu erinnern, daß sie eigentlich nicht eine Frage der Gesinnung, sondern des kritischen Urteils, genauer: der historischen Kritik ist oder wenigstens sein sollte. Die Erörterung der Frage hat auch etwas von der Leidenschaftlichkeit, mit der sie unter uns 1919 behandelt wurde, eingebüßt. Man ist sich einigermaßen näher gekommen. So gut wie niemand in pazifistischen Kreisen behauptet die Unschuld und so gut wie niemand die ganz ausschließliche Schuld der deutschen Regierung und ihrer Verbündeten. Über das Maß der deutschen Verschuldung und über den Anteil an Schuld, die die Staatsmänner, Politiker und Militärs in den Ländern der Entente trifft, gehen die Anschauungen freilich weit auseinander. Darüber, wie man zu einer Klärung kommen kann, habe ich mich an anderer Stelle ausgesprochen. Einig sind wir Pazifisten, nicht nur Deutschlands, sondern aller Länder, in der Forderung, daß eine Verständigung, die im Interesse des Wiederaufbaus der moralischen und politischen Welt so dringend notwendig ist, durch eine internationale, wahrhaft neutrale Untersuchung herbeigeführt werde.

Der grundsätzliche Gegensatz ist eigentlich nicht ein solcher in der Beurteilung des Schuldmaßes, sondern vielmehr in der Auffassung der Frage, auf was es für die Wiedergenesung Deutschlands und der Welt ankomme. Die einen meinen, alles hänge ab von der Erkenntnis des deutschen Volkes, wie stark das alte Regiment in Deutschland für den Kriegsausbruch verantwortlich war und wie stark auch die Gesinnung des deutschen Volkes selbst, obgleich es weit davon entfernt war, den Krieg zu wollen, doch verstrickt war in die politischen und moralischen Voraussetzungen dieser Politik. Die anderen meinen, alles hänge davon ab, die Welt und auch die Völker der Entente zu überzeugen, daß die Schuldauffassung, die dem Frieden von Versailles zugrunde liegt, sachlich unrichtig sei, und sie stellen deshalb ihr ganzes Bemühen auf die Widerlegung der „Schuldlüge" ein. Mir scheint, daß beide Gesichtspunkte gleichberechtigt nebeneinander stehen. Die Entgiftung der moralischen Atmosphäre fordert die Aufklärung und die Anerkennung der Wahrheit nach beiden Seiten hin.

Weit stärker als vor dem Kriege macht sich die Forderung geltend, auch die Innenpolitik nach pazifistischen Gesichtspunkten zu orientieren und als Pazifist zu den Aufgaben der Innenpolitik Stellung zu nehmen. Die Schrecken des Bürgerkrieges, die unserer Vorstellung vor dem Kriege ganz fern lagen, haben eine beredte Sprache geführt und eindringliche Lehren gegeben. Der Pazifismus muß fordern (was vor dem Kriege eine solche Selbstverständlichkeit schien, daß niemand davon gesprochen hat), daß auch die inneren Kämpfe nur auf der Grundlage des Rechtes und unter Ausschaltung der Gewalt durchgeführt werden. Man wird noch einen Schritt weitergehen dürfen und, wie es das Programm der *Deutschen Friedensgesellschaft* tut, fordern müssen, daß „die Mitarbeit am sozialen Ausgleich" zu den Verpflichtungen jedes Pazifisten gehöre. Wo dann die Grenze in der Stellungnahme zu einzelnen bestimmten Fragen zu ziehen ist, ist schwer zu sagen. Begreiflich, daß darüber die Meinungen auseinandergehen und daß sich zunächst ein gewisses Schwanken geltend macht.

Sehr merkwürdig ist eine Änderung, die sich seit dem Krieg innerhalb des deutschen Pazifismus vollzogen hat. Früher hat der deutsche Pazifismus um die Mitarbeit der Sozialisten geworben, aber sich Körbe geholt, weil die Sozialdemokraten überzeugt waren, der internationale Sozialismus sei der Friede und es brauche daneben keinen Pazifismus. Der Krieg hat viele alte Sozialdemokraten überzeugt, daß das ein Fehler war, und sie arbeiten heute nicht nur mit den Pazifisten zusammen, sondern auch innerhalb des Pazifismus. Sie sind aber dabei durchaus der Auffassung, daß, wenn auch für sie selbst die Verwirklichung der sozialistischen Ideen das Endziel ist, in das jede andere Entwicklung einmünden muß, doch heute der Pazifismus, wenn er etwas bedeuten soll, etwas anderes sein muß als der Sozialismus. Neben ihnen aber sind in die pazifistischen Organisationen neue Kräfte hineingeströmt, die durch den Krieg zum Pazifismus und vielfach gleichzeitig auch erst zum Sozialismus bekehrt sind. Sie haben nicht die Schulung der alten Organisation hinter sich, sind auch zum Teil noch heute nicht parteipolitisch organisiert. Sie haben begreiflicherweise die Neigung, Pazifismus und Sozialismus zu identifizieren und dem Pazifismus ein sozialistisches Programm zu geben. Es ist klar, daß er damit seine selbständige Bedeutung verlieren würde. Die Angehörigen aller anderen politischen und sozialen Richtungen würden, wenn diese Tendenzen streng durchgeführt würden, zum Austritt genötigt sein. Das will nun eigentlich fast niemand, auch in den Reihen der „Radikalen"; aber unwillkürlich kommt doch die Neigung, beide Bewegungen miteinander zu vermischen, immer wieder zum Durchbruch.

Ich persönlich bin überzeugt, daß die Einseitigkeiten, die sich aus der „antimilitaristischen" Forderung der Heeresdienstverweigerung, aus der gefühlsmäßigen Einstellung zur Schuldfrage und aus der sozialistischen Inanspruchnahme des Pazifismus ergeben, begreifliche Nachwirkungen der gewaltigen Erschütterung der Kriegszeit sind und daß der Pazifismus nach Überwindung dieser Krisen seinen Weg nehmen wird zu einer einheitlichen und geschlossenen Haltung, um unter Zusammenfassung all der moralischen, erzieherischen, rechtlichen, wirtschaftlichen und sozialen Gesichtspunkte zu arbeiten an der Gestaltung einer neuen Welt, die unter Ausschaltung rechtloser Gewalt eine nationale und internationale Gemeinschaft aufbaut.

Die entsetzlichen Erfahrungen und Lehren des Weltkrieges erleichtern uns unsere Aufgabe, die Erbitterung und das Mißtrauen, die er in vielen Ländern zurückgelassen hat, erschweren sie uns; in Deutschland kommen als schlimmstes Hindernis hierzu die Leiden und Nöte dieses furchtbaren Friedens. Wir Pazifisten müssen, wenn wir unsere Arbeit richtig einstellen wollen, begreifen, wie es kommt, daß die pazifistische und die nationalistische Richtung gleichzeitig wachsen, müssen unser eigenes Volk und die anderen Völker zu verstehen suchen. Aber die Vernunft, die Logik der Tatsachen, das Argument der eigenen wahren Interessen aller Völker und – nicht zuletzt – die Macht einer großen Idee sind auf unserer Seite. Dazu hat sich eines gegenüber der Zeit vor dem Kriege von Grund aus geändert. Viele, die innerlich zu uns gehörten, versagten sich uns früher, weil die Aufgaben, denen wir uns widmeten, ihnen Problem einer fernen Zukunft zu sein schienen. Heute kann wenigstens diesen einen Einwand niemand mehr machen. Es liegt zu sehr auf der Hand, daß die Fragen, die mit dem Völkerbund, mit internationaler Streitschlichtung, mit der Ordnung der Weltwirtschaft, mit internationalem Arbeitsrecht, mit der allgemeinen Entwaffnung, mit internationaler Erziehung, zusammenhängen, Tagesfragen der Politik geworden sind. So gewinnen wir denn jetzt viele als Mitkämpfer, und zwar aus allen sozialen, geistigen, religiösen, politischen Schichten, die früher beiseite standen. Diese Gunst der Lage muß der kämpfende Pazifismus nützen.

IV.

Erinnerungen

Im Kampf gegen Cäsarismus und Byzantinismus
im Kaiserlichen Deutschland[1]
(1926)

Ludwig Quidde

WIE DER CALIGULA ENTSTAND

Als ich im Jahr 1889 in Königsberg aus irgendeinem Anlaß in Hertzbergs Geschichte des römischen Kaiserreichs (Onckens Weltgeschichte in Einzeldarstellungen) die Seiten las, die von Gajus Caesar
Caligula handeln, fielen mir sehr überraschende Parallelen zu Ta-
gesereignissen und zu Beobachtungen an dem im Vorjahr zur Regierung gelangten jungen Kaiser Wilhelm auf. Damals wurde die
Idee zum ‚Caligula‘ geboren. Es lag mir zunächst ganz fern, selbst
das Thema zu behandeln; ich machte vielmehr einen Freund, der
dichterische Neigungen hatte, auf das Thema zu einem satirischen
Drama aufmerksam. Die Erinnerung aber blieb bei mir und wurde
in den nächsten Jahren immer aufs neue angeregt. – Es war ja die
Zeit, in der der Kaiser durch Extravaganzen fortwährend entweder
den Spott oder die Entrüstung, bald dieser, bald jener Kreise, oft
ganz Deutschlands, herausforderte. Mehr und mehr gewöhnte ich
mich daran, seine Handlungen und Reden als Zeichen geistiger Abnormität zu betrachten.

Während ich in Rom Sekretär des Preußischen Historischen Instituts war, kam mir die Erinnerung an Hertzbergs Darstellung besonders lebhaft. Angeregt wurde sie unter anderem dadurch, daß
im Vorzimmer der preußischen Gesandtschaft beim Vatikan an

---

[1] Textquelle | Ludwig QUIDDE: Caligula. Eine Studie über römischen Cäsaren-
wahnsinn. 31. Auflage. Ergänzt durch Erinnerungen des Verfassers: *Im Kampf gegen Cäsarismus und Byzantinismus* [S. 21-63]. Berlin-Friedenau: Hensel & Co 1926,
S. 21-63. [archive.org] [projekt-gutenberg.org].

einer Stelle, die alle fremden Diplomaten beim Besuch Herrn von Schlözers zu passieren hatten, eine Photographie des Kaisers stand mit der eigenhändigen Aufschrift, datiert aus einer Zeit, da er noch Prinz Wilhelm war, *„oderint dum metuant"* (mögen sie hassen, wenn sie nur fürchten). Das war bekanntlich das Lieblingswort des Caligula. Jahre später habe ich dann erfahren, daß Prinz Wilhelm Photographien mit dieser Aufschrift in größerer Zahl verschenkt hat. Als ich, nachdem Herr v. Schlözer in den Ruhestand getreten war, also keine Unannehmlichkeiten mehr davon haben konnte, meine Erinnerung an dieses *„oderint dum metuant"*, ohne die römische Gesandtschaft zu nennen, veröffentlichte, entstand in einer anderen preußischen Gesandtschaft große Aufregung, weil man nicht begriff, wie ein Fremder von dieser Photographie, die ihren Platz im Schlafzimmer des Gesandten hatte und also nur dem allerintimsten Kreise zugänglich war, Kenntnis erhalten hatte. Noch mehrere solche Photographien existieren.

An zwei Abenden zu Anfang des Jahres 1892 habe ich das, was etwa die erste Hälfte der Schrift ausmacht, zu Papier gebracht. An eine Veröffentlichung dachte ich dabei nicht im mindesten. Es war eine Art Selbstbefreiung von dem, was mich in Gedanken an den Kaiser beschäftigte, wenn man will, eine Art geistiger Spielerei, zur Ablenkung auch von drückenden Amtsgeschäften. Wie dichterisch veranlagte Naturen in solchen Lagen Verse machen, so schrieb ich die ersten Seiten des Caligula, ohne irgendein Buch zu benutzen, in einem Zuge nieder. In dem Manuskript fanden sich, als es zum Druck kam, kaum Korrekturen.

In diesem halbfertigen Zustand blieb die Skizze wohl anderthalb Jahre liegen. Im Herbst 1892 gab ich meine römische Stellung auf, da wissenschaftliche Verpflichtungen, die meine Anwesenheit in Deutschland erforderten (Herausgabe meiner *Zeitschrift für Geschichtswissenschaft* und Fortführung der *Deutschen Reichstagsakten*) sich mit der Leitung des Römischen Instituts nicht länger vereinbaren ließen. Im Sommer 1893 fiel mir das Manuskript, als ich meine römischen Papiere ordnete, wieder in die Hände. Der Zufall führte am gleichen Tage oder wenige Tage darauf einen meiner römischen Freunde zu mir. Ich las ihm das Bruchstück vor, und er redete mir dringend zu, es fertigzuschreiben und dann in der Schweiz, etwa bei Caesar Schmidt in Zürich, wo damals radikale politische Schriften über deutsche Zustände zu erscheinen pflegten, zu veröffentlichen, natürlich anonym. Ich widersprach: wenn ich die Schrift schon herausgebe, müsse es mit Nennung meines Namens und in Deutschland geschehen, es widerstrebe mir, auch nur den Schein auf mich zu laden, als ob ich mich der Verantwortung entziehen wolle.

Die Folge jenes Gesprächs war aber, daß ich mich an den Stoff wieder heranmachte und den Caligula zu Ende schrieb. Auch Literatur zog ich nun heran, Sueton und die anderen lateinischen Autoren, die in den Anmerkungen zitiert sind. Meistens wurden zu dem, was ich im Text aus dem Gedächtnis hingeworfen hatte, erst nachträglich die Zitate beigefügt. Dabei halfen mir zwei junge Mitarbeiter meiner Zeitschrift. Es kam aber auch vor, daß die Lektüre der Quellen Veranlassung gab, Stellen nachträglich noch in den Text einzufügen. Ein Wunder, daß bei dieser Art von Arbeit die Einheitlichkeit des Ganzen nicht gelitten hat, mit Ausnahme einer einzigen Stelle, von der ich gleich sprechen werde.

Als die Schrift fertig war, schickte ich sie an einen nahe befreundeten Forscher der alten Geschichte, dessen Namen ich jetzt ja nennen kann, da ihn lange schon die Erde deckt, Franz Rühl in Königsberg, mit der Bitte, mich auf Schnitzer, die man vom Standpunkt der Wissenschaft rügen könnte, aufmerksam zu machen. Das Manuskript kam mit einigen Randbemerkungen von seiner Hand zurück.

Nun entstand die Frage: wo veröffentlichen? Ich bot den Aufsatz der *Frankfurter Zeitung* für ihr Feuilleton an. Die Redaktion lehnte ab, da die Gefahr strafrechtlicher Verfolgung zu groß sei – sehr begreiflich; denn die Fassung, in der ihr das Manuskript vorlag, war zwar literarisch erheblich besser, strafrechtlich aber viel gefährlicher als die, in der der Aufsatz nachher gedruckt wurde. Ich hatte, durch die Ablehnung der Zeitung gewarnt, die Veröffentlichung fast aufgegeben, aber wiederholt gelegentliche Mitteilungen aus dem Manuskript gemacht. Als ich einmal im Demokratischen Verein in Nürnberg gesprochen hatte und wir nachher in einem Separatzimmer noch beisammen waren, habe ich den politischen Freunden das Ganze, da ich das Manuskript zufällig bei mir hatte, vorgelesen – in Gegenwart des Beamten der städtischen Polizei, der unsere Versammlung überwacht hatte! Wenn dieser auch zur Partei gehörte, war doch die Gefahr, daß er Anzeige erstattete, sehr naheliegend. Er hat das nicht getan.

Bei der Rückkehr traf ich auf dem Bahnhof Michael Georg Conrad, den Herausgeber der *Gesellschaft*, mit dem mich die gemeinsame Zugehörigkeit zur „Deutschen Volkspartei", der alten demokratischen Partei Süddeutschlands, verband. Ich fragte ihn, ob er Lust habe, einen Aufsatz von mir zu bringen, den allerdings die *Frankfurter Zeitung* als zu gefährlich abgelehnt habe, und gab ihm das Manuskript. Tags darauf oder wenige Tage später kam er zu mir in die Wohnung und sagte, daß die Arbeit sehr interessant sei und er Lust hätte, sie aufzunehmen. – Von einer aktuellen Bedeutung des der alten Geschichte angehörenden Themas war zwischen uns nicht die Rede; Conrad war nach meiner Erinnerung von einer gewissen ernsten Feierlichkeit, wenn er auch wohl ein Augurenlächeln nicht unterdrückt haben wird. Er fragte nach dem Honorar, das ich beanspruchte. Ich legte darauf keinen Wert, meinte aber, vielleicht werde es lohnen, einen Sonderabzug zu veranstalten, und an dem Erlös dieses Sonderabzugs könne man mich beteiligen. So wurde dann auch verabredet. Ich habe (das einzige Mal in meinem Leben) eine größere Summe als meinen Anteil erhalten. Sie ist restlos der Demokratischen Partei zugute gekommen. Um Ostern 1894, als wir gerade zu dem von mir mit geschaffenen Historikertag in Leipzig beisammen waren, kam die Schrift heraus.

Im allerletzten Augenblick (nach meiner Erinnerung erst, als ich die letzte Revision bekam) habe ich noch eine in den Anfang der Schrift tief eingreifende Änderung vorgenommen. In der ursprünglichen Fassung kam auf den ersten beiden Seiten überhaupt kein Name vor. Das war der Text, wie ich ihn in Rom ohne jeden Gedanken an Veröffentlichung niedergeschrieben hatte. Jetzt, da es zum Druck kam, schien mir das doch zu bedenklich. Es mußte den Staatsanwalt direkt provozieren, da er geltend machen konnte, diese raffinierte Unterdrückung jedes Namens verfolge die Absicht, den Leser glauben zu machen, es werde nicht von Caligula, sondern von einem anderen, nämlich Wilhelm II., gesprochen, auf den in diesen beiden Seiten fast jedes Wort paßt – anders als in der Fortsetzung, bei der ja jeder vernünftige Mensch sich sagen mußte, daß es mir fernlag, die Einzelheiten, die von dem größenwahnsinnigen Scheusal Caligula berichtet wurden, auf den so viel harmloseren Kaiser deuten zu wollen.

Erst nachdem so lange kein Name genannt war, fuhr ich überraschend fort: „So vielversprechend waren die Anfänge des Caligula" usw.

Mich hat einmal jemand gefragt (wenn ich nicht sehr irre, war es Otto Harnack, der früh verstorbene Historiker und Literarhistoriker, jüngerer Bruder des berühmten Theologen), wie in der sonst – wie er fand – stilistisch so ausgezeichneten Schrift diese Worte sich erklärten, die doch nur paßten, wenn damit Caligula dem Leser erst vorgestellt werden sollte. Sie sind ein bei der eiligen Korrektur in letzter Stunde stehengebliebenes verräterisches Überbleibsel der ursprünglichen Fassung. Diese Änderung des Anfangs war, literarisch betrachtet, eine Verschandelung des originalen Textes. Ich habe mich verpflichtet gefühlt, in der jetzigen Ausgabe [→II] nichts an dem Wortlaut zu ändern, wie er 1894 veröffentlicht wurde. Für jene aber, die es interessiert, setze ich die ursprüngliche Fassung hierher:

„Er war noch sehr jung, noch nicht zum Manne gereift, als er unerwartet zur Herrschaft berufen wurde. Dunkel und unheimlich waren die Vorgänge bei seiner Erhebung, wunderbar die früheren Schicksale seines Hauses. Fern von der Heimat war der Vater noch in der Blüte seiner Jahre einem tückischen Geschick erlegen, und im Volke sprach man viel von geheimnisvollen Umständen seines Todes; man schreckte vor den schlimmsten Beschuldigungen nicht zurück, und bis in die Nähe des alten Kaisers wagte sich der Verdacht. Dem Volke war sein Liebling mit ihm genommen; einer Popularität wie kein anderes Mitglied des Kaiserhauses hatte er sich erfreut. Dem Soldaten war er vertraut aus vielen Feldzügen, in denen er mit dem gemeinen Mann die Beschwerden des Krieges geteilt hatte, die deutschen Lande – die Gegenden am Rhein – waren voll seines Namens. Doch nicht nur als Kriegsheld war er dem Volke erschienen; er war im besten Sinne populär gewesen. Sein Familienleben, die Schar seiner Kinder, die schlichte bürgerliche Art, der freundliche Gleichmut in allen Lagen, das gewinnende Scherzwort in seinem Munde hatten ihm wie die Soldaten auch die Bürger verbunden. Solange der alte Kaiser lebte, war er freilich, so hohe Ämter ihm auch übertragen wurden, für die wichtigsten Fragen der inneren Politik bei aller Schaffenskraft und Schaffenslust zur Untätigkeit verdammt; wäre er aber zur Regierung gekommen, so hätte man freiere, glücklichere Tage von ihm erwarten dürfen, die Beseitigung des dumpfen Druckes, der auf dem ganzen Reiche lastete. So war die

Hoffnung einer ganzen Generation mit ihm ins Grab gesunken.

Von diesem Liebling des Volkes strahlte ein Schimmer von Popularität auch auf den Sohn hinüber, der freilich sonst ganz unähnlich seinem Vater heranwuchs, vielleicht der stolzen und leidenschaftlichen Mutter ähnlicher, die die an sich nicht leichte Stellung ihres Gatten gewiß oft noch erschwert hatte, und zugleich bevorzugt von dem alten Kaiser, der des Sohnes Gattin mit Abneigung und Argwohn verfolgte, für den Enkel aber eine gewisse Zuneigung gehegt zu haben scheint, vielleicht nur, weil er das gerade Widerspiel des ihm so unsympathischen Vaters in ihm sah.

Zur Regierung gelangt, war der junge Kaiser für alle zunächst eine unbekannte, noch rätselhafte Erscheinung. Wohl hatte man gewiß in den letzten Jahren allerhand Mutmaßungen über ihn verbreitet, Günstiges und Ungünstiges; man rühmte, so dürfen wir annehmen, aus wie hartem Holze dieser Jüngling geschnitzt sein müßte, der sich unter so schwierigen Verhältnissen zu behaupten gewußt hatte, man fürchtete vielleicht seinen Eigenwillen, die Neigung zum Mißbrauch einer so großen Gewalt, die Einwirkung unreifer persönlicher Ideen, man wußte auch allerhand von einer früh hervorgetretenen Brutalität zu erzählen; vor allem aber überwog gewiß die Auffassung, daß seine jungen Jahre fremden Einflüssen leicht zugänglich sein würden; man durfte darauf rechnen, daß zunächst die Regierungsgewalt des allmächtigen Ministers noch gesteigert werden würde; war doch der junge Kaiser, wie alle Welt behauptete, diesem ganz besonders verpflichtet!

Von vielen dieser Dinge, die man erwarten und fürchten mußte, geschah nun so ziemlich das Gegenteil. Der leitende Staatsmann scheint sehr bald in Ungnade gefallen zu sein, sein Einfluß trat ganz zurück, der Kaiser nahm selbst die Zügel der Regierung in die Hand und begann sogleich sein eigenstes Regiment. Das Volk jubelte ihm zu; denn wie eine Erlösung ging es bei dem Regierungswechsel durch alle Kreise, eine Ära der Reformen schien zu beginnen und für liberale Gedanken eine freie Bahn sich zu eröffnen.

So vielversprechend waren die Anfänge des Caligula, der als Sohn des zu früh dahingeopferten Germanicus und der Agrippina im Jahre 37 n. Chr. seinem Großoheim, dem Tiberius, nachfolgte und nun durch sein Auftreten die Welt in Erstaunen setzte."

Um Ostern (25. März) 1894 kam die Schrift fast gleichzeitig mit der Nummer der *Gesellschaft* heraus. Rezensionsexemplare wurden selbstverständlich an alle größeren Zeitungen versandt. Wochen auf Wochen vergingen, ohne daß sich irgend etwas rührte. In keiner Zeitung eine Besprechung, auch nicht die kleinste Notiz. Niemand traute sich, das heiße Eisen anzufassen. Erst am 6. Mai erschien eine mir unbekannt gebliebene und von der übrigen Presse nicht beachtete Anzeige im *Vorwärts*.

Dann begab sich etwas sehr Seltsames. Das Folgende nach einer Erzählung Steins. Ich habe die Geschichte, gleich nachdem ich sie von ihm gehört hatte, so oft weitererzählt, auch in späterer Zeit, daß ich jetzt, nach gut 30 Jahren, sie noch fast wörtlich im Kopf habe. Vielleicht lebt noch ein Zeuge, dem sie Stein auch erzählt hat. Ich wäre ihm dankbar, wenn er sich mit mir in Verbindung setzte. Kurz ehe der Reichstag in die Pfingstferien ging, traf August Stein, der bekannte, hervorragend intelligente und angesehene Vertreter der *Frankfurter Zeitung*, am Eingang zum Reichstag (damals noch in der Leipziger Straße) die beiden Redakteure der *Kreuzzeitung* Freiherrn v. Hammerstein und Dr. Kropatschek. Einer von ihnen (wohl Hammerstein) redete Stein an: „Haben Sie den *Caligula* gelesen?" „Caligula? was ist das? So ein oller römischer Kaiser?" „Ach was, das ist Er!" „Er? ja wer denn?" „Nun, Er, Er, der Kaiser, wie er leibt und lebt. Das Ding ist von einer Frechheit, unglaublich, aber von einer göttlichen Frechheit. Das muß er zu lesen bekommen. Hören Sie, das ist etwas für Sie, schlagen Sie in der *Frankfurter Zeitung* Lärm." Stein ging in die nächste Buchhandlung, kaufte den *Caligula*, las die Schrift und sagte sich: „Ich werde den Deubel tun."

Es verging nicht lange Zeit, und die *Kreuzzeitung* verrichtete selbst den Dienst, zu dem ihr Redakteur die *Frankfurter Zeitung* vergebens anzustacheln versucht hatte. Am 18. Mai, Freitag nach Pfingsten, erschien in der *Kreuzzeitung* ein mehrere Spalten langer Artikel, der den *Caligula* der Entrüstung des Lesers und, ohne das direkt auszusprechen, natürlich der Beachtung des Staatsanwaltes empfahl. Die Vergleiche mit Personen der Gegenwart wurden so grob und roh gezogen, wie sie selbstverständlich der Absicht des Verfassers nicht entsprachen. Was ich in der Schrift nur benutzte, um auf die Gefahren der schrankenlosen Auswirkung eines krankhaft veranlagten und durch Byzantinismus übersteigerten Herrscherbewußtseins hinzuweisen, wurde wortwörtlich ausgedeutet. In der *Norddeutschen Allgemeinen Zeitung* wurde die *Kreuzzeitung* deshalb auch angeklagt, mit dem Artikel, der Reklame für den *Caligula* gemacht habe, gegen die Interessen der Monarchie gesündigt zu haben. Sie antwortete, daß der Artikel ihr „unaufgefordert von einem der ältesten und berühmtesten Professoren der Geschichte" zugegangen sei. Man nannte vielfach Ottokar Lorenz. Dem Verfasser mag ehrliche Entrüstung die Feder geführt haben. Wie es aber um die Absicht der Redaktion stand, ist eine andere Frage, auf die das Gespräch mit August Stein die Antwort gibt.

Daß die konservative hochfeudale *Kreuzzeitung* es sich angelegen sein ließ, einen großen Skandal heraufzubeschwören und dafür zu sorgen, daß der Kaiser Kenntnis von dem Artikel erhielt, mag die heute Lebenden wundernehmen. Es entsprach aber der damaligen Stellung eines großen Teiles ihres Leserkreises. Der Kaiser hatte durch seine Art auch in der preußischen Aristokratie und in der Armee viel von dem Kapital monarchischer Gesinnung verwirtschaftet; die einen kolportierten bedenkliche Geschichten von ihm oder machten schlechte Witze auf seine Kosten; die anderen hatten ernsthafte Besorgnisse, besonders für den Fall, daß es einmal zum Kriege käme und er dann werde führen wollen.

Der Skandal, den die *Kreuzzeitung* gesucht hatte, brach dann auch prompt los. Die gesamte Presse stürzte sich jetzt auf die Schrift. Viele Zeitungen brachten lange Auszüge; der *Hamburger Generalanzeiger* wurde deshalb konfisziert, nach einiger Zeit aber, nachdem das Verfahren gegen den Redakteur eingestellt war, wieder freigegeben. Auch die ausländische Presse, die europäische und die überseeische, war voll von Mitteilungen über den *Caligula*. In den Witzblättern wurde Caligula zum Gegenstand meist sehr geschmackloser Scherze, teils auf des Kaisers, teils auf meine Kosten. In Singspielhallen waren Couplets über Caligula an der Tagesordnung.

Das seltsamste Zeugnis für die Weltsensation der Schrift kam – aus Haiti. Die deutsche Regierung forderte Genugtuung für die einem Deutschen angetane Unbill. Um der Forderung Nachdruck zu geben, trat die deutsche Kriegsflotte (ich glaube: mit zwei Schulschiffen) vor Port au Prince in Aktion. Die Regierung von Haiti mußte sich fügen; der Minister, Solon Menos mit Namen, fand gegen deutsche Kanonen keine andere Gegenwehr als die, den *Caligula* ins Französische zu übersetzen und unter der Bevölkerung zu verbreiten. So wurde wenigstens erzählt. Ich habe die Einzelheiten nicht nachprüfen können. Tatsache ist jedenfalls, daß gegen Ende 1896 der gleiche Minister sich für die aufgezwungene Nachgiebigkeit durch eine Streitschrift schadlos hielt, in der er außer dem deutschen Gesandten auch den deutschen Kaiser angriff und den *Caligula* zitierte. Der *Reichsbote* ließ sich darüber ausführlich berichten.

Schon ehe die *Kreuzzeitung* Lärm schlug, waren etwa 6000 Exemplare verkauft, ein Erfolg der nur von Mund zu Mund betriebenen Propaganda interessierter Leser. Aber jetzt nahm die Nachfrage unheimliche Dimensionen an. Die Druckerei, in der die *Gesellschaft* gedruckt wurde, konnte den Bedarf nicht decken. Eine zweite, ja eine dritte mußte in Anspruch genommen werden, und die Maschinen liefen, wie der Verleger sich ausdrückte, Tag und Nacht. Es war noch keine Woche seit Erscheinen des Kreuzzeitungsartikels vergangen, da lag schon die 24. Auflage vor, und die *Leipziger Neuesten Nachrichten* erfuhren „aus zuverlässiger Quelle" (also wohl vom Verleger), daß bereits 150 000 Exemplare abgesetzt seien. Es folgten noch weitere sechs Auflagen, bis mit der 30. Schluß war. Wie hoch der gesamte Absatz war, habe ich niemals zuverlässig erfahren. Buchhändler, die damals im Sortimentsbuchhandel tätig waren, haben mir oft gesagt, der Absatz müsse in die Hunderttausende gegangen sein; denn einen solchen Erfolg, wie den des *Caligula,* hätten sie nie erlebt. Vielleicht irren sie sich ein wenig, weil der sich auf wenige Wochen zusammendrängende Erfolg einen stärkeren Eindruck auf sie gemacht hat als ein über Monate oder Jahre sich verteilender Erfolg anderer Bücher.

Jedenfalls war die Verbreitung ungeheuer. Von den Gymnasiasten und Backfischen angefangen, die, wie mir mancher jetzt fast Fünfzigjährige erzählt, das Schriftchen heimlich unter der Schulbank lasen, bis zu den Leuten im weißen Haar, vom Arbeiter bis zum hohen Beamten, General und Gelehrten, jeder mußte den *Caligula* haben.

In Zeitungsausschnitten aus jener Zeit, die mir jetzt wieder durch die Hände gegangen sind, lese ich bewegliche Klagen konservativ gerichteter Verfasser über diesen Sensationserfolg und besonders auch über die Beobachtungen, die man über die soziale Schichtung der Käufer machen könne. Die sogenannten besten Kreise, mit Einschluß der Offiziere, seien stark dabei beteiligt. Da heißt es in einem Artikel:

„Freilich von den Arbeitern und Handwerkern wurde das Heft nicht gekauft, und die ‚kleinen Leute‘ auf dem Lande und in den Kleinstädten haben es auch schwerlich zu Gesicht bekommen; dagegen griff der ‚bessere Mittelstand‘, gleichviel ob liberal, konservativ oder antisemitisch denkend, die Schrift mit der größten Begierde auf. Zuvor aber hatte sich bereits die ‚Creme der Gesellschaft‘ sowie der Geburts- und Geldadel wie auch das höhere Beamtentum auf die ‚Studie‘ hergestürzt und deren Inhalt gleichsam verschlungen.“ Erkundigungen in Buchhandlungen hätten ergeben, berichtet der Verfasser weiter, „daß deren sämtliche Kunden aus den ‚höheren und höchsten Kreisen‘ sofort nach dem vielbesprochenen *Kreuzzeitungs*-Artikel entweder persönlich oder durch ihre Diener die Quiddesche Schrift gekauft hätten.“

Damit wird bestätigt, was ich oben über die Haltung der *Kreuzzeitung* und ihres Leserkreises sagte. Dazu noch einige Belege: Ein Berliner Buchhändler erzählte mir, unter den Käufern der Schrift seien auffallend viele Offiziere gewesen. Der Prinz v. Battenberg kaufte, wie ich zufällig erfahren habe, 20 Stück, um sie an den englischen Hof zu schicken. Eine preußische Prinzessin, der die Schrift in Berlin vorenthalten war, ließ sie sich, als sie München auf der Durchreise passierte, besorgen, las sie mit Vergnügen und war unvorsichtig genug, sie bei der Abreise von München in der Hand zu tragen.

Noch bezeichnender für den sensationellen Erfolg der Schrift war die Flut von Broschüren, die sie im Gefolge hatte; einige von ihnen ernsthaft zu nehmende, gegen mich gerichtete Streitschriften; andere wissenschaftliche Veröffentlichungen, für die die Verleger die Konjunktur ausnutzten (so auch ein Sonderabdruck aus Hertzbergs *Geschichte der römischen Kaiserzeit*, die mir den ersten Anstoß zum *Caligula* gegeben hatte); die allermeisten aber ganz wertlose Machwerke, Hyänen des literarischen Schlachtfeldes, denen die Spekulation auf das Caligula-Interesse des Publikums wahrscheinlich mißlungen ist.

Darunter war auch eine Schrift, die der frühere Redaktionssekretär meiner geschichtswissenschaftlichen Zeitschrift verfaßt hatte. Darin wurde dem Publikum erzählt, mit wem ich in der Zeit vor dem Erscheinen des *Caligula* korrespondiert hätte; der Verfasser hatte dazu fleißig mein Postjournal exzerpiert. Unangenehmer war, daß er behauptete, ich hätte meine früheren gesellschaftlichen Beziehungen zu ostpreußischen Aristokraten für den *Caligula* benutzt, und meine besonderen Informationen, auch über den Kaiser, stammten daher. Der Barthschen *Nation* schien in der Schrift, deren moralische Minderwertigkeit sie sonst entsprechend kennzeichnete, diese Mitteilung politisch beachtenswert. Es war aber kein Wort daran wahr. Der Verfasser litt auch sonst vorübergehend an Wahnvorstellungen.

Einen Erfolg ganz eigener Art erzielte ich bei Maximilian Harden. Er forderte mich, ehe der Kreuzzeitungsartikel erschien, zur Mitarbeiterschaft an seiner *Zukunft* auf. Ich lehnte ab, da ich mit Arbeiten überhäuft sei und unsere politischen Anschauungen (obschon wir uns in der Gegnerschaft gegen Wilhelm II. trafen) doch zu weit auseinander gingen. Darauf erhielt ich folgenden Brief, der am Tage nach dem Erscheinen des Artikels in der *Kreuzzeitung* geschrieben war:

Berlin, den 17. Mai 1894
Köthener Str. 27

Sehr geehrter Herr,
ich bin nicht so anmaßend, von meinen Mitarbeitern die Aussprache *meiner* Ansichten zu verlangen. Und ich möchte, mit der wiederholten Bitte um Ihre Hilfe, mir den Hinweis darauf gestatten, welche ganz außerordentlich weitere Wirkung eine Arbeit wie etwa der *Caligula* in der *Zukunft* geübt hätte.
Mit höflichem Dank für Ihren freundlichen Brief in vorzüglicher Hochachtung
Ihr ergebener
Harden.

Ich antwortete darauf nicht mehr. Es vergingen nur zwei Wochen, da erschien in der *Zukunft* vom 2. Juni an leitender Stelle ein von Harden geschriebener Artikel, in dem meine Arbeit für „eine wertlose und langweilige Schrift" erklärt wurde, „eine ganz wertlose und grobe Karikatur, die vollends unverständlich wird, weil ein fataler Hang sich regt, in die Erzählungen aus dem alten Rom allerhand moderne Begriffe einzuschmuggeln". Von mir persönlich wurde gesagt: „Für einen wirklich schuldigen Quidde könnte nicht rasch genug die Zwangsjacke herbeigeschafft werden."

Als in der *Frankfurter Zeitung* auf Hardens Versuch, mich als Mitarbeiter zu gewinnen und auf diese seltsame Wandlung seines Urteils hingewiesen wurde, erklärte er in einem Brief an die Redaktion, er habe, als er mich zur Mitarbeit aufforderte, den *Caligula* „nachweislich" noch nicht gekannt; er habe nur von „sonst verständigen Leuten" gehört, die Schrift sei vortrefflich; dieses Urteil und ein Feuilleton, das Quidde in der *Frankfurter Zeitung* veröffentlicht hatte, hätten ihn veranlaßt, „den Münchener Historiker, wie alle Personen, die mir durch literarische Arbeiten auffallen, zur Mitarbeit an der *Zukunft* aufzufordern".

MEINE PERSÖNLICHEN SCHICKSALE
NACH DEM CALIGULA

Nachdem der Artikel in der *Kreuzzeitung* erschienen war, lag die Erwartung außerordentlich nahe, daß der Staatsanwalt einschreiten werde. Er hat sich in der Tat mit der Schrift beschäftigt und die Eröffnung der Anklage erwogen. Eines Tages wurde ich von Berlin gewarnt, und zwar durch Professor Jastrow, meinen Kollegen als Historiker, speziell als Herausgeber der *Jahresberichte der Geschichtswissenschaft*, der sich von der Geschichte später der Nationalökonomie zugewandt hat, einen der Männer, die trotz großer wissenschaftlicher Verdienste im kaiserlichen Deutschland es nicht zu einem Ordinariat an einer Universität bringen konnten, weil er zwei für Historiker und Nationalökonomen doppelt belastende Mängel hatte: zugleich Jude und freisinnig zu sein.

Ich bereitete mich auf eine Haussuchung und Verhaftung vor, indem ich private Korrespondenzen, die ich nicht gerne fremden Augen aussetzen wollte, bei Freunden in Sicherheit brachte, und indem ich nach dem Manuskript suchte, um es ebenfalls vor dem Zugriff der Staatsanwaltschaft zu sichern; denn in diesem Manuskript würde man drei fremde Handschriften entdeckt haben, die gar nicht zu verkennende von Franz Rühl, den die Entdeckung seiner „Beihilfe" seine Professur hätte kosten können, und die meiner zwei jungen Mitarbeiter, die beide in ihrer Laufbahn sehr böse geschädigt wären. Ich konnte nicht richtig suchen, solange mein Hauptmitarbeiter, dem ich nicht traute und, wie seine später veröffentlichte Schrift bewies, mit Recht nicht trauen durfte, anwesend war. Erst als er gegangen war, an einem Sonntag, machte ich mich über alle Schreibtische, Regale, Schränke her. Das Manuskript war nicht zu finden. Jeden Augenblick konnte die Haussuchung stattfinden, und das Schicksal dreier Menschen hing von dem Manuskript ab. Da, als ich schon jede Hoffnung aufgegeben hatte, fiel es mir zufällig in einer Kommodenschublade, in der ich es nie gesucht hätte, in die Hände. Die Blätter finden und sie dem Herdfeuer überantworten, war eins. Diese Vernichtung des Manuskriptes tut mir nachträglich natürlich sehr leid; denn es besaß ein besonderes Interesse, weil es auf das anschaulichste die Entstehungsgeschichte der Schrift widerspiegelte. Bei etwas mehr Ruhe hätte ich wohl einen Weg finden können, um es bei Freunden zu bergen. Aber mich jagte die Angst vor dem Polizeikommissar, der jeden Augenblick die Klingel ziehen konnte.

Als die Sorge um das Manuskript beseitigt war, erhob sich die Frage, was nun gegenüber der drohenden Anklage zu geschehen hatte. Ich erwartete dieselbe mit Bestimmtheit. Hatte doch unter anderm unser demokratisches Blatt, der *Nürnberger Anzeiger*, die große Unvorsichtigkeit begangen, auszuplaudern, daß die *Frankfurter Zeitung* den *Caligula* wegen Gefährlichkeit abgelehnt hatte, und daß die Schrift von mir den Nürnberger Parteifreunden vorgelesen war.

Mein juristischer Berater hielt die Lage für sehr gefährlich. Er argumentierte so: „Die Aufgabe des Staatsanwalts ist, wenn er seine Anklage nur auf die Schrift stützen will, außerordentlich schwierig; denn er muß, da in der Schrift mit keinem Wort vom Kaiser die Rede ist, immer behaupten, daß mit dieser oder jener Tatsache, die von Caligula erzählt wird, der Kaiser gemeint sei. Das ist sehr peinlich für ihn und der Erfolg zweifelhaft, selbst vor sächsischen Berufsrichtern. Sehr viel günstiger würde der Fall noch vor bayerischen Geschworenen stehen, vor die in Bayern alle Preßvergehen kommen.

Da aber die *Gesellschaft* zwar in München redigiert wird, aber in Leipzig erscheint, ist die Leipziger Strafkammer zuständig. Der Staatsanwalt wird deshalb, da er alles daransetzen muß, die Anklage, wenn sie einmal erhoben ist, auch zum Erfolg zu führen, und da er eine Freisprechung in einem solchen Falle, schon um des Kaisers willen, nicht riskieren darf, alle Leute vernehmen lassen, mit denen Sie näher verkehren, persönliche und politische Freunde, um dadurch festzustellen, ob sich nicht aus Ihren Äußerungen der Beweis für den *dolus* ergibt. Da Sie nun außerordentlich unvorsichtig gewesen sind, wird dieser Beweis mit Leichtigkeit gelingen. Zu der einen Majestätsbeleidigung werden noch andere hinzukommen, wie bei jedem von uns, wenn man all seine Privatunterhaltungen vor Gericht stellt. Dann wird der Staatsanwalt, da dieser Fall von Majestätsbeleidigung nach seiner Auffassung wegen der politischen Auswirkung und wegen des ungeheuren Aufsehens in der ganzen Welt schwerer als alle anderen zu bewerten ist, das im Gesetz vorgesehene Höchstmaß beantragen, d. i. fünf Jahre Gefängnis. Das Gericht wird diesem Antrag vielleicht nicht ganz folgen; aber auf vier Jahre müssen Sie sich gefaßt machen. Ich kann Ihnen nur den einen Rat geben, gehen Sie zum Bahnhof, und fahren Sie mit dem nächsten Zuge in die Schweiz." Meine Frau, die sonst außerordentlich tapfer ist und mir in all den Fährlichkeiten ein großer Halt war, war begreiflicherweise eingeängstigt und ließ sich von dieser Argumentation, die auch mir einen starken Eindruck machte, überzeugen. Sie redete mir zu, sogleich zu fahren, wollte nur noch ein paar Tage bleiben, um geschäftliche Angelegenheiten zu ordnen, und dann mir nachkommen.

Ich habe in meinem Leben viele Dummheiten gemacht, auch, wie ich nicht leugne, in der *Caligula-Affäre*. Aber dessen darf ich mich rühmen, daß ich in dieser Situation, die die Nerven auf das äußerste anspannte, gegenüber allen meine Willenskraft aufreibenden Einflüssen festblieb. Ich erklärte, daß ich auf keinen Fall fliehen würde, sondern nun die Folgen meiner Tat tragen müßte. Was mich bestimmte, war durchaus keine heldische Auffassung, sondern die ganz nüchterne Erwägung, daß der noch zögernde Staatsanwalt, wenn ich außer Landes ginge, sicher zur Anklage schreiten würde, weil er meine Flucht als Schuldbekenntnis benutzen konnte, und daß ich, wenn ich mich dann stellte, meine Lage außerordentlich verschlechtert hätte, wenn ich mich aber nicht stellte, meine ganze Existenz vernichtete.

Aber etwas – das war das Ergebnis der Beratung – sollte gegenüber dem Artikel der *Kreuzzeitung* und gegenüber der drohenden Anklage doch geschehen. Wenn ich zu all dem, was in der Presse behauptet wurde, schwieg, so konnte daraus der Staatsanwalt folgern, ich hätte die Majestätsbeleidigung selbst zugegeben, nach dem Grundsatz *„qui tacet, consentire videtur"* (wer schweigt, scheint zu gestehen). Diese Waffe wollte ich dem Staatsanwalt aus der Hand schlagen. Wahrscheinlich war das ganz falsch gefolgert; aber damals schien es mir einleuchtend, und so kam ich dazu, am 23. Mai in der *Vossischen Zeitung* und gleichzeitig in der *Frankfurter* eine Erklärung folgenden Wortlauts zu veröffentlichen:

„Die *Kreuzzeitung* beschäftigt sich in einem langen Artikel, der mir erst jetzt zugänglich geworden ist, mit meiner historischen Studie über *Caligula und römischen Cäsarenwahnsinn*. Sie behandelt die Schrift als ein politisches Pamphlet, trifft unter diesem Gesichtspunkt eine ganz einseitige Auswahl von Einzelheiten, deutet diese mit Behagen zu ihren Zwecken aus und möchte das Ganze, wenn ich recht verstehe, vor den Strafrichter stellen. Einer Beurteilung des Vorgehens der *Kreuzzeitung*, besonders von ihrem eigenen royalistischen Standpunkt aus, kann ich mich wohl enthalten, um so mehr, da es bereits ein großer Teil der Presse gekennzeichnet hat. Auf die Zurückweisung der einzelnen Insinuationen aber sich einlassen, hieße gleichfalls der Skandalsucht dienen, mit der die Schrift als solche nichts zu tun hat. Ich kann jedem, dem es nicht um ein interessantes historisches Problem, sondern um Sensation zu tun ist, nur raten, die Schrift ungelesen zu lassen, und ich werde sie auch, soweit es in meinen Kräften steht, diesem Sensationsbedürfnis zu entziehen suchen. Zur Sache beschränke ich mich auf die Bemerkung, daß die Schrift sowohl in Inhalt wie Form durchaus historisch ist und sich ohne die Seitenblicke der *Kreuzzeitung* streng an das historische Thema hält. Will die *Kreuzzeitung* sich aufs Vergleichen legen, so empfehle ich ihr nicht Persönlichkeiten der jüngsten Vergangenheit, sondern andere Darstellungen der Zeit Caligulas heranzuziehen, sie wird dann finden, daß ich nichts entstellt, nichts von außen hineingetragen, vielmehr ganz in Übereinstimmung mit anderen Autoren berichtet habe. Die Arbeit ist allerdings nicht im Stil einer antiquarischen Stubengelehrsamkeit, sondern mit lebhaftem historisch-politischen Interesse, mehr nach Publizisten- als nach Professorenart, geschrieben. Wohl mag es sich deshalb bei Behandlung eines solchen Themas unwillkürlich geltend gemacht haben, daß ich in republikanischen Anschauungen groß geworden bin. Diese Grundrichtung scheint ja auch die *Kreuzzeitung*, wie ihre Schlußworte zeigen, empfunden zu haben, und vielleicht hat sie sich von ihrer Empörung darüber dazu hinreißen lassen, mir so ganz andere Dinge als bloße antimonarchische Gesinnung unterzulegen. Der *Reichsb.* führt die Entstehung der Schrift gar darauf zurück, daß ich meine Stellung am Preußischen Institut in Rom verloren hätte und nun als ‚Zurückgesetzter' anfange, ‚Demagogie' zu treiben. Das wird für jeden, der die Verhältnisse einigermaßen kennt, recht humoristisch sein. Von anderen Dingen abgesehen, weiß auch jeder dritte Fachgenosse, daß mein eigener Wunsch, begonnene Unternehmungen in Deutschland fortzusetzen, es mir unmöglich gemacht hat, in Rom zu bleiben. Nachdem ich zwei Jahre lang (nicht nur ein Jahr) den Versuch gemacht hatte, die Pflichten gegen drei wissenschaftliche Unternehmungen zu vereinigen, glaubte ich, im Interesse aller und meiner selbst darauf verzichten zu müssen, obwohl die vorgesetzten Behörden es bis zuletzt an dem größten, fast beschämenden Entgegenkommen nicht fehlen ließen. Übrigens habe ich meine Studie, als ich noch in meiner Stellung am Institut war, gerade unter den Eindrücken des kaiserlichen Rom und des ‚Ponte di Caligula' zu schreiben begonnen."

Diese Erklärung war abgefaßt nach Art eines offiziösen Dementis, das etwas zu sagen scheint, was in Wirklichkeit, wenn man genau liest, nicht darinsteht. Sie zog mir die heftigsten Angriffe zu. Es wurde mir vorgeworfen, ich hätte in ihr behauptet, daß ich in der Schrift an den Kaiser gar nicht gedacht hätte. Das steht, wie man sieht, nicht in der Erklärung. Was aber darinsteht, daß „die Schrift sowohl in Inhalt wie Form durchaus historisch ist und sich ohne die Seitenblicke der *Kreuzzeitung* streng an das historische Thema hält", entspricht durchaus dem Tatbestand. Ich hoffe heute Glauben zu finden, wenn ich sage, daß mich in der Tat, ganz abgesehen von den Anspielungen und den Beziehungen auf die Gegenwart, das Thema

Caligula als solches historisch und psychologisch interessiert hat. Manche Partien der Schrift, in denen von einer Parallele zum Kaiser nicht die Rede sein kann, sind nur so zu erklären.

Wer die Erklärung liest, kann sie, wie damals, so auch heute, unter so ganz anders gelagerten Verhältnissen, nur richtig bewerten, wenn er die Fähigkeit und den guten Willen hat, sich ganz in die gegebene Lage zu versetzen. Das taten auch damals die meisten, die mir halbwegs wohlgesinnt waren. Ich kann darauf verweisen, daß die Erklärung mir nicht nur in meiner Partei nicht verdacht worden ist (die Ehrenämter und Kandidaturen, die mir in der allernächsten Zeit übertragen wurden, beweisen es), sondern daß auch außerhalb der Partei stehende, sehr angesehene Männer von strengen Ehrbegriffen, wie man nachher sehen wird, sich auf meine Seite stellten, als ich wegen der Erklärung Anfechtungen zu ertragen hatte.

Schlimm war, daß sich die ganze Meute derer, die nach dem Erscheinen des *Caligula* sich schmunzelnd die Hände gerieben hatten, die aber das Bedürfnis fühlten, nach außen Entrüstung zu zeigen, nun auf die Erklärung stürzte. Dagegen ließ sich nichts tun, wenn ich mich nicht geradezu dem Strafrichter ausliefern wollte. Fordern konnte es nur ein Narr. Es ist außerordentlich leicht, sich in die Brust zu werfen, wenn man auf anderer Leute Kosten tapfer sein kann.

Im Sinne meiner Erklärung lehnte ich die zahlreichen Aufforderungen, meine Genehmigung zur Übersetzung der Schrift in fremde Sprachen zu geben, ab. Das habe ich selbstverständlich auch während des Krieges getan, als man von England aus an mich aufs neue herantrat, und ebenso nach dem Zusammenbruch, als mit der Begründung, wie glänzend recht ich gehabt hätte, neue Anerbietungen kamen, bis zum heutigen Tage.

Die Staatsanwaltschaft verzichtete auf die Erhebung einer Anklage. Ich wurde nicht einmal im Ermittlungsverfahren vernommen, geschweige, daß eine Voruntersuchung eingeleitet wäre. Die Gründe für den Verzicht kenne ich auch heute nicht. Möglich, daß sie in der Schwierigkeit der Durchführung einer Anklage lagen, möglich auch, daß persönliche Einflüsse sich geltend gemacht haben.

Die Zeitungen berichteten, der Kaiser habe die Schrift in Pröckelwitz beim Grafen Dohna zu lesen bekommen, habe kein Wort dazu gesagt, sei aber unmittelbar darauf in bester Laune gewesen. Mitteilungen, die ich von anderer Seite erhalten habe, lauteten ganz anders.

Die strafrechtliche Verfolgung blieb also aus. Aber die Staatsanwaltschaft widmete von da an meiner öffentlichen Tätigkeit eine besonders liebevolle Aufmerksamkeit, und indirekt habe ich schließlich zwei Jahre später den *Caligula* mit drei Monaten Gefängnis büßen müssen. Davon ist nachher zu erzählen.

Zunächst die unmittelbaren Folgen für meine gesellschaftliche und wissenschaftliche Stellung. Sie waren weit schlimmer als die drei Monate Gefängnis.

Im Jahre 1888 hatte ich eine historische Fachzeitschrift gegründet: die *Deutsche Zeitschrift für Geschichtswissenschaft*. Der von mir geschriebene Artikel *Zur Einführung* ist datiert „Rom, 18. Oktober 1888". Mit diesem Datum verbindet sich, wie hier nebenbei erzählt sein mag, auch eine Erinnerung an Wilhelm II. Er war damals zu Besuch in Rom, und am 18. Oktober, dem Geburtstag seines Vaters, dem ersten nach dessen so qualvollen und erschütternden Tode, ließ er sich zu Ehren ein großes Fest bereiten, das Forum strahlte in glänzender Beleuchtung. In der italienischen königlichen Familie, die mit Kaiser Friedrich wirklich befreundet gewesen war, empfand man, wie erzählt wurde, diesen Mangel an Feingefühl sehr stark, wie denn dieser Aufenthalt des Kaisers in Rom überhaupt reich an seltsamen Taktlosigkeiten war.

Mit meiner Zeitschrift hatte ich, da deren Eigenart einem stark empfundenen wissenschaftlichen Bedürfnis entsprach, gleich von Anfang an einen überraschenden Erfolg gehabt; ich hatte dann eine unsagbare Menge von Arbeit besonders in den Nachrichtendienst und in die ganz eigenartige „Bibliographie" hineingesteckt, hatte nicht nur Zeit und Arbeit, sondern auch große Geldmittel für sie geopfert und hatte ihr ein unbestrittenes Ansehen errungen, das zugleich mir selbst eine sehr angenehme Stellung unter den Fachgenossen gab. Ich erstrebte keine Professur oder irgendeine andere Anstellung, war also niemandes Konkurrent, stand ganz außerhalb aller akademischen Cliquenbildung, außerhalb aller Eifersüchteleien und Intrigen und übte als Herausgeber meiner Zeitschrift doch einen gewissen Einfluß aus, der über meine wissenschaftlichen Leistungen hinausging.

Durch den *Caligula* wurde das alles zerstört; denn die meisten angesehenen Fachgenossen wollten nun mit der Zeitschrift nichts mehr zu tun haben. So wohlgelitten ich vorher im Kreise der deutschen Historiker gewesen war, fortan war ich – wenigstens für die nächsten Jahre – förmlich geächtet. Das zeigte sich u. a. auf dem nächsten, dem Frankfurter Historikertage. Der erste, im Herbst 1892 in München, war unter meiner wesentlichen Beihilfe organisiert worden. Auf dem zweiten, Ostern 1894 in Leipzig war ich ein vielbegehrter Kollege. In Frankfurt rückte so ziemlich jeder, der etwas bedeutete, oder der etwas werden wollte, von mir ab.

Die Redaktion meiner Zeitschrift habe ich dann 1896 Karl Lamprecht überlassen. Die *Neue Folge* wurde „im Verein mit G. Buchholz, K. Lamprecht, E. Marx", die alle drei damals in Leipzig lehrten, von Gerhard Seliger herausgegeben. Auf dem Titel stand noch „gegründet von L. Quidde". Das war vertragsmäßig ausgemacht. Von dieser *Neuen Folge* erschienen nur zwei Jahrgänge. Dann wurde, wohl um meinen kompromittierenden Namen vom Titel zu entfernen, der Name der Zeitschrift zugleich mit dem Übergang in einen neuen Verlag geändert. Sie hieß nun *Historische Vierteljahrsschrift*. Als Herausgeber zeichnete fortan allein Gerhard Seliger. Auf dem Titel hieß es zwar noch immer „Neue Folge der Deutschen Zeitschrift für Geschichtswissenschaft", aber ohne Erwähnung des Gründers.

Die Historische Klasse der Münchener Akademie, deren außerordentliches Mitglied ich seit 1892 war, glaubte zu der Schrift Stellung nehmen zu müssen. Sie sprach über sie „als über einen Mißbrauch der Wissenschaft" ihre Mißbilligung aus. Ich habe sehr wohl begriffen, daß die Akademiemitglieder angesichts des gegen mich losgebrochenen Sturmes glaubten, etwas sagen zu müssen; aber ich habe den Tadel nicht stillschweigend hingenommen, sondern darauf, trotz Abratens eines treu zu mir haltenden Freundes, des Akademiesekretärs Professor Max Lossen, geantwortet:

„Zu dem Urteil selbst mich zu äußern, versage ich mir; denn da die Arbeit mit der Akademie in gar keiner Beziehung steht, vermag ich nicht einzusehen, woher die Klasse überhaupt das Recht nimmt, die persönliche Ansicht ihrer Mitglieder über meine Schrift als korporatives Urteil abzugeben. Vielmehr bin ich der Meinung, daß eine derartige Zensur nicht zu ihrer Kompetenz gehört, und ich bitte, diese meine Verwahrung zur Kenntnis der Klasse zu bringen."

Die Schrift *Caligula* ist natürlich nur formal, nicht sachlich, eine historische, wissenschaftliche Arbeit, ihrem Wesen nach aber eine politische Satire wie die auf Friedrich Wilhelm IV. gemünzte Schrift von David Friedrich Strauß: *Der Romantiker auf dem Throne der Cäsaren oder Julian der Abtrünnige.* Oder wie die berühmte gegen Napoleon III. gerichtete Streitschrift von A. Rogeard *Les propos de Labienus* (deutsch unter dem Titel *Die Gespräche des Labienus*).

Man mag darüber streiten, ob man in solchen Schriften die erlaubte Verwendung historischen Materials für einen der geschichtlichen Wissenschaft fremden Zweck oder einen Mißbrauch der Geschichtswissenschaft sehen will. Die den Ereignissen zeitlich fernstehende Kritik, auch der Historiker, hat weder David Friedrich Strauß noch Rogeard Mißbrauch der Wissenschaft vorgeworfen; sie wird wohl künftig einmal auch das gegen mich in der Erregung des Jahres 1894 gefällte Urteil nicht bestätigen. Der berühmteste damals lebende deutsche Historiker hat, wenn ich nicht irre, schon unter dem unmittelbaren Eindruck der Schrift anders geurteilt. Treitschke sagte zu einem seiner einstigen Schüler: Der *Caligula* sei als politische Satire der Schrift von David Friedrich Strauß weit überlegen und leider, leider in vielem nur zu berechtigt.

Es sei gestattet, über den Mißbrauch der Wissenschaft noch ein Wort zu sagen. Den schlimmsten Mißbrauch geschichtlicher Wissenschaft stellen jedenfalls alle jene Bücher dar, die wahrheitswidrig, oft genug bewußt wahrheitswidrig, mit dem Schein der Objektivität, die Geschichte im Dienste einer bestimmten Tendenz verwenden, sei es, um „das angestammte Herrscherhaus" zu feiern und den Monarchen Verdienste zuzuschreiben, auf die sie nicht das leiseste Anrecht haben, zugleich ihre Schwächen und Laster zu verdecken, oder um dem Volke zu schmeicheln und aus gewissenlosen Demagogen Idealgestalten zu machen. Viele von unseren Schulbüchern waren von übelster monarchistischer Tendenz-Geschichtsschreibung beherrscht. Wohl hat es immer Männer der Wissenschaft gegeben, die sich dagegen aufgelehnt haben; aber daß sie korporativ diesen Mißbrauch der Wissenschaft verurteilt hätten, ist kaum vorgekommen.

Viel empfindlicher als die Rüge der Historischen Klasse der Akademie traf mich das Vorgehen der der Münchner Akademie angegliederten Historischen Kommission. Sie entzog mir auf der Pfingstversammlung 1896, als meine Verurteilung eben erfolgt war, die Leitung der *Deutschen Reichstags-Akten*, die mir nach dem Willen meines Lehrers, Julius Weizsäcker, seit dessen Tode anvertraut war. Ich habe diesen Beschluß, da er meines Erachtens durch meine Ausschließung von der Beratung gegen die Satzungen verstieß, nicht anerkannt und habe, im Besitz der Materialien, die zur Fortführung der Arbeit durch meine Mitarbeiter erforderlich waren, deren Herausgabe verweigert. Es gab einen schweren Kampf, in dem mehrere Mitglieder mit einer wohlwollenden Objektivität, die ich ihnen dauernd gedankt habe, zu vermitteln suchten. Der Abschluß war ein Kompromiß. Meine jüngeren Mitarbeiter wurden, was durchaus in der Richtung meiner eigenen Absichten lag, selbständig, und ich erhielt eine bestimmte Aufgabe innerhalb des Gesamtunternehmens zugewiesen.

War die Beilegung des Konflikts in der Münchner Historischen Kommission nach der damaligen Lage für meine wissenschaftliche Tätigkeit fast eine Lebensfrage, so waren die Konsequenzen, die sich aus dem *Caligula* beim Preußischen Historischen Institut in Rom ergaben, mehr komisch als ernst zu nehmen. Mein Name verschwand bis auf weiteres aus der Geschichte des Instituts.

Wenige Jahre nach Gründung desselben war ich zwei Jahre lang der leitende Sekretär gewesen. Allerdings hatte ich, wie bei meiner Anstellung von vornherein vereinbart war, durch meine Zeitschrift und durch die Reichstagsakten stark in Anspruch genommen, mich an der wissenschaftlichen Arbeit nur wenig beteiligen können; ich hatte aber, wie von allen Seiten anerkannt wurde, eine für die Zukunft des Instituts sehr wesentliche organisatorische Arbeit geleistet, hatte das Institut aus einer vollständig verfahrenen Situation gegenüber dem Deutschen Archäologischen Institut und gegenüber dem österreichischen Historischen Institut herausgeführt, hatte nach allen Seiten, auch gegenüber dem Historischen Institut der Görresgesellschaft, die besten Beziehungen hergestellt, hatte Arbeitsgebiete, um die ein erbitterter Kampf geführt wurde, durch friedliche Vereinbarung, nicht zum Nachteil des Instituts, abgegrenzt und hinterließ meinem Nachfolger statt der Atmosphäre feindlicher Spannungen und beleidigenden Mißtrauens, in die ich 1890 hineingestellt wurde, durchaus geordnete Verhältnisse, die auf allen Gebieten ein ruhiges wissenschaftliches Arbeiten gestatteten.

Das mögen keine großen Leistungen sein; aber für das Institut waren sie bedeutsam. Gleichwohl glaubte mein Nachfolger, als er bei irgendeiner Gelegenheit (ich glaube beim Reichsjubiläum 1896) in einer Festsitzung über die Entwicklung des Institutes sprach, es nicht wagen zu können, meiner Erwähnung zu tun. So wurde mir wenigstens von Ohrenzeugen erzählt. Es klaffte in der Geschichte eine Lücke von zwei Jahren, in der, wie es scheint, Herr Niemand das Institut geleitet hatte.

Viel stärker noch trat die geflissentliche Unterdrückung meines Namens hervor, als der erste und bisher einzige Band des vom Institut herausgegebenen *Repertorium Germanicum* erschien. Das Unternehmen ging auf eine Anregung von mir zurück, die mir allerdings gründlich verschandelt war, da ich meine Schöpfung nach meinem Rücktritt, ehe die Arbeiten begannen und alle meine Abmachungen über den Haufen geworfen wurden, nicht mehr vertreten konnte. Hätte man mir die Vaterschaft für das Monstrum von Edition zugeschoben, so würde ich entrüstet protestiert haben. Gleichwohl war es fast unmöglich, im Vorwort zu dem Bande meiner nicht zu gedenken. Der Herausgeber hat es auch in dem Manuskript, das er an die vorgesetzte Kommission einschickte, durchaus loyal getan. Aber in Berlin wurde ihm dieser Satz des Vorworts gestrichen.

Daß man so sehr bestrebt war, die Erinnerung an meine Sekretariatszeit auszulöschen, erklärt sich daraus, daß der Kaiser an dem Historischen Institut, dessen Gründung von ihm tatsächlich wesentlich gefördert war, persönlich Interesse nahm und die Veröffentlichungen ihm vorgelegt wurden.

Aber auch wo diese Rücksicht nicht unmittelbar maßgebend war, ging es ähnlich zu. Als mein unmittelbarer Nachfolger zurücktrat, bemächtigte sich die Tagespresse der Frage, wer zu berufen und wie das Programm des Instituts auszugestalten sei. Dabei wurde natürlich viel von der Vergangenheit gesprochen. Von mir schwiegen alle Flöten, bis sich an der Diskussion auch Professor Finke, Freiburg, ein Studiengenosse von mir aus Weizsäckers Seminar, beteiligte. Er hatte zur Zeit, da ich Sekretär war, in Rom gearbeitet, und zwar als katholischer Historiker in Verbindung mit dem Görres-Institut. Er schrieb, in all den Erörterungen werde sehr zu Unrecht der Tätigkeit Quiddes fast gar nicht gedacht. Er habe viel mehr geleistet, als man Wort haben wolle. Auch habe er in dem Kreise der in Rom tätigen deutschen Historiker, die sich mit einem sonst in solchen Kreisen ganz ungewohnten unfreundlichen Mißtrauen gegenüberstanden, eine ganz andere Gesinnung gepflegt; er habe sich die Anhänglichkeit seiner Assistenten und das Vertrauen der anderen Kollegen gewonnen. Mit einer gewissen Wehmut denke man der Zeit, da man gemeinsam unter seiner Leitung in der „Siciliana", einer sizilianischen Weinstube, gekneipt habe. Selbst diese freundliche Anerkennung schlug mir zum Unheil aus. Der Jesuit Paul Maria Baumgarten schrieb in der *Augsburger Postzeitung*, von der Tätigkeit Quiddes als Sekretär sei weiter nichts zu rühmen, als daß er ordentlich habe kneipen können. Solche Frechheiten waren wohl nur möglich, weil ich nach dem *Caligula* für viele Leute vogelfrei war.

Von dem Abbruch vieler gesellschaftlicher Beziehungen, von dem zeitweiligen gesellschaftlichen Boykott, dem alte Beziehungen in aristokratischen Kreisen auffallenderweise viel besser Stand hielten als viele in bürgerlichen, speziell akademischen, will ich nicht viel reden. Einer der Fachgenossen, der mir persönlich mit am nächsten gestanden hatte, schrieb mir, ich möchte vergessen, daß wir uns gekannt hätten.

Besondere Erwähnung verdient nur noch das Vorgehen in einer sehr angesehenen, rein geselligen Münchner Vereinigung. Zuerst forderte der Vorsitzende mich auf, einem Sommerfest des Vereins mit Rücksicht darauf, daß man den preußischen Gesandten dabei erwarte, fernzubleiben, während eine vertrauliche Erkundigung ihm leicht hätte die Gewißheit geben können, daß mir nichts ferner lag, als mich einem Kreise, in dem ich vielen unwillkommen war, aufzudrängen. Dann verlangte man, ich sollte meinen Austritt erklären. Ich lehnte ab und stellte die Gegenforderung, wenn man diesen Austritt wünsche, so solle man in der Mitgliederversammlung beantragen, mich auszuschließen; ich würde mich mit Vergnügen der Erörterung stellen. In dieser Lage erklärten drei Mitglieder, keine geringeren als Reichstagsabgeordneter Freiherr von Stauffenberg, Prof. Lujo Brentano und Prof. Max Lossen, sie würden austreten, wenn man gegen mich vorgehe. Die Gesellschaft verzichtete darauf, ein Ausschließungsverfahren einzuleiten; ich blieb noch eine Zeitlang Mitglied, ohne die Versammlungen zu besuchen, und erklärte dann meinen Austritt.

Viele Jahre habe ich im öffentlichen Leben an den Folgen des

Caligula zu tragen gehabt. Ich mußte entweder auf Mitwirkung, wo ich mich gern beteiligt hätte, verzichten oder auch, wo ich die Arbeit leistete, hinter den Kulissen bleiben. Nur einige Beispiele aus einer langen Reihe.

Als in München auf Veranlassung des Fürsten Löwenstein eine Ortsgruppe der Anti-Duell-Liga gegründet wurde, wählte man mich in den Ausschuß als einziges Gegengewicht gegen all die katholischen, politisch dem Zentrum zugehörenden, meist adligen Mitglieder. Nach einigen Monaten kam Fürst von der Leyen, der mich vorgeschlagen hatte, zu mir, um mich zu bitten, im Interesse der Sache zurückzutreten, da ihm von Berlin bedeutet sei, es würde unmöglich sein, den Kaiser, auf den doch wegen des Duells in der Armee sehr viel ankam, für die Zwecke der Liga zu gewinnen, wenn mein Name in der Liste des Ausschusses vorkomme. Es wurde mir angeboten, an meine Stelle jeden zu wählen, den ich vorschlagen würde. Ich trat natürlich zurück.

Als im Jahre 1899 nach Erscheinen des berühmten Zarenmanifestes hier in München das Komitee für Kundgebungen zur Unterstützung des Manifestes gegründet wurde, das seine Tätigkeit auf ganz Deutschland ausdehnte, berief man mich zur Leitung. Das durfte aber, da man doch auch amtliche Stellen gewinnen wollte, nach außen nicht hervortreten; Prof. Lipps trat deshalb an die Spitze, nahm aber nur an unter der Bedingung, daß ich mich ihm als eigentlich geschäftsführender Vorsitzender zur Verfügung stellte.

Als 1907 der Weltfriedenskongreß in München stattfand, den in der Hauptsache ich organisiert und geleitet habe, machte mir nichts so viel Mühe, als den repräsentativen Vorsitzenden für den Ortsausschuß zu finden. Selbst an diese Stelle zu treten, war ganz unmöglich, da wir selbstverständlich zur Eröffnungssitzung das „diplomatische Korps" und darunter auch den preußischen Gesandten einladen mußten. Als Oberbürgermeister v. Borscht meinte, meine Stellung in München sei so gefestigt, daß ich mich über dieses Bedenken fortsetzen könnte, gab Graf Podewils mir recht, daß ich mich zurückhalten müsse.

Ja, noch 1913, als in der Deutschen Friedensgesellschaft sich die Notwendigkeit herausstellte, an Stelle des schwerkranken Dr. Adolf Richter einen neuen Vorsitzenden zu suchen, hieß es, eigentlich sei Quidde der gegebene Mann; aber wegen des *Caligula* könne man ihn nicht nehmen, um sich nicht für Einwirkung auf die Reichsregierung unnötige Schwierigkeiten zu schaffen. Erst als alle anderen Lösungsversuche scheiterten, wurde ich im Mai 1914 gewählt.

Ich habe auch niemals, wenn ich im Auslande war, die Dienste unserer diplomatischen Vertreter für irgendwelche persönlichen Wünsche in Anspruch genommen, habe deshalb z. B., als ich 1904 in Amerika war, auf einen Besuch beim Präsidenten Roosevelt verzichtet und habe befreundete Gesandte nicht besucht, um sie nicht in der Wilhelmstraße zu kompromittieren.

Erst der Krieg hat darin Wandel geschaffen. Zwar habe ich noch im Sommer 1915 die Denkschrift des Bundes Neues Vaterland *Sollen wir annektieren?* anonym geschrieben und auf Verschweigung meines Namens Gewicht gelegt, um der Aufnahme nicht zu schaden. Aber als Prof. Hans Delbrück Falkenhayn das Ehrendoktor-Diplom der Philosophischen Fakultät überbrachte und im Großen Hauptquartier den Chef des Zivilkabinetts die Vortrefflichkeit der Denkschrift rühmen hörte, konnte er meinen Namen nennen, ohne Entsetzen zu erregen. Bald darauf wurde ich als Vertreter des Pazifismus im Auswärtigen Amt empfangen. Staatssekretär Zimmermann veranlaßte dann, daß ich unsere Forderungen Bethmann Hollweg vortragen konnte, zum Entsetzen liberaler Kollegen im Bayrischen Landtag. Später habe ich Minister und Botschafter, auch solche von altem Adel, kennengelernt, die mir erzählten, daß die Lektüre des *Caligula* zu den Anfängen ihrer politischen Bildung oder zu den stärksten Eindrücken ihrer Jugendzeit gehörte.

Schon bald nach dem Erscheinen der Schrift gab es neben dem Schweren, das ich durchzumachen hatte, auch freundliche Erlebnisse. Mancher Mann von Wert und Bedeutung hat mir seine Genugtuung ausgedrückt. In Erinnerung ist mir besonders ein Vorfall in Lindau. Im Bayerischen Hof dort sagte mir der Portier, Prof. Ludwig aus Leipzig, berühmter Physiologe, der meinen Namen auf der Fremdentafel gesehen, bitte mich, ihm Gelegenheit zu geben, mich zu sprechen. Ich ahnte nichts Gutes und erwartete, Ludwig, Schwiegervater des Historikers Alfred Dove, Mitgliedes der Münchener Akademie, werde mir heftige Vorwürfe machen wollen. Trotzdem suchte ich ihn kurz vor der Abreise noch auf. Statt mir den Kopf zu waschen, dankte er mir für den Dienst, den ich dem deutschen Volke erwiesen habe; er hoffe, daß vom *Caligula* eine Wiederbele-

bung der Demokratie und eine Überwindung des widerwärtigen
Byzantinismus ausgehen werde.

Zum Schluß noch zwei kleine scherzhafte Erlebnisse. Ich brauchte in Berlin rasch Visitenkarten, bestellte sie abends kurz vor Ladenschluß und bat, sie mir am nächsten Morgen früh ins Hotel zu schicken. „Ganz unmöglich." Es passe mir mit anderen Verabredungen
so sehr schlecht, sie abzuholen. „Bedaure, wirklich ganz unmöglich." Es blieb mir nichts übrig, als mich darein zu finden, und ich
gab meine Karte als Muster. Freudiges Aufblicken des Geschäftsinhabers. „Sind Sie der Quidde, der den *Caligula* geschrieben?" „Ja."
„Dann schicke ich Ihnen die Karten."

Auf einer Reise nach Italien kam ich nach Trient ins Hotel Trento.
Man gab mir ein mäßiges Zimmer. Als ich meinen Namen ins Fremdenbuch eingetragen hatte, kam der Direktor. „Sind Sie *der*
Dr. Quidde? Dann ist's mir eine Ehre, Ihnen ein sehr schönes Zimmer zu geben, natürlich ohne daß Sie mehr zu zahlen brauchen."

In den Jahren, die dem Erscheinen des Caligula folgten, habe ich
eine außerordentlich rege politische Tätigkeit entfaltet, in München
und außerhalb in Versammlungen. Fortwährend war ich unterwegs
wie der reine „*Commis voyageur*" der deutschen Demokratie. Im
Winter 1894/95 stand der Kampf gegen die vom Kaiser geforderte
Umsturzvorlage im Vordergrund. Später spielte für mich eine
Hauptrolle die Bekämpfung des widerlichen Byzantinismus, der
sich der vom Kaiser vollzogenen Umtaufung Wilhelms I. in „Wilhelm den Großen" anpaßte. Daneben waren des Kaisers Flottenrüstungspläne zu bekämpfen. Die um sich greifende Seuche der Majestätsbeleidigungsprozesse gab Anlaß zu scharfen Protesten. Nach Erledigung der Umsturzvorlage kam die einer ganz direkt vom Kaiser
ausgegebenen Parole entsprungene Zuchthausvorlage an die Reihe.
Aus diesen Fragen der Tagespolitik ergab sich von selbst die Notwendigkeit, sich immer wieder mit dem Kaiser persönlich auseinanderzusetzen.

Das war um so mehr geboten, da er nicht abließ, durch sein Auftreten die Kritik herauszufordern. Was er tat und sagte, gab zum Teil sehr unerfreulichen Anlaß zu ernsten Besorgnissen, gab zum Teil aber auch willkommenen Anlaß zur Bekämpfung der monarchischen Gesinnung und ihrer Ausartungen, der Lakaiengesinnung, die einen Teil des deutschen Volkes beherrschte, des kritiklosen Kultus, der mit der Monarchie getrieben wurde. Wir süddeutschen Demokraten (obgleich in Bremen geboren und dem alten Hanseatengeist, wie ich hoffe, nicht entfremdet, zähle ich mich durch meine politische Entwicklung doch ganz zur süddeutschen Demokratie) waren durchweg Republikaner. Das heißt: wir verfolgten keine Pläne, die auf Beseitigung der Monarchie abzielten; denn es war uns klar, daß die Monarchie im deutschen Volke viel zu fest verankert war, und daß man eine Republik ohne Republikaner nicht gründen könne; für die Gegenwart war uns die Demokratisierung der Verfassung und der Verwaltung viel wichtiger als die Frage der Staatsform; aber wir waren gesinnungsgemäß Republikaner, pflegten in unseren Reihen den Geist der Demokraten von 1848, trugen die schwarzrotgoldenen Farben der Deutschen Republik, bekämpften den Monarchismus und suchten republikanische Gesinnung zu verbreiten.

In der Betreibung dieser Propaganda und in der bewußten Zuspitzung des Kampfes auch gegen die Person des Kaisers war ich einer der Eifrigsten. Es war natürlich ein gefährlich Handwerk, um so gefährlicher, da die Staatsanwaltschaft mich mit ihrer besonderen Aufmerksamkeit beehrte. Mehr als einmal mußte ich mich vor dem Untersuchungsrichter verantworten. Einige Fälle sind mir genauer in Erinnerung geblieben.

In reaktionären Kreisen spielte man damals mit dem Gedanken, das allgemeine, direkte und geheime Wahlrecht zu beseitigen. In einer Versammlung sagte ich, ein solcher Staatsstreich bedeute Blut; er werde die Massen auf die Barrikaden treiben. Es folgte eine Anklage auf Grund der §§ 110 und 130 wegen Aufreizung von Bevölkerungsklassen zu Gewalttätigkeiten. Ich hatte es leicht, zu erwidern, daß meine Absicht nicht war, aufzureizen, sondern zu warnen. Der Untersuchungsrichter schien von der Haltlosigkeit der Anklage überzeugt zu sein.

Ganz anders in einem anderen Falle. Ich hatte mein Lieblingsthema „Wilhelm den Großen" behandelt, hatte ausgeführt, wieviel menschlich Sympathisches man an dem alten Kaiser rühmen könne, seine Ritterlichkeit, seine Bescheidenheit, seine Güte – wenn auch mit starker Einschränkung; denn wo die Güte mit den Traditionen militärischer Brutalität in Konflikt gekommen sei, habe sie versagt, wie in dem Fall der preußischen Landwehrmänner, die, da sie sich im Manöver weigerten, einen Viehwagen zu besteigen, zu 10 Jahren Zuchthaus verurteilt und nicht begnadigt wurden. Ich rühmte weiter seine Fähigkeit, hinter den Männern seines Vertrauens zurückzutreten, um sich mit der Rolle des Herrschers zu begnügen, statt selbst regieren zu wollen und den Ministern hineinzuregieren. Niemand aber könne behaupten, er sei ein großer, ein genialer Mann, auch nur ein Mensch von überragender Bedeutung gewesen, eine Persönlichkeit, die ihrer Zeit das Gepräge gegeben und die nationale Entwicklung entscheidend beeinflußt habe. Die Gründung des Deutschen Reiches, die Wiederbelebung des Kaisertums sei nicht durch ihn, sondern gegen ihn erfolgt; sein Preußentum sei ihm lieber gewesen als die Einigung, wenn auch die preußisch-kleindeutsche Einigung Deutschlands; er habe Bismarck noch am Tage der Kaiserproklamation nicht verziehen, daß er ihn zum Deutschen Kaiser gemacht habe. Von seinen geistigen Gaben habe man gesagt, er würde, wenn bürgerlich geboren, ein guter Unteroffizier geworden sein. Es sei deshalb durchaus unberechtigt, von einem „Wilhelm dem Großen" zu sprechen, und wenn man das beim Kaiser als dem Enkel noch begreifen könne, so sei es im Munde von anderen, die es dem Kaiser charakterlos nachbeteten, eine skandalöse Geschichtsfälschung; dem deutschen Bürger dürfe man es nicht verzeihen, wenn er von „Wilhelm dem Großen" spreche. Außerdem hatte ich in der Rede die Rechtspflege, besonders soweit sie sich auf politische Vergehen bezog, scharf kritisiert und der Lobpreisung dieser Rechtspflege durch den Kaiser ein sehr scharf geprägtes Urteil gegenübergestellt.

Diese Rede gab Anlaß zu einer Anklage wegen Majestätsbeleidigung und Verächtlichmachung von Staatseinrichtungen. Der Untersuchungsrichter war ein sehr lebhafter junger Herr, der, statt mich ruhig zu vernehmen, sich immer politisch und moralisch über mich entrüstete, dabei die politischen Paragraphen des Strafgesetzbuches so wenig kannte, daß er sich fortwährend Blößen gab und ich ihm weit überlegen war. Allerdings hatte ich, da ich in meinen Reden und Artikeln immer auf des Messers Schneide balancierte, alle Veranlassung, mich genau zu unterrichten, was nach deutschem Strafrecht politisch erlaubt war und was nicht. Das Verhör versuche ich im folgenden wiederzugeben. Natürlich kann ich nicht für jedes Wort einstehen; aber ich bitte mir zu glauben, daß die entscheidenden Äußerungen wirklich so gefallen sind, und daß ich nicht aufschneide.

Er: „Sie haben sich der Verächtlichmachung von Staatseinrichtungen schuldig gemacht."

Ich: „Welche Tatsachen, die falsch oder entstellt sind, soll ich denn behauptet haben?"

Er: „Was soll das? Sie haben sich über die Rechtspflege verächtlich geäußert, noch dazu im Widerspruch zu Seiner Majestät."

Ich: „Dazu habe ich volles Recht. Ich darf Staatseinrichtungen verächtlich machen, so viel ich will."

Er: „Das wäre noch schöner. Das wäre ja zügellose Verhetzung. Nach dem Strafgesetz ist es strafbar."

Ich: „Bitte um Entschuldigung. Nur, wenn ich erdichtete oder entstellte Tatsachen, wissend, daß sie erdichtet oder entstellt sind, öffentlich behaupte, um dadurch Staatseinrichtungen verächtlich zu machen."

Er: „Kein guter Bürger wird Staatseinrichtungen verächtlich machen. Das wäre ja empörend."

Ich: „Über das, was ein guter Bürger zu tun hat, gehen eben unsere Ansichten weit auseinander. Ich halte es für meine Pflicht, Staatseinrichtungen, die mir verächtlich scheinen, auch verächtlich zu machen. Was aber erlaubt oder nicht erlaubt ist, steht zum Glück fest. Ich berufe mich auf § 131 des Strafgesetzbuch."

Er (blättert im Strafgesetzbuch): „Dort steht freilich diese Einschränkung. Darum bleibt die Verächtlichmachung der Rechtspflege, die Sie sich haben zuschulden kommen lassen, doch strafbar."

Ich: „Probieren Sie es. Es würde mich freuen, vor Gericht meine Auffassung vertreten zu können."

Er: „Nun, lassen wir das jetzt. Der zweite Punkt der Anklage ist doch eigentlich die Hauptsache. Sie haben sich der Majestätsbeleidigung schuldig gemacht."

Ich: „Wieso der Majestätsbeleidigung? Ich habe doch über den Kaiser kein beleidigendes, nicht einmal die Achtung verletzendes Wort gesagt. Wollen Sie etwa indirekte Majestätsbeleidigung konstruieren, wie es in letzter Zeit vor preußischen Gerichten versucht worden ist, indem man behauptete, ein geringschätziges Urteil über Einrichtungen und Personen, die vom Kaiser hochgeschätzt würden, könne als indirekte Majestätsbeleidigung bestraft werden? Ich glaube nicht, daß Sie damit vor bayerischen Richtern Glück haben werden.“

Er: „Nun angenommen selbst, daß Ihre Äußerungen, soweit sie den Kaiser berühren, keine Beleidigungen enthalten, so haben Sie doch über den alten Kaiser Wilhelm sich in hohem Maße beleidigend geäußert.“

Ich: „Das kann ich nicht zugeben; ich glaube vielmehr, daß ich dem alten Kaiser alle Gerechtigkeit habe widerfahren lassen, ich habe sehr zurückhaltend und zum Teil sogar respektvoll über ihn gesprochen. Ich glaube, jeder wird mein Urteil als eine im wesentlichen zutreffende objektive Würdigung anerkennen müssen.“

Er (in höchster Erregung): „Das muß ich mir aber sehr verbitten. Im Namen aller guten Deutschen protestiere ich. Es ist ja einfach empörend, was Sie über des alten Kaisers Majestät gesagt haben. Unter anderm haben Sie geäußert, er würde, wenn bürgerlich geboren, ein guter Unteroffizier geworden sein.“

Ich: „Was diese letzten Worte anlangt, so habe ich sie nur zitiert. Sie rühren von einem der beiden Humboldts her, ich weiß im Augenblick nicht, ob von Alexander oder Wilhelm v. Humboldt. Das waren doch wohl beides Menschen, die ein Urteil hatten, und die auch nicht beleidigen wollten. Außerdem, was soll das alles? Gegen den alten Kaiser kann ich doch keine Majestätsbeleidigung verüben.“

Er: „Oho, das wäre noch besser. Auch der verstorbene Kaiser genießt den Schutz des Gesetzes.“

Ich: „Bitte wieder um Entschuldigung. Das mag Ihrer politischen Gesinnung entsprechen, aber nicht dem Strafgesetzbuch. Das Strafgesetzbuch kennt nur eine Majestätsbeleidigung, die gegen den Kaiser oder den Landesherrn verübt wird. Dabei ist selbstverständlich nur an den lebenden Kaiser und Landesherrn gedacht. Sehen Sie nur § 95 nach.“

Er (wieder im Strafgesetzbuch blätternd): „Ja, das kann man allerdings so auffassen. Aber dann würde es sich um die Beschimpfung des Andenkens eines Verstorbenen handeln."

Ich: „Ich bestreite auf das entscheidenste, daß ich das Andenken Kaiser Wilhelms beschimpft habe."

Er (wieder empört): „Für mich haben Sie ihn beschimpft!"

Ich: „Gut, wenn Sie mich deshalb verfolgen wollen, haben Sie dann einen Antrag der Großherzogin von Baden?"

Er: „Das ist doch aber empörend. Nun ziehen Sie auch noch die Großherzogin von Baden hinein. Was soll die mit Ihrer Rede zu tun haben?"

Ich: „Sehr viel; denn die Beschimpfung des Andenkens eines Verstorbenen, die übrigens nur strafbar ist, wenn jemand wider besseres Wissen eine unwahre Tatsache behauptet, ist bekanntlich ein Antragsvergehen, und die Großherzogin von Baden ist die einzige Persönlichkeit, die antragsberechtigt wäre. Wenigstens ist es mir so aus dem § 198 in Erinnerung, daß nur die Eltern, die Kinder oder der Ehegatte des Verstorbenen klagen können."

Er (wieder blätternd und lange schweigend): „Nun protokollieren wir."

Es gab natürlich keine Klage, die ganz aussichtslos gewesen wäre. Gefährlicher war ein anderer Fall, der auch zu einem lustigen, aber ganz anders gearteten Verhör führte.

Als im Herbst 1895 der Parteitag der Deutschen Volkspartei in München stattfand, veranstalteten wir eine große Volksversammlung im Münchner Kindlkeller. Payer hielt die Hauptrede, ganz vortrefflich und mit großem Erfolg. Ich führte als Vorsitzender des Münchner Vereins den Vorsitz und sprach ein Schlußwort. Zum Abschluß dieses Schlußwortes konnte ich es mir natürlich nicht versagen, wieder auf mein Lieblingsthema zu kommen. Ich geißelte es, daß man jetzt von „Wilhelm dem Großen" spreche, und sagte, es bestehe wirklich kein Grund, den alten Kaiser „Wilhelm den Großen" zu nennen, außer wenn man ihn von einem zukünftigen „Wilhelm dem Kleinen" unterscheiden wolle. Das Publikum raste vor Vergnügen.

Als wir die Versammlung verließen, sagte Leopold Sonnemann zu mir: „Hören Sie, Quidde, Sie sollten doch eigentlich solche Scherze lassen; sie sind Ihrer Stellung eigentlich nicht ganz würdig und außerdem sehr gefährlich." Payer bemerkte darauf: „Lassen Sie ihn nur. Er kennt offenbar sein Publikum und hat mit diesem Witz am Schluß ja einen viel größeren Erfolg erzielt als wir mit all unseren Reden. Mit dem Staatsanwalt wird er schon fertig werden." Bei einer späteren Gelegenheit hat mich allerdings auch Payer gemahnt, das gefährliche Spiel der am Kaiser geübten Kritik aufzugeben. „Er ist doch stärker als Sie und hält es länger aus." Das hat sich ja nun freilich nicht bewahrheitet.

Auch diese Rede hatte eine Anklage wegen Majestätsbeleidigung zur Folge. Dieses Mal war der Untersuchungsrichter ein älterer, sehr sympathischer und ruhiger Herr, wenn ich nicht irre, Landgerichtsrat. Ich will versuchen, auch dieses Verhör in Rede und Gegenrede, wieder mit dem Vorbehalt, daß nicht gerade jedes Wort stimmt, aber mit der Versicherung, daß am Gang des Gespräches nichts geändert ist, wiederzugeben.

Er: „Die Staatsanwaltschaft beschuldigt Sie, in Ihrem Schlußwort in der Versammlung im Münchener Kindlkeller Majestätsbeleidigung verübt zu haben."

Ich: „Majestätsbeleidigung? Ich habe doch vom Kaiser gar nicht gesprochen. Worin soll denn die Majestätsbeleidigung liegen?"

Er: „Der Staatsanwalt bezieht sich auf Ihre letzten Worte, es läge kein Grund vor, von einem Wilhelm dem Großen zu sprechen, außer wenn man ihn von einem zukünftigen Wilhelm dem Kleinen unterscheiden wolle."

Ich: „Da ist doch auch vom Kaiser nicht die Rede. Der gegenwärtige Kaiser ist doch kein zukünftiger Wilhelm der Kleine."

Er: „Ich weiß ja nicht, wie der Staatsanwalt die Stelle auffaßt; aber vermutlich nimmt er an, Sie hätten sagen wollen, daß die Geschichte einmal dem jetzigen Kaiser den Beinamen Wilhelm der Kleine geben könne."

Ich (mit der Hand vor die Stirne schlagend): „Herrgott, das ist freilich möglich; aber das ist doch sehr weit hergeholt."

Er: „Es muß doch nicht so sehr weit hergeholt sein; denn in den Zeitungsberichten und in den Berichten der überwachenden Beamten steht: ‚Stürmischer, nicht endenwollender Beifall'."

Ich: „Und daraus schließt der Staatsanwalt, daß die Worte einen den Kaiser beleidigenden Sinn gehabt hätten? Dann scheint mir der Staatsanwalt sich einer Majestätsbeleidigung schuldig zu machen."

Er: „Machen Sie keine schlechten Witze. Das können Sie in einem Zeitungsartikel schreiben oder in einer Volksversammlung sagen, aber doch nicht mir. Es ist doch klar, daß das Publikum nicht in Beifallskundgebungen sich ergehen wird, wenn Sie von einem noch gar nicht geborenen Wilhelm sprechen."

Ich (sehr treuherzig): „Ja sehen Sie, das ist bei mir eine eigene Sache. Sie wissen, ich habe vor 1½ Jahren eine Schrift veröffentlicht, *Caligula*. In der hat man eine Satire gegen den Kaiser gefunden. Seitdem kann ich sprechen, wovon ich will, die allerharmlosesten Sachen, und die Leute glauben immer, ich spreche vom Kaiser."

Er (amüsiert): „Das ist wirklich ein rechtes Unglück für Sie. Nun wollen wir protokollieren: Der Beschuldigte erscheint und erklärt, er habe bei seinen Worten den Kaiser nicht gemeint und nicht an ihn gedacht."

Ich (zögernd): „Nein, das möchte ich lieber nicht so gesagt haben. Protokollieren wir: Der Angeschuldigte erscheint und erklärt, er könne nicht begreifen, wie ein zukünftiger Wilhelm mit dem gegenwärtigen Kaiser identifiziert werden könne."

Er: „Wenn Sie so wollen, gut. Ich muß aber sagen, an Ihrer Stelle würde ich lieber meine Fassung nehmen."

Damit hatte er ja eigentlich sehr recht. Aber ich bin auch so durchgekommen. Das Landgericht lehnte die Eröffnung des Hauptverfahrens ab. Die Staatsanwaltschaft erhob Beschwerde dagegen beim Oberlandesgericht. Aber auch das Oberlandesgericht lehnte ab, ich darf wohl sagen: zu meiner großen Befriedigung, weil es vor Gericht wohl nicht so gemütlich zugegangen wäre wie beim Untersuchungsrichter, und ein ganz klein wenig auch zu meiner Verwunderung.

Bei einer anderen Gelegenheit hat mich der Staatsanwalt dann glücklich doch erwischt. In einer sozialdemokratischen Versammlung, auch im Münchner Kindlkeller, sprach ich als Diskussionsredner. Auch hier wieder mein Lieblingsthema, dem ich aber (das muß ich schon sagen) immer wieder neue Seiten abgewann. Dieses Mal ging ich ausführlich darauf ein, wie kläglich die Haltung eines großen Teils des deutschen Bürgertums sei. Beim Kaiser, dem Enkel, dem Angehörigen der Dynastie, die unter Wilhelm I. zu einer Weltstellung emporgestiegen, dem Fürsten mit Prinzenerziehung und

Anschauungen, in die ein gewöhnlicher Sterblicher sich nicht hineindenken könne, liege die Sache anders; aber wenn im Bürgertum Leute, dem Kaiser nachfolgend, von Wilhelm dem Großen sprächen, so sei das entweder eine Gedankenlosigkeit, ermöglicht nur durch die Gewöhnung an servile Gefolgschaft, oder (noch schlimmer) bewußter Byzantinismus, eine elende Heuchelei. Ich griff noch besonders die Münchner Stadtvertretung an, die in einem Telegramm an den Kaiser von Wilhelm dem Großen gesprochen hätte. Wie beschämend das sei, zeige ein Vergleich mit dem Großherzog von Baden, dem Schwiegersohn des alten Kaisers, der in seinem gleichzeitigen Telegramm von Wilhelm dem Siegreichen gesprochen habe. Das war so weit alles schön und gut, auch vollkommen unangreifbar. Nun aber hatte ich, gewohnt zu improvisieren, keinen Schluß parat und improvisierte in diesem Fall sehr unglücklich. Um dem Byzantinismus noch einmal einen Spiegel, den Spiegel der Zukunft, vorzuhalten, sagte ich ungefähr: In diesen Tagen hat man ein Denkzeichen gestiftet mit der Aufschrift: „Zum Gedächtnis Wilhelms des Großen." Wenn nach Jahrzehnten einmal jemand diese Medaille in die Hand bekommt, so wird er sich sagen: „Zum Gedächtnis einer Lächerlichkeit und politischen Unverschämtheit." Das war, abgesehen davon, daß es stilistisch, wenigstens für mein Stilgefühl, miserabel formuliert war, sehr unvorsichtig; denn da Wilhelm I. diese Medaille gestiftet hatte, konnte man die „Lächerlichkeit und Unverschämtheit" auf ihn beziehen, während ich sie lediglich auf ein byzantinisches Bürgertum bezogen haben wollte. Als ich nach Hause kam, sagte ich: „Heute ist mir etwas Ärgerliches passiert. Ich fand die Adjektiva nicht, die ich brauchte, und aus dem, was ich sagte, können sie mir, wenn sie wollen, einen Strick drehen." Dabei hatte ich den Kaiser wirklich nicht gemeint. Heute könnte ich's ja sagen, wenn's so wäre.

Es erfolgte denn auch, wie vorauszusehen, die Anklage und die Eröffnung des Hauptverfahrens.

Obschon Parteigenossen von mir in der Versammlung gewesen waren, die bereit waren, zu bezeugen, daß meine Schlußworte nach dem ganzen Zusammenhang nicht auf den Kaiser gingen, verzichtete ich darauf, sie laden zu lassen. Man weiß eben nie, was bei Zeugen herauskommen kann. Einzige Zeugen waren die beiden überwachenden Polizeibeamten. Deren Vernehmung gab dem Publikum Anlaß zu respektwidriger Heiterkeit. Der eine hatte die unter Anklage stehenden Schlußworte nicht mitgeschrieben; denn er sei von der Rede so gepackt worden, daß er das Mitschreiben vergessen habe. Der andere konnte seine Notizen nicht lesen, und die Sitzung mußte eine Viertelstunde unterbrochen werden, damit er sich in seinen Aufzeichnungen zurechtfand. Einer von ihnen, gefragt, ob er in meiner Rede eine Beleidigung des Kaisers gefunden hätte, antwortete: Nein, der Redner habe ja gar nicht vom regierenden Kaiser gesprochen. Als man ihm dann die Schlußworte vorhielt, meinte er kopfschüttelnd: Ja freilich, das müsse ja auf den Kaiser gehen. Ich versuchte dem Gericht an diesem Ergebnis des Zeugenverhörs klarzumachen, daß die Worte, die, isoliert vorgelesen, auch ich auf den Kaiser deuten würde, im Zusammenhang der Rede nicht auf ihn zu beziehen waren; der Beamte, nach seinem Gesamteindruck gefragt, habe Majestätsbeleidigung verneint und habe offenbar, als er die Rede hörte, sie auch in den Schlußworten nicht gefunden.

Diese Argumentation verfing nicht. Ich wurde zu 3 Monaten verurteilt, und zwar nicht, wie sonst in ähnlichen Fällen üblich war, zu Festung, sondern zu Gefängnis. Das war Rache für *Caligula.* Aus der Rede des Staatsanwaltes Dr. Guggenheimer, des späteren Direktors bei der Augsburg-Nürnberger Maschinenfabrik, ging das ganz deutlich hervor. Er fing sein Plädoyer damit an, daß ich der strafenden Gerechtigkeit immer entschlüpft sei, zuerst beim *Caligula* und dann noch oft mit der größten Keckheit, daß man mich jetzt aber glücklich gefaßt habe und nicht wieder entkommen lassen werde. Auch das Urteil des Gerichts nahm auf den *Caligula* Bezug, um zu begründen, daß mir die Majestätsbeleidigung zuzutrauen sei.

Jeder Jurist sagte mir, daß das ein klarer Revisionsgrund sei; das Reichsgericht werde das Urteil aufheben müssen, da es untersagt sei, im Urteil Bezug zu nehmen auf Tatsachen, die nicht Gegenstand der Verhandlung gewesen seien. Das Reichsgericht lehnte aber die Revision ab: die Bezugnahme auf den *Caligula* sei freilich unzulässig, aber sie sei für das Urteil unwesentlich. Es blieb bei den drei Monaten Gefängnis.

Meine Verurteilung trug dazu bei, die Erinnerung an den *Caligula* wieder zu beleben. Unter den Zeugnissen dessen, die ich jetzt unter alten Papieren gefunden habe, ist auch die hier:

abgebildete Zeichnung mit der Unterschrift „Jung-Ajax verschlingt seinen Quidde" aus *The Weekly Times and Echo*. In dem beigefügten Text heißt es:

„Prof. Quidde von München beging Majestätsverbrechen an Seiner Majestät und hat geziemenderweise drei Monate dafür erhalten. Das schreckliche Löwenmaul auf der Gigantentreppe in Venedig war nichts gegenüber dem von Jung-Ajax. Es symbolisiert passenderweise die geräumige Gefängniseinrichtung, bestimmt für Leute, die des Kaisers unbegrenzte Vortrefflichkeit nicht zu schätzen wissen. In Deutschland kann man wahrhaftig davon mit den Worten des Propheten sprechen: ‚Die Hölle hat ihren Schlund weit aufgesperrt' – oder den des Kaisers, was ungefähr das gleiche ist."

Ich habe meine drei Monate in Stadelheim vom 10. Juli bis 10. Oktober abgesessen. Mir kam die Sache mehr komisch als ernsthaft vor. Niemals habe ich so viel stillvergnügt für mich gelacht. Die Gefängnisdiener sagten zu meiner Frau, die mich ein paarmal hinter einem Drahtgitter sehen durfte, einen so „liebenswürdigen, immer gleich freundlichen" Gefangenen hätten sie noch nicht gehabt. Dabei war, trotzdem man sichtlich bestrebt war, meiner Stellung als politischer Gefangener Rechnung zu tragen, manches recht unangenehm. Von meinen Gefängniserlebnissen erzähle ich wohl ein andermal.

Als ich am 10. Oktober gegen Mittag herauskam, fuhr ich direkt auf den Parteitag der Deutschen Volkspartei in Ulm; man hatte ihn meinetwegen einige Wochen später angesetzt, als sonst üblich war. Den Empfang kann man sich vorstellen. Ich mußte natürlich beim Begrüßungsabend sprechen und sagte unter anderem: „Ich komme, wie Sie wissen, aus dem Gefängnis, wegen einer Majestätsbeleidigung, die ich *nicht* begangen habe. Das schmerzt mich, wenn ich daran denke, eine wie schöne Majestätsbeleidigung man für 3 Monate Gefängnis schon hätte verüben können!" Als ich im Lauf der Rede, ohne schon am Schluß zu sein, auf die Freiheit zu sprechen kam, stimmte die Militärkapelle, die für den Abend genommen war, einen Tusch an. Conrad Haußmann zog aus meiner Rede den Schluß, die Besserungstheorie des Strafrechts sei durch diese Erfahrung glänzend widerlegt; ich sei ja schlimmer herausgekommen als hineingegangen. In einer wie freiheitlichen Stadt wir aber tagten, zeige die Tatsache, daß eine Militärkapelle von selber Tusch blase, wenn ein entlassener Gefangener von der Freiheit spreche. Dem Militärkapellmeister wurde die Erlaubnis, am nächsten Tag zu unserem Mittagessen zu spielen, entzogen.

Von Ulm fuhr ich nach Ostpreußen, um alte Freunde zu besuchen. Auf der Rückreise sollte ich in Berlin in einer vom dortigen Demokratischen Verein berufenen großen Versammlung über Majestätsbeleidigung sprechen. Kaum hatte ich angefangen: „Die Majestätsbeleidigung war im römischen Recht …", da erhob sich der überwachende Polizeibeamte, setzte den Helm auf und erklärte die Versammlung auf Grund von § 2 des Preußischen Vereinsgesetzes für aufgelöst. Es war die reine Willkür; denn in § 2 stand nur, daß politische Vereine ihre Versammlungen anzeigen müßten. Auf die eingelegte Beschwerde kam der Bescheid, der Demokratische Verein in Berlin habe nur eine kleine Zahl von Mitgliedern; eine Versammlung von vielen Hunderten könne deshalb nicht als eine Versammlung des Vereins gelten. Die Behörde dachte wohl, mich mit diesem Verbot los zu sein; aber sie hatte nicht mit meiner und der Berliner Demokraten Zähigkeit gerechnet. Einige Wochen später kam ich zu einer neu berufenen Versammlung eigens von München wieder nach Berlin. Der gleiche Verlauf wie vor einigen Wochen. Auflösung auf Grund des § 2 des Vereinsgesetzes. Aber dieses Mal hatten wir uns vorgesehen. In dem Moment, da der Polizeileutnant die Auflösung aussprach, erschienen Leute im Saal, die auf Stangen große Plakate trugen: „In einer halben Stunde findet im gleichen Saal eine neue Versammlung mit dem gleichen Thema und dem gleichen Referenten statt." Als der letzte Besucher den Saal geräumt hatte, strömte das Publikum wieder herein. Der Polizeileutnant und seine Untergebenen blieben der Einfachheit wegen gleich auf ihren Plätzen. Die neue Versammlung war nicht vom Demokratischen Verein, sondern von einem Herrn Lehmann einberufen. Nun durften auch Frauen teilnehmen, die nach dem Preußischen Vereinsgesetz wohl von politischen Vereinen und deren Versammlungen, aber nicht von sonstigen Versammlungen ausgeschlossen waren. Ich fing wieder an: „Die Majestätsbeleidigung war nach römischen Recht …" Das ganze Publikum blickte auf den Polizeileutnant, ob er wohl wieder aufstehen, den Helm aufsetzen und auflösen werde. Aber er blieb sitzen. Wir konnten die Versammlung ruhig zu Ende führen, dank der Auffassung der Polizei: daß der einzelne Herr Lehmann mehr Rechte hätte als der Demokratische Verein. Mit solchem Unfug hatten wir uns damals herumzuschlagen. Zwei Beamte schrieben mit fieberhaftem Eifer nach, während ein dritter unentwegt Bleistifte spitzte; aber es passierte nichts. Die Rede war bei aller Schärfe unangreifbar.

Ich hatte ein neues Thema für meine Versammlungspropaganda gewonnen. Das Hauptgewicht legte ich immer darauf, daß harmlose Leute, wenn irgendein elender Kerl den Denunzianten machte, mit einer Majestätsbeleidigung, die politisch ganz bedeutungslos sei, hereinfallen und ins Gefängnis wandern, während ein erfahrener Journalist und Versammlungsredner, wenn er ein wenig vorsichtig sei und nicht so leichtfertig improvisiere wie ich an jenem Abend, alles sagen könne, was er sagen wolle, ohne gefaßt zu werden. Die Pest der Majestätsbeleidigungsprozesse, die damals wütete, war wirklich etwas, was jeden rechtlich Denkenden empören mußte. Freuen wir uns, daß wir sie jetzt los sind.

Zum Dessert dieses Abschnitts nur noch ein Nachspiel aus der Kriegszeit. Ich drucke eine Erklärung von mir ab, die wohl keiner Erläuterung bedarf.

Eine offene Antwort

Verschiedene Zeitungen bringen einen, übrigens mir persönlich nicht zugegangenen, „offenen Brief an den bayerischen Landtagsabgeordneten Dr. Quidde", unterzeichnet von einem Dr. Otto Schaeffer. Darin werden an mich drei Fragen gestellt, die ich bitte, an dieser Stelle beantworten zu dürfen.
Erste Frage: Ob ich der Professor Quidde sei, der vor Jahren die Broschüre *Caligula* geschrieben? Antwort: Ja.
Zweite Frage: Ob ich als Verfasser dieser Schrift wegen Majestätsbeleidigung zu Gefängnis verurteilt sei? Antwort: Nein. Wegen des *Caligula* ist überhaupt kein Strafverfahren gegen mich eröffnet worden. Meine Verurteilung wegen Majestätsbeleidigung zu 3 Monaten Gefängnis erfolgte zwei Jahre später wegen einer Äußerung, die ich in einer Versammlung bei Bekämpfung der damals aufkommenden Bezeichnung „Wilhelm der Große" und des sich dabei breit machenden Byzantinismus getan hatte.
Dritte Frage: Ob ich der Mann sei, der nach der Verurteilung seine Strafe nicht abgesessen habe, sondern an den Beleidigten habe „ein Gnadengesuch einreichen lassen, weil er die Gefängnishaft wohl nicht ertragen könne, da er lungenkrank (d. h. doch wohl schwindsüchtig) sei"? Antwort: Ich habe meine drei Monate Gefängnis abgesessen und freue mich dessen noch in der Erinnerung; ich habe niemals für mich ein Gnadengesuch eingereicht oder einreichen lassen, weder an den Kaiser, noch an den dafür zuständigen Landesherrn.

Der Verfasser des offenen Briefes ruft mir nach der Räubergeschichte von meinem „Jammergesuch" pathetisch und in Sperrdruck zu: „*Waren Sie der Mann, Herr Professor? Ja, Sie sind der Mann!*" Ich erlaube mir die bescheidene Gegenfrage an den Doktor Schaeffer: *Sind Sie der Mann, der leichtfertig Unwahrheiten in der Tagespresse verbreitet? Ja, Sie sind der Mann!*

München, 30. September 1917

Was ich mit dem *Caligula* gewollt und gemeint habe, kann ich heute ja ohne Rücksicht auf den Staatsanwalt aussprechen. Auch heute aber muß ich an erster Stelle wiederholen, was in meiner „Erklärung" vom 23. Mai 1894 steht, daß es mir höchst zuwider war, die Schrift durch die *Kreuzzeitung* in die Sphäre der persönlichen Skandalsucht hineingezogen zu sehen. Was ich bezweckte, war etwas sehr Ernsthaftes: das deutsche Volk zu warnen vor den Gefahren, die in der unberechenbaren, einer konsequenten Politik unfähigen und oft an die Grenze geistiger Abnormität streifenden Persönlichkeit des Kaisers lagen, gleichzeitig den Byzantinismus, die Charakterlosigkeit und den Servilismus zu bekämpfen, mit dem nicht nur (wie wir heute nach Veröffentlichung der Memoirenwerke noch viel besser wissen als damals) die nächste Umgebung des Kaisers, sondern große Teile der Bevölkerung das Selbstbewußtsein und die tolle Überhebung des Monarchen förmlich züchteten und seine Unberechenbarkeit erst zu einer das Leben des Reiches bedrohenden Gefahr machten.

Ich habe die in die Augen fallenden Ähnlichkeiten mit den Berichten römischer Schriftsteller über Caligula benutzt, um dem Leser klarzumachen, wie bedenklich bezeichnend diese Züge im Charakter und in der Handlungsweise des Kaisers seien, Züge, über die man im Publikum sich wunderte, sich ärgerte, lachte, spottete, auch entrüstete, ohne sich aber klarzumachen, wie ernst man sie doch als Symptome einer dem Ernst des öffentlichen Lebens nicht gewachsenen Persönlichkeit an so hoher Stelle zu nehmen habe.

Wilhelm II. teilte mit Caligula das Spielerische, die Neigung, zu posieren, zu glänzen, die nervöse Hast, die sprunghaft und widerspruchsvoll von einem Gegenstand zum andern eilt, den Glauben, alles selbst zu wissen und zu können, die Sucht, alles selbst auszuführen, die Mißachtung fast jeder selbständigen Kraft, die dilettantische Besserwisserei und die Geringschätzung ernster Sachlichkeit und Sachkunde, die Prunk- und Verschwendungssucht, die sich besonders auf Bauten wirft, das Gefallen an kriegerischem Schaugepränge, an spielerischen Manövern, die auf theatralischen Schein hinauslaufen, die Neigung, rednerisch zu glänzen und mit Kraftworten den Menschen imponieren zu wollen („*oderint dum metuant*"), die Vorliebe für Äußerungen, die einem Bramarbas besser anstehen als einem seiner Stellung bewußten Herrscher, die komödiantische, in Äußerlichkeiten sich gefallende Art, die sich auch in fortwährendem Wechsel der Kleidung betätigt, die Berufung endlich auf göttliche Sendung in Wendungen, denen nicht viel am Anspruch auf Gottähnlichkeit fehlt.

Wie viele von Caligula berichtete Einzelheiten, oft ganz unbedeutender Art, genau auf Wilhelm II. passen, war förmlich unheimlich. Meine Schrift war deshalb voll von Anspielungen, die man heute nicht mehr verstehen wird. Mir selbst geht es so. In alten Zeitungsausschnitten fand ich zu der Bemerkung meiner Schrift, *Caligula* habe einen Offizier, der seine Unzufriedenheit erregt hatte, mit einem ganz inhaltlosen Briefe an König Ptolemäus nach Mauretanien geschickt, die kritische Glosse, weshalb ich nicht lieber gleich gesagt hätte, an den Sächsischen Hof nach Dresden. Ich habe heute keine Ahnung mehr, um was es sich dabei handelt. So wird es vielen Lesern noch mehr als mir selbst mit vielen Stellen ergehen. In welch geradezu verblüffendem Grade Parallelen sich darboten, zeigt eine Korrespondenz, die ich nach Erscheinen des *Caligula* mit einem Münchner Kollegen hatte. Nicht lange Zeit vorher hatte der Kaiser die Schack-Galerie, die ihm durch Testament des Grafen Schack zugefallen war, der Stadt München als Geschenk überlassen. Der Kollege schrieb mir, so viel ich auch von Caligula berichten könnte, was an die Gegenwart erinnerte, so würde ich doch sicherlich nicht behaupten können, daß Caligula einer italienischen Provinzialstadt eine Gemäldesammlung oder ein Museum geschenkt habe. Ich konnte ihm prompt eine Stelle aus einem der römischen Autoren zitieren, in der von einer ganz ähnlichen Schenkung berichtet wurde. Ich habe im Augenblick nicht die Zeit, nach der Stelle wieder zu suchen, und es kommt ja auch nicht darauf an.

Um recht zu würdigen, wie bedenklich die doch nicht nur auf Äußerlichkeiten beschränkte Ähnlichkeit *Caligula – Wilhelm II.* war, muß man sich an die Dinge erinnern, mit denen damals und später Wilhelm II. die Welt in Erstaunen setzte. Es waren oft nur kindische, oft aber auch sehr gefährliche Extravaganzen. Die heute Lebenden wissen zum Teil nichts mehr davon, wie er in der Nacht die Garnisonen alarmierte, wie er in militärische Dinge mit immer neuen

Verordnungen, oft der kleinlichsten Art, eingriff, wie er bei Manövern sich nicht als Oberster Kriegsherr zurückhielt, sondern als Führer einer Partei auftrat und glänzende Manöversiege erfocht (nach den neueren Veröffentlichungen auch in den Kriegsspielen, die zu sehr ernstem Zweck in der Armee gepflegt wurden), wie er sich nicht genug tun konnte in Prunk und Repräsentation, wie er es für nötig hielt, zu jedem Anlaß in der dazu passenden Uniform zu erscheinen (man behauptete, daß er zu einer Dampferfahrt auf dem Wannsee Marineuniform angezogen habe, und daß es nichts Seltenes sei, wenn er am Tag mehrmals die Kleidung wechsle), wie er es schicklich fand, den Minister Scholz, der es nur zum Einjährigen oder Unteroffizier gebracht hatte, zum Leutnant zu ernennen, wie er (ein Beweis seiner inneren Unsicherheit) bald Menschen, besonders auch ausländischen Herrschern, schmeichelte, bald sie durch Taktlosigkeiten vor den Kopf stieß, wie er seine Energie sich in großen Worten austoben ließ, um dann oft genug, wenn er auf ernste Hindernisse stieß, einen Rückzug anzutreten, wie er es liebte, als Mann in den Dreißigern den überlegenen, fürsorglichen Landesvater zu spielen, und wie er sich dann wieder wie ein grimmer Tyrann gebärdete, wie er den Soldaten sagte, sie müßten auf seinen Befehl auf Vater und Mutter schießen, wie er von dem Bewußtsein seiner gleichsam göttlichen Mission sprach und dem Volk erzählte, er führe es herrlichen Zeiten entgegen, wie er die Nörgler, die an seine göttliche Sendung nicht glauben wollten, aufforderte, auszuwandern und den Staub von den Pantoffeln zu schütteln, wie er die ganze Sozialdemokratie als Reichsfeinde behandelte, wie er auf der anderen Seite aber auch alle jene vor den Kopf stieß, die in der Neugründung des Reiches das Werk Bismarcks und daneben auch Moltkes verehrten, indem er alles Verdienst seinem Großvater zuschrieb, neben dem alle anderen nur des großen Kaisers Handlanger gewesen seien, wie er unter offenbarer Anspielung auf die Widerstände, die er bei Bismarck gefunden hatte, drohte, wer sich ihm entgegenstelle, werde er zerschmettern, wie er aber zugleich das Ausland in Unruhe versetzte, indem er waffenklirrende Reden hielt und bei den unpassendsten Gelegenheiten mit dem Säbel rasselte, wie er später Deutschland vor der ganzen Welt bloßstellte, indem er den nach China abgehenden Soldaten empfahl, keinen Pardon zu geben und ein Andenken wie vor Jahrhunderten die Hunnen zu hinterlassen, so daß noch nach tausend Jahren kein Chinese wagen solle, einen Deutschen schief anzusehen.

Es ist ja gar nicht zu ermessen, welchen Schaden der Kaiser mit seinen Reden im Innern und nach außen angerichtet hat. Und dabei kam nur ein Teil dessen, was er für die Öffentlichkeit bestimmt hatte, in die Öffentlichkeit. Seine Umgebung, insbesondere die verantwortlichen Männer, waren oft genug in Angst, was er wohl sagen würde, und darauf vorbereitet, das Bedenklichste zu unterdrücken. Vom Fürsten Bülow erzählten Journalisten, daß er bei einem bestimmten Anlaß gesagt habe, zum Glück habe die Welt ja nicht alles erfahren; aber es dringe noch immer viel zu viel durch; mehr als zweimal am Tage könne er ihn unmöglich trockenlegen.

Über die Persönlichkeit als Ganzes ist ja nicht leicht zu urteilen. Mit einem einfachen Verdammungsspruch ist es nicht getan. Gar nicht zu bestreiten ist, daß der Kaiser eine ungewöhnlich reich und vielseitig begabte Persönlichkeit ist, ausgestattet mit rascher Fassungsgabe und mit mannigfachen Interessen. Aber er ist der geborene Dilettant, der auf Grund zufällig erworbener, oft zusammenhangloser Kenntnisse alle Fragen zu beherrschen glaubt, über alles redet, als ob er ein Fachmann sei, auch in alles glaubt eingreifen zu können. Das ist zugleich das Kennzeichen der Halbbildung. Während der wahrhaft Gebildete immer mehr die Grenzen seines Wissens erkennt und dadurch bescheidener wird, verführt die Halbbildung zur Anmaßung und zur Leichtfertigkeit des Urteils auch über die schwersten und verwickeltsten Probleme. Ich habe diese Gedanken einmal in aller Öffentlichkeit und unter den Augen eines überwachenden Polizeibeamten auszuführen versucht, als ich von den damaligen Nationalsozialen nach einem Vortrag Naumanns über den Kaiser zu einem rednerischen Zweikampf herausgefordert wurde. Naumann lebte ja damals noch dem Glauben, nicht nur Demokratie und Kaisertum miteinander versöhnen zu können, sondern auch auf Wilhelm II. für die Durchführung seiner Ideale rechnen zu dürfen. Er ist dann später wohl sehr gründlich von dieser Auffassung zurückgekommen.

Es wäre unrecht, nicht auch sympathische Züge der Persönlichkeit anzuerkennen. Oft konnte man Leute treffen, die von seiner Liebenswürdigkeit ganz gefangengenommen waren. Ich erinnere mich der Rede, die er bei der Hochzeit seiner Tochter mit dem Braunschweiger Herzog gehalten hat. Sie war herzgewinnend, auch ganz einfach und natürlich.

Gegen manche Zeugnisse, die seine Liebenswürdigkeit und Jovialität preisen, muß man freilich sehr mißtrauisch sein; denn oft erhielt man bei näheren Nachfragen ein Bild, das keineswegs anziehend war. Er liebte burschikose, ja mehr als burschikose Scherze, auf Kosten der Teilnehmer einer Gesellschaft, seiner Gäste. Das reizend zu finden, dazu gehörte oft ein durch Untertanengeist verdorbener Geschmack. Andere fanden es geschmacklos, entwürdigend für des Kaisers Gäste, würdelos für ihn. Es gab ja aber Leute genug, die sich geehrt fühlten, wenn sie gewürdigt wurden, das Objekt verletzender Späße oder kränkender Kritik zu sein – wenn sie nur beachtet wurden. Jemand, den ich gut gekannt habe, gehörte zu den Günstlingen des Kaisers, war aber vorübergehend in Ungnade gefallen. Eines Tages kam er frohlockend: Jetzt bin ich wieder obenauf; der Kaiser hat an den Rand eines von mir herrührenden Schriftstückes geschrieben: „S. ist ein Esel."

Oft ist davon gesprochen worden, daß er fast nur von Schmeichlern umgeben war und selten ein Wort freimütiger Kritik zu ihm drang. Man konnte ihm offenbar mit ganz dick aufgetragenen Schmeicheleien kommen, ohne daß er dadurch abgestoßen wurde. Freimütige ernsthafte Kritik wurde in manchen Fällen gut aufgenommen. Fürst Eulenburg konnte sie im Vertrauen auf des Kaisers Freundschaft wagen. Der jüngere Moltke hat sie einmal mit Nachdruck und Erfolg an den Manöver- und Kriegsspielkomödien geübt. Im allgemeinen bleibt es aber doch dabei, daß Schmeicheleien ihn in eine immer maßlosere Überschätzung seiner Persönlichkeit hineinsteigerten, und daß für nüchterne Kritik kein Raum war.

Es scheint mir auf ihn, *mutatis mutandis*, d. h. mit starken Abschwächungen, aber doch in den charakteristischen Grundzügen zuzutreffen, was von Caligula gesagt wurde, daß er über Schmeichler und Freimütige sich zugleich ärgerte und freute, daß er sich manchmal die schlimmsten Dinge sagen ließ, bald über Nichtigkeiten auf das Äußerste aufgebracht war. Eben jenen Günstling, von dem schon die Rede war, fragte er in einer Herrengesellschaft, als die Schrift seines Erziehers Hinzpeter über ihn erschienen war, was er dazu sage. „Verlangen Majestät, daß ich die Wahrheit sage?" „Natürlich, weshalb würde ich Sie sonst fragen?" „Majestät wissen, ich bin ein treuer Diener meines kaiserlichen Herrn; aber was zu viel ist, ist zu viel, eine so widerwärtige Schmeichelei ertrage ich nicht." „Sie sind aber grob!" „Ja, Majestät, die Wahrheit über alles." Alles war starr; aber der Kaiser blieb guter Laune. Die Keckheit der Äußerung war nicht Männerstolz vor Königsthronen, sondern ein klug, vielleicht instinktiv, auf Verblüffung berechneter und gelungener Versuch, zu imponieren. Ich würde die Geschichte nicht glauben, wenn sie mir nur der als Renommist bekannte Günstling des Kaisers erzählt hätte. Sie wurde mir aber, fast wörtlich übereinstimmend, von anderer, unbedingt zuverlässiger Seite bestätigt.

In vielen Äußerungen, die vom Kaiser überliefert sind, spricht sich ein, gelinde gesagt, wenig vornehmer Geschmack aus. Von echter innerer Vornehmheit war oft nichts zu spüren. Herrisch und hochfahrend? Ja. Vornehm? Nein.

Alle unsere bürgerlichen Vorstellungen von Wohlerzogenheit überschreitet, was er sich gegen seine Umgebung herausnahm an Geschmacklosigkeiten, wie wenn er z. B. einem hohen Offizier die Gnade erwies, das Getränk, das dieser trinken wollte, mit seinem Finger umzurühren, oder an Vergewaltigungen, wie wenn er erwachsenen selbständigen Mitgliedern des königlichen Hauses, da sie ein Verbot, Schlittschuh zu laufen, übertreten hatten, Hausarrest diktierte und Soldaten ihnen vor die Tür stellte.

Vorgänge in seinem Privatleben gehen uns ja an sich nichts an; wohl aber interessieren sie uns unter dem Gesichtspunkt, daß darin Eigenschaften hervortreten, die für sein öffentliches Wirken so bedenklich waren: die Neigung zu Taktlosigkeiten und Übergriffen.

Damit hat er Deutschland in seinen internationalen Beziehungen unsagbar viel geschadet. Man denke nur an das Verhältnis zu England und zu der ihm verwandten Königsfamilie, zur Großmutter Viktoria, zum Onkel Eduard einerseits und zu Rußland und „Niki" andererseits.

Zur Taktlosigkeit tritt als der unsympathischste aller Charakterzüge eine aus dem steten Posieren, auch bei den wichtigsten Gelegenheiten, sich ergebende Unwahrhaftigkeit von geradezu groteskem Ausmaß. Kann es etwas Abstoßenderes geben als seine Haltung bei Bismarcks Entlassung? Zuerst drängt er ihn in verletzendster, jedem Schicklichkeitsgefühl Hohn sprechender Weise zur Einreichung seines Entlassungsgesuches. Es kann ihm gar nicht schnell genug gehen. Dann, als er glückselig ist, endlich das Joch abgeworfen zu haben, telegraphiert er dem Großherzog von Sachsen-Weimar: „Mir ist so weh ums Herz, als hätte ich noch einmal meinen Großvater verloren. Aber von Gott Bestimmtes ist zu ertragen, auch wenn man daran zugrunde gehen sollte."

Das für die Leitung der nationalen Geschicke schlimmste Element in ihm war vielleicht die Unberechenbarkeit und Sprunghaftigkeit seines Handelns. Er hatte oft genug überhaupt kein festes, konsequentes Wollen, sondern nur Wallungen.

Das ist, wie in vielen, vielen anderen Fällen auch zu beobachten in seiner Haltung vor Ausbruch des Krieges. Wenn man einen Teil seiner Randbemerkungen zusammenstellt, so gewinnt man das Bild eines besonnenen durchaus auf Erhaltung des Friedens bedachten Mannes. In anderen Bemerkungen aber, und zwar aus den gleichen Tagen, tritt uns eine Persönlichkeit entgegen, die sich mit größter Brutalität und Verantwortungslosigkeit über alles hinwegsetzt. Und dabei die Form eines Teils dieser Randbemerkungen! Auf welchem tiefen Niveau des Geschmacks und des Gefühllebens!

Zu Anfang des Krieges habe ich im neutralen Ausland viel die Meinung gefunden, der Kaiser sei der Hauptschuldige, der ihn herbeigeführt habe. Ich habe das immer, auch ehe das heute bekannte Aktenmaterial vorlag, auf das entschiedenste bekämpft. Er hat gewiß nicht auf den Krieg bewußt hingearbeitet. Dafür hatte er schon, wie ein guter Beobachter zu sagen pflegte, seine Regimenter und seine Schiffe viel zu lieb. Die waren ihm ja, als Spielzeuge für seine Manöver und Paraden, viel zu schade, um im Krieg gefährdet zu werden. Er führte oft genug, zu seinem und zu unserem Schaden, kriegerische Reden, „das Schwert im Munde", um Bethmann Hollwegs gegen Herrn v. d. Heydebrand gerichtete Worte zu zitieren; aber er war weit entfernt davon, das Schwert ziehen zu wollen und konnte sich viel eher mit Recht rühmen, ein Friedensfürst zu sein.

Ich weiß zufällig von zwei verschiedenen Gelegenheiten, bei denen er in vertraulichem Gespräch, wo es nicht auf den Eindruck nach außen ankam und er sich ungezwungen geben konnte, sein tiefes Gefühl für den Wert des Friedens und seinen Abscheu vor einer auf Krieg ausgehenden Politik aussprach. Die berühmte Rede, die er in Bremen gehalten hat, entsprach wirklich mehr seiner Gesinnung als das auf Wirkung berechnete und in der Wirkung – ach! – so fehlgehende Bramarbasieren.

Nicht durch konsequentes Handeln und Wollen, was seiner Natur ganz fernlag, wohl aber durch seine Unzuverlässigkeit, durch seine Neigung zu Provokationen und durch seine allen vernünftigen Überlegungen unzugängliche Flottenpolitik ist er mitschuldig geworden an der Entstehung der politischen Atmosphäre, aus der der Krieg entstand. Unschuldig ist er im Sinn der Anklage, die noch im Versailler Vertrag gegen ihn erhoben wurde, vertreten von Leuten, die zum Teil schuldiger waren als er. Schuldig ist er, weil er in den entscheidenden Tagen nicht die Kraft seiner besseren Einsicht hatte. Schuldig ist er vor dem deutschen Volke, da er das Kapital von internationalem Vertrauen auf deutsche Politik, das er übernahm, statt es zu mehren, verwirtschaftet und damit das Unheil über uns heraufbeschworen hat.

Aber daran ist das deutsche Volk nicht ohne schwere Mitschuld, besser gesagt: ein großer Teil des deutschen Volkes in allen seinen Schichten.

Wie böse es in der nächsten Umgebung des Kaisers aussah, wurde schon erwähnt. Heute wissen wir, daß es damit noch schlimmer und verächtlicher stand, als wir damals ahnen konnten. Veröffentlichungen, die seit dem Zusammenbruch erfolgt sind, zeigen uns, daß gar mancher in dem Kreise, der dem Kaiser schmeichelte, schlimmer über ihn dachte als der Verfasser des *Caligula*.

Ein Gegengewicht, möchte man meinen, hätte die auf ihre wissenschaftliche und geistige Unabhängigkeit so stolze Welt der Gelehrten und Künstler bieten müssen. Gewiß gab es in ihr unabhängige Geister, die entweder unbekümmert um das offizielle Treiben ruhig ihrer Arbeit nachgingen oder auch, wenn diese ihre Kreise störte, mutig protestierten. Aber wieviel Byzantinismus daneben, groß geworden schon im vorangegangenen Menschenalter, als die Anbetung des Erfolges um sich griff und Männer, die früher aufrecht standen, den Rücken vor den Hohenzollern oder vor dem eisernen Kanzler bis zur Erde beugten!

Unabhängige Künstler wissen davon zu erzählen, wie viele ihrer Kollegen sich dem von ihnen innerlich zum mindesten belächelten dilettantischen, nur auf Glanz und Repräsentation gerichteten Geschmack des Kaisers anpaßten. Aus der Gelehrtenwelt erwähne ich nur ein Beispiel, das mir gerade in den Sinn kommt. Bei einer akademischen Feier an einer deutschen Universität sagte der Festredner: Was den deutschen Gelehrten erhebe, sei das Bewußtsein, daß streng, aber gerecht auf der Arbeit eines jeden von uns das Auge unseres erhabenen Herrschers ruhe. Gewiß waren so ekelhafte Äußerungen der Knechtseligkeit eine Ausnahme; aber daß sie überhaupt möglich waren, sogar möglich, ohne einen Sturm der Entrüstung zu erregen, ist schon schlimm genug.

Was konnte man in vielen, gut bürgerlichen Kreisen nicht für Kaisertoaste erleben! Zum Übelwerden! Und dabei waren es im übrigen Leben ganz ehrenwerte, anständige Leute, die sich so erniedrigten. Die Empfindung dafür, das Bewußtsein der Unwahrhaftigkeit oder Würdelosigkeit war ganz verloren gegangen. Den einzigen würdigen Kaisertoast habe ich in der Königshalle in Königsberg (dem vornehmsten Lokal der Stadt) vom kommandierenden General bei der Feier des Krönungstages (18. Januar) gehört: „Der alten Sitte gemäß erheben wir unser Glas und trinken auf das Wohl Seiner Majestät des Kaisers und Königs. Kaiser Wilhelm lebe hoch!"

Wie sündigte nicht ein großer Teil der Presse! Wenn der Kaiser sie las, besonders bei festlichen Anlässen, mußte er glauben, ein wahrer Halbgott zu sein, überall geliebt und bewundert. Eine an sich unbedeutende, aber bezeichnende, komische Kleinigkeit ist bei mir haften geblieben. Manche Zeitungen hatten sich so daran gewöhnt, von Wilhelm I. als dem „Heldenkaiser" zu sprechen, daß sie schon gar nicht mehr wußten, daß es eigentlich „Kaiser" hieß, und daß sie munter weiter das Klischee auf Wilhelm II. als „Heldenkaiser" Nr. 2 anwandten.

Und die Volksmassen? Wie dicht standen sie, und wie jubelten sie ihm zu, wenn er, von Exerzierübungen oder einer Parade zurückkehrend, an der Spitze seiner Regimenter durch das Brandenburger Tor einzog! Daß viele von ihnen dem Umzug eines Zirkus ähnlich zugejubelt hätten, sagte er sich sicher nicht. Seine Umgebung wird ihn darin bestärkt haben, daß das alles Bekundung einer ungemessenen Bewunderung sei. Ebenso und noch mehr, wenn er unterwegs war und überall festlich empfangen wurde. Bei seiner Reiselust kam er aus den Huldigungen gar nicht heraus.

Was wollte die Kritik in der Presse und in den Reden der Opposition dagegen besagen? Das erschien als gehässiges Nörglertum, und angesichts des stetig fließenden Stromes begeisterter Huldigungen konnte man diese Auffassung dem Kaiser nur zu leicht suggerieren.

Nur einmal schlug das um, mit elementarer Gewalt, und da gerade aus einem Anlaß, bei dem der Kaiser relativ am wenigsten im Unrecht war. Alle Älteren erinnern sich des furchtbaren Sturmes, der gegen ihn losbrach nach dem Daily-Telegraph-Interview im Jahre 1908, in dem der Kaiser unter anderem die Engländer daran erinnerte, daß er ihnen einen Feldzugsplan zur Niederwerfung der Buren gemacht haben wollte. Das war ja haarsträubend, besonders in Erinnerung an das berühmte Krüger-Telegramm, das die Buren ermutigt und, wie mir selbst Buren gesagt haben, in den Krieg voll Vertrauen auf die Hilfe des deutschen Kaisers hineingetrieben hatte. Aber der Kaiser war insofern unschuldig, als er gerade in diesem Falle nicht auf eigene Hand gehandelt hatte, sondern das Manuskript durch des Reichskanzlers Hände gegangen war. Ja, einer der Nächstbeteiligten hat mir erzählt, daß Bülow der Urheber der Aktion war. Als sie mißglückte und nun wirklich alles über den Kaiser herfiel, von der äußersten Rechten bis zur äußersten Linken, deckte Bülow den Kaiser nur sehr unvollkommen und benutzte die Gelegenheit vielmehr, um sich auf das Piedestal eines Vertreters der Volksstimmung gegen den Kaiser zu stellen. Der Kaiser mußte geloben, künftig vorsichtiger und schweigsamer zu sein. Es war die schlimmste Demütigung, die einem Hohenzollern widerfahren war, seit Friedrich Wilhelm IV. sein Haupt vor den Leichen der Barrikadenkämpfer entblößen mußte. Begreiflich, daß der Kaiser das Bülow nie verziehen hat. Ich habe mich damals sehr zurückgehalten, da ich mit meinem Freunde Venedey einen Widerwillen dagegen empfand, mit einzustimmen, „wo jeder dreckige Kerl seine Stiefel am Kaiser abwischte".

Ich habe so ausführlich von diesen Dingen gesprochen, weil die Verächtlichmachung des Byzantinismus, der monarchistischen Liebedienerei, ein Hauptzweck des *Caligula* war und ich noch heute das Bedürfnis fühle, die Schrift auch nach dieser Seite hin zu erläutern.

Die Hauptsache ist aber doch, aus dem *Caligula* und aus dem Rückblick auf die Kaisergestalt Wilhelms II. zu lernen, wie gefährlich es ist, in einem Volke ohne feste demokratische Tradition eine solche Summe von Gewalt in die Hände eines Mannes zu legen, den der Zufall der Geburt, der Abstammung, an die höchste Stelle im Staat stellt. Die furchtbare Gefahr liegt darin, daß jahrzehntelang Persönlichkeiten bestimmend für das Geschick ganzer Völker werden können, denen jede, aber auch jede Eignung dafür fehlt. Die Geschichte fast aller Dynastien in allen Ländern bietet dafür Beispiele. Daß Wilhelm II. nicht alleinsteht oder auch nur alle anderen Vertreter dieses Typus an Gefährlichkeit für das Gemeinwohl überragt, versteht sich von selbst.

Der Wiederkehr solcher Möglichkeiten in Deutschland, der Wiederkehr der Monarchie gilt es vorzubeugen, nachdem uns der Zusammenbruch von 1918 unerwartet die Republik gebracht hat.

Gewiß ist diese Republik nichts weniger als vollkommen. Oft denke ich des Ausspruchs eines französischen Republikaners aus der Zeit der Dritten Republik: *„O comme elle était belle, la république – sous l'empire!"* (O wie war sie schön, die Republik – unter dem Kaiserreich!) Die Republik hat mit den Folgen des Krieges und des Versailler Friedens eine böse Erbschaft übernommen, die wirtschaftliche Not und die ganze Verwilderung des Rechtsbewußtseins, die der Krieg mit sich gebracht hat. Sie leidet dazu an der Schwäche, daß man zunächst eine Republik ohne Republikaner organisieren mußte, und daß die Republikaner viel zu nachsichtig, viel zu duldsam, viel zu vertrauensselig waren. Französische Republikaner, die mit Deutschland sympathisieren, haben mir oft gesagt, sie begriffen nicht, daß wir die Angehörigen der gestürzten Dynastien oder wenigstens die Thronprätendenten unter ihnen nicht des Landes verwiesen hätten, daß wir nicht gründlich Kehraus in den oberen Verwaltungsstellen gemacht, ja munter weiter reaktionäre Leute an einflußreiche Stellen befördert, daß wir nicht auch nach den tollen Erfahrungen mit der politischen Justiz für einen gewissen Zeitraum die Unabsetzbarkeit der Richter aufgehoben hätten, um erst einmal Herren im Hause der Deutschen Republik zu werden.

Wir wissen ja, wie das gekommen ist; wir wissen auch, daß nicht nur falsche Vertrauensseligkeit daran schuld ist, sondern daß manches, was in Frankreich möglich war, in Deutschland sich nicht durchführen ließ. Aber die Folge ist: Wir haben eine Schwäche der Staatsgewalt gegenüber Kräften, die die Verfassung verhöhnen, wie seit Jahrhunderten nicht. Um so mehr müssen alle, die es wohl mei-

nen mit der Zukunft des deutschen Volkes, sich zusammenschlie-
ßen, um die Republik zu säubern und zu stärken, um vor allem Republikaner nicht nur im Sinne äußerer Verfassungstreue, sondern
Republikaner der Gesinnung zu erziehen.

Ludwig Quidde

Lithographie von Emil Stumpp (1886-1941),
angefertigt am 8. Mai 1925
(Repro nach R. Lütgemeier-Davin: Köpfe der Friedensbewegung)

ANHANG

Ludwig Quidde

Historiker, Pazifist und Friedensnobelpreisträger
* 23.3.1858 Bremen, † 5.3.1941 Genf
(evangelisch, seit 1890 konfessionslos)

Neue Deutsche Biographie Bd. 21 | 2003[1]

Von Karl Holl

Ludwig Quidde studierte seit 1877 in Straßburg Geschichte, Philosophie und Volkswirtschaftslehre und setzte 1878 sein Geschichtsstudium in Göttingen fort, wo er sich unter der Anleitung Julius Weizsäckers (1828–1889) in die Edition der Reichstagsakten (Ältere Reihe) einarbeitete und 1881 promoviert wurde. In Göttingen ergriff er Partei gegen die studentische Antisemitenagitation (*Die Antisemitenagitation und die deutsche Studentenschaft*, 1881). Seit 1881 Mitarbeiter bei der Edition der deutschen Reichstagsakten (Ältere Reihe) durch die Historische Kommission bei der Bayerischen Akademie der Wissenschaften (BAdW), übersiedelte Quidde nach Frankfurt/M., wo er Verbindung mit der DVP [Deutsche Volkspartei] aufnahm. Seine Entscheidung für die Editionstätigkeit und für den Verzicht auf Habilitationspläne wurde durch eine Erbschaft erleichtert, die ihm durch den Tod seines Vaters zufiel. 1887 wurde Quidde zum außerordentlichen Mitglied der Historischen Kommission der BAdW gewählt, 1889 als verantwortlicher Redaktor der Edition zum Nachfolger Weizsäckers berufen. Im selben Jahr gründete er die „Deutsche Zeitschrift für Geschichtswissenschaft". Private sowie

---

[1] Textquelle | Karl HOLL: „Quidde, Ludwig". In: Neue Deutsche Biographie 21 (2003), S. 45-47 [Online-Version: https://www.deutsche-biographie.de/pnd1187 4318X.html#ndbcontent]; Text übernommen gemäß Lizenz: CC BY-NC-ND 3.0 DE Deed.

forschungs- und editionsorganisatorische Gründe veranlaßten 1890 Quiddes Übersiedlung nach München. Im selben Jahr unter Ernennung zum Professor als Leitender Sekretär des Preußischen Historischen Instituts in Rom berufen, ließ sich Quidde 1892 von dieser Aufgabe wieder entbinden. Seine Leistung als Editor fand Anerkennung durch seine Wahl als außerordentliches Mitglied in die Historische Klasse der BAdW. Quidde war der eigentliche Organisator des ersten Deutschen Historikertages 1893 in München, auf dem er sich für den Widerstand der Geschichtswissenschaft gegen jeden Versuch ihrer Vereinnahmung für staatliche Zwecke einsetzte. Mit der gegen Kaiser Wilhelm II. gerichteten Satire *„Caligula – Eine Studie über römischen Cäsarenwahnsinn"* (1894) erregte er einen Eklat, der ihm jede Aussicht auf eine Professur an einer deutschen Universität verbaute, beinahe zum Verlust seiner Editorenstellung führte und ihn infolge des Boykotts der Fachgenossen zur Aufgabe seiner Zeitschrift zwang. 1896 wurde er aus nichtigem Anlaß wegen Majestätsbeleidigung zu einer dreimonatigen Gefängnishaft verurteilt.

Seine Marginalisierung in der Geschichtswissenschaft kompensierte Quidde durch seine politische Tätigkeit für die DVP, deren Agitation im Reichstagswahlkampf 1893 er mit der Schrift *„Der Militarismus im heutigen deutschen Reich – Eine Anklageschrift*, von einem deutschen Historiker" (1893) unterstützte und der er sich wenig später anschloß. Seit 1896 stand er an der Spitze des Demokratischen Vereins in München und der bayerischen Landesorganisation der DVP, die er seit der Jahrhundertwende im Münchener Gemeindekollegium, seit 1907 im bayerischen Landtag vertrat und für die er mit der *„Münchener Freien Presse"* 1895 ein Organ für Oberbayern schaffen half.

Neben der politischen Arbeit und dem Kampf gegen Vivisektion stand die pazifistische Tätigkeit im Vordergrund von Quiddes öffentlichem Wirken. Eine Brücke von seinen historischen Forschungen zum Pazifismus schlug sein Interesse an der Geschichte der Landfriedensbewegung und der Überwindung des Fehderechts im späten Mittelalter. Quidde wurde 1894 Gründer und Leiter des Münchener Friedensvereins. Er beteiligte sich an der Agitation für die deutsche Teilnahme an der Ersten Haager Friedenskonferenz von 1899 und für die Beendigung des Burenkrieges. Seit 1902 gehörte er dem Präsidium der Deutschen Friedensgesellschaft an, die er als Mitglied, später auch als Vizepräsident des Rates des Internationalen Friedensbüros (IFB) in Bern (später Genf) vertrat. Außerdem war er Mitglied der deutschen Gruppe der Interparlamentarischen Union. Intensiv setzte er sich für eine deutsch-französische Verständigung ein, weshalb er z. B. 1913 an der deutsch-französischen Parlamentarierkonferenz in Bern teilnahm. Seit 1914 Vorsitzender der *Deutschen Friedensgesellschaft*, vermochte er während des 1. Weltkriegs deren Spaltung abzuwenden. Der Reichsleitung gegenüber vertrat er pazifistische Positionen in der Kriegszielpolitik, sah sich aber dem Vorwurf radikaler Pazifisten im In- und Ausland ausgesetzt, er habe dem deutschen Annexionismus bedenkliche Zugeständnisse gemacht.

1918/19 trat Quidde in den provisorischen Bayerischen Nationalrat als dessen Vizepräsident ein. Als Abgeordneter der DDP [Deutsche Demokratische Partei] votierte er in der Weimarer Nationalversammlung gegen die Unterzeichnung des Vertrags von Versailles. 1924 entging er knapp einem Prozeß wegen angeblichen Landesverrats, da er die vertragswidrigen deutschen Rüstungen öffentlich kritisiert hatte. 1927 erhielt er mit Ferdinand Buisson (1841–1932) den *Friedens-Nobelpreis*. Während er im Vorsitz des *Deutschen Friedenskartells* weniger angefochten war, sah er sich wegen seiner moderaten pazifistischen Linie 1929 durch radikalere Kräfte aus der Führung der *Deutschen Friedensgesellschaft* verdrängt, blieb aber bis 1931 deren Mitglied. 1930 verließ er die DDP wegen ihrer Entwicklung nach rechts und beteiligte sich an der Gründung der Radikaldemokratischen Partei.

Die Errichtung des NS-Staates zwang ihn 1933 ins Exil[2] nach Genf, wo Quidde weiterhin im Internationalen Friedensbüro (IFB) mitwirkte. Bereits in den 1920er Jahren verarmt und auf Einnahmen aus journalistischer Arbeit angewiesen, auch um den Ertrag des

---

[2] [http://www.ludwig-quidde-stiftung.de/ludwig_quidde/lebenslauf_LQ.html: „Nach der Machtergreifung der Nationalsozialisten flieht Quidde nach Genf, wo er bis zu seinem Tod im Exil lebt. – Im Oktober wird Quidde seines Amtes als Leiter der Edition der Reichstagsakten enthoben. – Aus Rücksichtnahme auf seine noch in Deutschland lebende Frau sowie aufgrund des Verbots politischer Betätigung in der Schweiz für Ausländer, muss Quidde seine pazifistischen Aktivitäten zunächst reduzieren. Seine Weigerung, in offene Opposition zum NS-Regime zu treten, wird von anderen Pazifisten kritisiert."]

Friedens-Nobelpreises gebracht, lebte er im Exil in bescheidenen
Verhältnissen, die nur durch jährliche Zuwendungen des Osloer
Nobel-Komittees für eine Darstellung der Geschichte der deutschen
Friedensbewegung im 1. Weltkrieg erträglicher wurden. Zur Linde-
rung der Not exilierter Pazifisten baute Quidde eine Hilfsorganisa-
tion auf. Von der Historischen Kommission bei der Bayerischen
Akademie der Wissenschaften wurde er 1935 aus seiner Editoren-
stellung entfernt. 1940 verfügte der NS-Staat seine Ausbürgerung[3].

Als Politiker mit großdeutsch-demokratischer Orientierung
stand Quidde in der Tradition der März-Revolution von 1848. Er
war Repräsentant des „bürgerlichen" und demokratischen Pazifismus in Deutschland, in welchem sich weltbürgerliche Gesinnung
mit Patriotismus, die Bejahung des nationalen Verteidigungskriegs
mit dem Willen zum friedlichen Ausgleich unter den Völkern, Rea-
litätssinn mit Pragmatismus in der Methode verbanden. Er vertrat
einen Pazifismus, der, ausgehend vom ethischen Rigorismus Immanuel Kants, den Friedenswillen im wesentlichen als Ausdruck individueller Einsicht, Entscheidung und Anstrengung begriff.

---

[3] [http://www.ludwig-quidde-stiftung.de/ludwig_quidde/lebenslauf_LQ.html:
„Nach der Zerschlagung der Tschechoslowakei wird ein Brief Quiddes von 1938
an Dr. Nelböck, dem vormaligen Präsidenten der ‚Deutsch-Böhmischen Völker-
bundsliga' vom NS-Regime entdeckt. In diesem bezeichnet Quidde die Nationalsozialisten als ‚eine Bande von Verbrechern, Mördern, Räubern, Brandstiftern
und [...] bestialischen Folterknechten, dazu Lügnern und Heuchlern [...]'. In der
Folge kommt es zu einem Ausbürgerungsverfahren, welches mit der Aberken-
nung von Quiddes deutscher Staatsangehörigkeit endet. – Im Gegensatz zu vielen anderen Pazifisten befürwortet Quidde den Krieg gegen Deutschland, da der
Sturz Hitlers anders nicht herbeigeführt werden könne. Er setzt sich außerdem
für einen Kriegseintritt der USA ein."]

Bibliographie

1.

SCHRIFTEN VON LUDWIG QUIDDE | AUSWAHL
(chronologisch)

QUIDDE 1881a* = Ludwig Quidde: König Sigmund und das Deutsche Reich von 1410 bis 1419. (I. Die Wahl Sigmunds). Dissertation. Göttingen: W. F. Kaestner 1881. [55 Seiten; books.google.de].

QUIDDE 1881b = Ludwig Quidde: Die Antisemitenagitation und die deutsche Studentenschaft. Göttingen: Peppmüller 1881. [18 Seiten; eine zweite Auflage erschien ebenfalls 1881].

QUIDDE 1884a* = Ludwig Quidde: Die Entstehung des Kurfürstencollegiums. Eine verfassungsgeschichtliche Untersuchung. Frankfurt am Main: C. Jüge 1884. [118 Seiten; books.google.de].

QUIDDE 1884b* = Ludwig Quidde: Der schwäbisch-rheinische Städtebund im Jahre 1384 bis zum Abschluss der Heidelberger Stallung. Stuttgart: Cotta 1884. [237 Seiten; archive.org].

QUIDDE 1885* = Ludwig Quidde: Studien zur Geschichte des Rheinischen Landfriedensbundes von 1259. (= Studien zur Deutschen Verfassungs- und Wirthschaftsgeschichte, 1). Frankfurt a. M.: Carl Jügel's Verlag 1885. [54 Seiten; Online-Ausgabe: archive.org]

QUIDDE 1893* = Ludwig Quidde (ohne Namensnennung): Der Militarismus im heutigen Deutschen Reich. Eine Anklageschrift. Von einem deutschen Historiker. Stuttgart: Robert Lutz 1893. [61 Seiten] [Online-Ausgabe: https://gdz.sub.uni-goettingen.de/id/PPN543763803].

QUIDDE 1894* = Ludwig Quidde: Caligula. Eine Studie über römischen Cäsarenwahnsinn. In: Die Gesellschaft 10 (1894), 2. Quartal, S. 413-430 [archive.org]. / Als selbständige Veröffentlichung, z.B.: Dritte Auflage. Leipzig: Verlag von Wilhelm Friedrich 1894. [20 Seiten] [https://babel.hathitrust.org/cgi/pt?id=uc1.b3283345&seq=5]. / Insgesamt 27. Auflagen im Jahr 1894! →Siehe erweiterte 31. Auflage: QUIDDE 1926*.

QUIDDE 1894* = Ludwig Quidde: Das Bedürfniss nach Reformen an der Hof- und Staatsbibliothek in München. Beobachtungen eines Besuchers zugleich als Motivirung für einen Nachtragsetat. München: Theodor Ackermann 1894. [29 Seiten] [Online-Ausgabe: urn:nbn:de:bvb:12-bsb00073150-5].

QUIDDE 1909 = Ludwig Quidde: Die bayerische Steuerreform. München: Schweitzer 1909. [VIII und 192 Seiten].

QUIDDE 1913 = Ludwig Quidde: Internationale Verständigung über Beschränkung der Rüstungen. Vertragsentwurf vorgelegt und erledigt auf dem 20. Weltfriedenskongress im Haag 1913. Genf 1914. – Dokumentiert als Wiederabdruck: Entwurf zu einem internationalen Vertrage über Rüstungsstillstand. Vorgelegt am 20. August 1913 dem XX. Weltfriedenskongress im Haag, in: Die Friedens-Warte 38 (1938), Nr. 2, S. 95-101.

QUIDDE 1915 = Ludwig Quidde (ohne Eindruck des Verfassernamens): Reale Garantien für einen dauernden Frieden. München: Ernst [1915]. [24 Seiten].

QUIDDE 1918* = Ludwig Quidde: Friede im Osten und Friede im Westen. Zwei Eingaben an den Deutschen Reichstag, Frankfurt a. M.: Union-Druckerei 1918. [30 Seiten] [Online-Ausgabe: https://digital.staatsbibliothek-berlin.de/werkansicht/?PPN=PPN720813093].

QUIDDE 1919 = Ludwig Quidde / mit Robert Friedberg und Conrad Haußmann: Der Entwurf des Friedensvertrages. Reden gehalten in der Nationalversammlung vom 12. Mai 1919 sowie in der preußischen Landesversammlung vom 13. Mai 1919. Berlin-Zehlendorf: Demokratischer Verlag 1919. [24 Seiten].

QUIDDE 1922 = Ludwig Quidde: Die Schuldfrage. Berlin: Schwetschke 1922. [16 Seiten].

QUIDDE 1922 = Ludwig Quidde: Völkerbund und Demokratie. (= Kulturwille. Kleine Flugschriften, 1). Berlin ²1922. / Vierte Auflage: Leipzig und Frankfurt Leipzig ⁴1924. [28 Seiten] [https://portal.dnb.de/bookviewer/view/108459082 4#page/n0/mode/1up].

QUIDDE 1922 = Ludwig Quidde: Völkerbund und Friedensbewegung. Flugschrift der Deutschen Friedensgesellschaft. Dritte durchgesehene und durch ein Nachwort vermehrte Auflage. Frankfurt: Dr. Fey 1922. [24 Seiten].

QUIDDE 1922* = Ludwig Quidde: Geschichte des Pazifismus. In: Walter Fabian / Kurt Lenz: Die Friedensbewegung. Ein Handbuch der Weltfriedensströmungen der Gegenwart. Berlin: Schwetschke & Sohn 1922, S. 6-35. [Online-Ausgabe: https://www.projekt-gutenberg.org/quidde/pazifis/pazifis.html].

QUIDDE 1926 = Ludwig Quidde: Die Minderheitenfrage für Deutschland. Eingabe der Deutschen Friedenskartells an den Deutschen Reichstag für ein Reichsgesetz zur Regelung der Minderheitenrechte mit Beilage. Berlin-Friedenau: Hensel 1926. [26 Seiten].

QUIDDE 1926* = Ludwig Quidde: Caligula. Eine Studie über römischen Cäsarenwahnsinn. 31. Auflage [zuerst 1894]. Ergänzt durch Erinnerungen des Verfassers: *Im Kampf gegen Cäsarismus und Byzantinismus* [S. 21-63]. Berlin-Friedenau: Hensel & Co 1926. [63 Seiten; archive.org].

QUIDDE 1927 = Ludwig Quidde: Der erste Schritt zur Weltabrüstung. Denkschrift. Berlin: Hensel 1927. [32 Seiten].

QUIDDE 1929 = Ludwig Quidde: Histoire de la paix publique en Allemagne au moyen age. Paris: Hachette 1929. [Sonderdruck; 150 Seiten].

QUIDDE 1979 = Ludwig Quidde: Der deutsche Pazifismus während des Weltkrieges 1914-1918. Aus dem Nachlaß Ludwigs Quiddes, herausgegeben von Karl Holl unter Mitwirkung von Helmut Donat. Boppard am Rhein: Boldt 1979. [416 Seiten; entstanden 1934-1940].

QUIDDE 1979 = Ludwig Quidde: Deutschlands Rückfall in Barbarei. Texte des Exils 1933–1941. Herausgegeben von Karl Holl. Bremen: Donat Verlag 2008. [144 Seiten].

2.

LITERATUR ÜBER LUDWIG QUIDDE
UND DIE DEUTSCHE FRIEDENSGESELLSCHAFT

DONAT/ RÖPKE 1989 = Helmut Donat / Andreas Röpke (Hg.): „Nieder die Waffen – die Hände gereicht!" Friedensbewegung in Bremen 1898-1958. Bremen: Donat 1989. [Großformat; 224 Seiten].

DONAT/HOLL 1983 = Helmut Donat/Karl Holl (Bearb.): Die Friedensbewegung: Organisierter Pazifismus in Deutschland, Österreich und der Schweiz. Hermes Handlexikon. Düsseldorf: Econ Taschenbuch Verlag 1983, S. 316-318.

GOLDSTEIN 1984 = Brigitte Maria Goldstein: Ludwig Quidde and the Struggle for Democratic Pacifism in Germany 1914-1930. Dissertation. New York 1984.

THIELER 2006* = Kerstin Thieler: „[...] des Tragens eines deutschen akademischen Grades unwürdig." Die Entziehung von Doktortiteln an der Georg-August-Universität Göttingen im „Dritten Reich". Zweite, erweiterte Auflage. Mit einer Einführung von Bernd Weisbrod. Göttingen 2006, S. 62-66: ‚L. Quidde'. [https://univerlag.uni-goettingen.de/bitstream/handle/3/isbn-3-930457-67-9/gbs_32_2.pdf?sequence=3].

GRÜNEWALD 2015 = Guido Grünewald: Nieder die Waffen! Hundert Jahre deutsche Friedensgesellschaft 1892-1992. (= Schriftenreihe Geschichte und Frieden, Band 3). Bremen: Donat Verlag 1992. [219 Seiten].

HENSE 2018* = Karl-Heinz Hense: Der vergessene Friedensnobelpreisträger. Vor 160 Jahren wurde Ludwig Quidde in Bremen geboren. In: tabula*rasa*-Online, 22.06.2018. [https://www.tabularasamagazin.de/der-vergessene-friedensnobelpreistraeger-vor-160-jahren-wurde-ludwig-quidde-in-bremen-geboren/].

HOLL 2003 = Karl Holl: „Quidde, Ludwig". In: Neue Deutsche Biographie 21. Berlin: Duncker & Humblot 2003, S. 45-47.

HOLL 2007 = Karl Holl: Ludwig Quidde (1858–1941). Eine Biografie. (= Schriften des Bundesarchivs. Band 67). Düsseldorf: Droste Verlag 2007.

JUNG 1986* = Otmar Jung: Spaltung und Rekonstruktion des organisierten Pazifismus in der Spätzeit der Weimarer Republik. In: Vierteljahreshefte für Zeitgeschichte 34. Jg. (1986), Heft 2, S. 207-243. [https://www.ifz-muenchen.de/heftarchiv/1986_2_3_jung.pdf].

LÜTGEMEIER-DAVIN 1982 = Reinhold Lütgemeier-Davin: Pazifismus zwischen Kooperation und Konfrontation. Das Deutsche Friedenskartell in der Weimarer Republik. Köln: Pahl-Rugenstein Verlag 1982. [542 Seiten].

LÜTGEMEIER-DAVIN 2016 = Reinhold Lütgemeier-Davin: Köpfe der Friedensbewegung (1914-1933). Gesehen von dem Pressezeichner Emil Stump. (= Frieden und Krieg – Beiträge zur historischen Friedensforschung, Bd. 22). Essen: Klartext Verlag 2016. [Seiten zu Quidde: s. dort Register S. 406].

QUIDDE 2003 = Torsten Quidde: Friedensnobelpreisträger Ludwig Quidde. Ein Leben für Frieden und Freiheit. Berlin: Berliner Wissenschafts-Verlag 2003.

RAJEWSKY/RIESENBERGER 1987 = Christiane Rajewsky / Dieter Riesenberger: Wider den Krieg. Große Pazifisten von Immanuel Kant bis Heinrich Böll. München: Verlag C. H. Beck 1987, S. 133-138. [Verfasser Karl Holl].

RÜRUP 1972 = Reinhard Rürup: Ludwig Quidde. In: Hans-Ulrich Wehler (Hg.): Deutsche Historiker. Dritter Band. Göttingen: Vandenhoeck & Ruprecht 1972, S. 124-147.

SCHEER 1983 = Friedrich-Karl Scheer: Die Deutsche Friedensgesellschaft (1892 – 1933). Organisation, Ideologie, politische Ziele. Ein Beitrag zur Geschichte des Pazifismus in Deutschland. 2. Aufl. Frankfurt/M.: Haag & Herchen 1983.

SCHUMACHER 1994 = Martin Schumacher (Hg.): M.d.R. Die Reichstagsabgeordneten der Weimarer Republik in der Zeit des Nationalsozialismus. Politische Verfolgung, Emigration und Ausbürgerung, 1933–1945. Eine biographische Dokumentation. Dritte, erheblich erweiterte und überarbeitete Auflage. Düsseldorf: Droste 1994.

SCHWARZ 2012 = Brigide Schwarz: Die Erforschung der mittelalterlichen römischen Kurie von Ludwig Quidde bis heute. In: Michael Matheus (Hg.): Friedensnobelpreis und historische Grundlagenforschung. Ludwig Quidde und die Erschließung der kurialen Registerüberlieferung (= Bibliothek des Deutschen Historischen Instituts in Rom. Band 124). Berlin/Boston: de Gruyter 2012, S. 415-440.

SEGER 1924 = Der Fall Quidde. Tatsachen und Dokumente. Zusammengestellt und eingeleitet von Gerhart Seger, Sekretär der Deutschen Friedensgesellschaft. Berlin: Deutsche Liga für Menschenrechte 1924. / Zweite Auflage – Leipzig: Oldenburg 1924. [47 Seiten].

TAUBE 1963 = Utz-Friedebert Taube: Ludwig Quidde. Ein Beitrag zur Geschichte des demokratischen Gedankens in Deutschland. Kallmünz: Lassleben 1963.

WEHBERG 1948 = Hans Wehberg: Ludwig Quidde. Ein deutscher Demokrat und Vorkämpfer der Völkerverständigung. Offenbach am Main: K. Drott 1948.

3.

GESAMTDARSTELLUNGEN ZUR GESCHICHTE VON
PAZIFISMUS UND FRIEDENSBEWEGUNG

BARKELEY 1948 = Richard Barkeley [früherer Name: Richard Baumgarten]: Die deutsche Friedensbewegung 1870-1933. Hamburg: Hammerich & Lesser 1948. [145 Seiten].

DONAT/HOLL 1983 = Helmut Donat/Karl Holl (Bearb.): Die Friedensbewegung: Organisierter Pazifismus in Deutschland, Österreich und der Schweiz. Hermes Handlexikon. Düsseldorf: Econ Taschenbuch Verlag 1983. [432 Seiten].

DÜLFFER/HOLL 1986 = Jost Dülffer / Karl Holl (Hg.): Bereit zum Krieg. Kriegsmentalität im wilhelminischen Deutschland 1890-1914. Beiträge zur historischen Kriegsforschung. Göttingen: Vandenhoeck & Ruprecht 1986.

FABIAN/LENZ 1922 = Walter Fabian / Kurt Lenz: Die Friedensbewegung. Ein Handbuch der Weltfriedensströmungen der Gegenwart. Unter Mitarbeit von 64 hervorragenden in- und ausländischen Vertretern des Pazifismus. Berlin: Schwetschke & Sohn 1922. [336 Seiten] [Reprint mit neuem Vorwort in Köln: Bund-Verlag 1985].

Fried 1905* = Alfred Hermann Fried: Handbuch der Friedensbewegung. Erste Auflage. Wien [und Leipzig]: Verlag der Österreichischen Friedensgesellschaft 1905. [Gesamtumfang VII und 464 Seiten] [archive.org] [Inhalt: Grundbegriffe der Friedensbewegung; Die realen Grundlagen; Organisation des Weltfriedens; Die Hager Konferenz; Geschichte der Friedensbewegung; Die Friedensbewegung und ihre Organe].

Fried 1907* = Alfred Hermann Fried: Die moderne Friedensbewegung. Leipzig: Verlag Teubner 1907. [120 Seiten] [archive.org].

Fried 1911 = Alfred Hermann Fried: Handbuch der Friedensbewegung. *Erster Teil.* Grundlagen, Inhalte und Ziele der Friedensbewegung. Zweite, gänzlich umgearbeitete und erweiterte Auflage. Berlin und Leipzig: Verlag der „Friedens-Warte" 1911. [Gesamtumfang 492 Seiten].

Fried 1913* = Alfred Hermann Fried: Handbuch der Friedensbewegung. *Zweiter Teil.* Geschichte, Umfang und Organisation der Friedensbewegung. Zweite, gänzlich umgearbeitete und erweiterte Auflage. Berlin und Leipzig: Verlag der „Friedens-Warte" 1913, S. 1-262: „VI. Die Geschichte der Friedensbewegung". [Gesamtumfang 492 Seiten] [archive.org]. [Neu: edition pace Bd. 13]

Holl 1988 = Karl Holl: Pazifismus in Deutschland. Frankfurt am Main: edition suhrkamp 1988. [275 Seiten].

Holl/Wette 1981 = Karl Holl / Wolfram Wette (Hg.): Pazifismus in der Weimarer Republik. Beiträge zur historischen Friedensforschung. Paderborn: Ferdinand Schöningh 1981. [181 Seiten].

Knorr 1984 = Lorentz Knorr: Geschichte der Friedensbewegung in der Bundesrepublik. Köln: Pahl Rugenstein 1984. [231 Seiten].

Kobler 1928 = Gewalt und Gewaltlosigkeit. Handbuch des aktiven Pazifismus. Im Auftrage der Internationale der Kriegsdienstgegner herausgegeben. Zürich und Leipzig: Rotapfel-Verlag 1928. [388 Seiten].

Riesenberger 1985 = Dieter Riesenberger: Geschichte der Friedensbewegung in Deutschland. Von den Anfängen bis 1933. Göttingen: Vandenhoeck & Ruprecht 1985. [297 Seiten].

Schütrumpf 2023 = Jörn Schütrumpf: Deutsche mit Anstand. Der „Bund Neues Vaterland" wird „Deutsche Liga für Menschenrechte". Eine Veröffentlichung der Rosa-Luxemburg-Stiftung zum 75. Jahrestag der „Allgemeinen Erklärung der Menschenrechte". Hamburg: VSA 2023. [https://www.rosalux. de/fileadmin/rls_uploads/pdfs/sonst_publikationen/VSA_Schuetrumpf_Deutsche_mit_Anstand_RLS.pdf].

Wette 1991 = Wolfram Wette: Militarismus und Pazifismus. Auseinandersetzung mit den deutschen Kriegen. Mit einem Vorwort von Fritz Fischer. (= Schriftenreihe Geschichte und Frieden, Band 3). Bremen: Donat Verlag 1991. [268 Seiten].

Wette 2017 = Wolfram Wette: Ernstfall Frieden. Lehren aus der deutschen Geschichte seit 1914. (= Schriftenreihe Geschichte & Frieden, Band 38). Bremen: Donat 2017. [640 Seiten].

edition pace

Die hier fortgesetzte *edition pace*,
initiiert von Thomas Nauerth und Peter Bürger,
erschließt Quellentexte, Inspirationen *&* Forschungsbeiträge
zu folgenden Themenschwerpunkten:

Kultur der Gewaltfreiheit und des Friedens;
Persönlichkeiten, Spiritualität und Praxis
des gewaltfreien Widerstands;
Friedenstheologie, Kritik der Kriegsreligion;
Kirchliche Friedenslehren und Geschichte des
religiös motivierten Pazifismus;
Ökumenische und interreligiöse Lernprozesse
in der Bewegung für Gerechtigkeit, Frieden und
Bewahrung der Schöpfung.

Ergänzend:
Regal zur Geschichte der Friedensbewegung.

Buchausgaben:
https://buchshop.bod.de/
(Suchfunktion ∣ Eingabe: *edition pace*)